# 英文法の心理

# 英文法の心理

The Psychology of English Grammar

中右 実

開拓社

## はしがき

　どのような英語研究も〈母語との往来〉なしに達成することはできない．わたしは常にそう信じてきたし，実際そのように実践してきた．英語という言葉の根っこを掘り起こしたいという欲求の中で〈日英語往来〉こそが非母語としての英語だけでなく，母語の日本語をも真に理解するに至る道である，という思いは強まるばかりである．

　そうした英語研究の積み重ねの中で前置詞の難解さにも遭遇し，挙句の果てに，日英語は〈道具〉と〈位置〉の理解の仕方が大きくずれるという事実に気づかされた．日英語は根本的に〈状況把握の仕方〉——つまり〈見立ての論理〉——が違うのではないか．日英語の接点と分岐点は何か．そもそも何が同じで何が違うのか．日英語は外的現実をどのように切り分けるのだろうか．そうした疑問は次々と脳裏をよぎるが，「正解」への道は遠く険しい．

　それにしても，なぜ，〈道具〉と〈位置〉の取り合わせが問題になるのだろうか．このような疑問が心に浮かんだとしても不思議ではない．確かに一見，意外な取り合わせのように思えるが，実際，驚くべきことに，この取り合わせこそが日英語間に見る状況把握の型の落差を浮き彫りにする根源的な視点を提供するのである．

　論より証拠．手っとり早く和文英訳をやってみると，たちどころに理解がゆく．まずはじめに，三つの日本語文がある．各文が指し示す状況を思い浮かべてみよう．

(1)　電気掃除機で部屋を掃除する．
(2)　洗濯機で衣類を洗濯する．

(3)　体重計で体重を量る．

　日本語話者なら例外なく「電気掃除機」「洗濯機」「体重計」を等しく〈道具〉と解する．そしてその解釈を生みだす形態は他でもなく格助詞「で」である．
　それでは同じ状況を英語ではどのように言い表すだろうか．慣用に適った自然な文は，それぞれ，(4) (5) (6) である．

(4)　I go over my room with the vacuum cleaner.
(5)　I wash my clothes in the washing machine.
(6)　I weigh myself on the bathroom scales.

　これを見ると明らかなように，同じ電気器具が〈道具〉と〈位置〉の解釈に分かれる．「電気掃除機」は with によって〈道具〉の見立てになるが，その一方で，「洗濯機」と「体重計」は〈位置〉の見立てである．〈位置〉は位置でも，in と on の選択肢によってさらに二つに分かれる．日本語の格助詞と同じく，英語の前置詞もまた，状況把握のありようを端的に反映している．
　この観察だけからでも，日英語は〈道具〉と〈位置〉の見立てが根本的に異なる論理で成り立っていることがうかがい知れる．多岐にわたる事例研究を通して日英語を分ける〈見立ての論理〉の根っこを掘り起こすことが本書の主題である．

＊

　第Ⅰ部は「日英比較——日英語は現実をどのように切り分けるか」と題し，まず本書全体を貫く基本姿勢と方法論を提示する．実行可能な具体的テーマを〈道具〉と〈位置〉の見立ての論理の探究に絞り，あらかじめ全体の輪郭がつかめるように，明確な物理的状況を背景にした日英語の用例を比較し検証する．その結果，日本語が〈道具優位〉の言語であるのに対し，英語は〈位置優位〉の言語であることが判明する．

第 II 部は「英語持論——英語の特異事例を探究する」と題し，英語が位置優位の言語である更なる証拠を探る．原点に立ち戻り，まず，代表的な位置前置詞 at/on/in の基本的意味と多様な用法を観察する．とりわけ at は in/on に比べ途方もなく難解である．in/on は〈大写しの視点〉をとるのに対し，at は〈遠く離れた視点〉をとると Herskovits (1986) はいう．これは卓見である．この見解を拠りどころとし多様な特異事例を精査し，その根底にある〈位置の見立て〉の論理を見極める．ほかに道具主語構文を通して〈道具の見立て〉の論理をも考察する．

　第 III 部は「応用問題——英語母語話者の〈構文意識〉を査定する」と題する．英語話者は実際，位置前置詞をどのように使い分けているのだろうか．この問題意識のもとに実施した貴重な意識調査がある．その調査結果は衝撃的なものだった．全く想定外の結果で，わたしの先入観を完全に打ち破るものだった．40 人にわたる被験者の英文法感覚には相当なばらつきが見られ，その実態をどう受け止めればよいか，大きな難問を眼前に突き付けられる思いだった．第 III 部はこの難問を課題とし，被験者間の大きな揺れ幅を視野に収め，全体として整合的な説明のモデルを描き出そうとする試みである．包括的な資料収集を基に〈慣習的に定着した構文型〉を〈標準型〉と認定する一方，それ以外を〈非標準型〉として峻別する．この方策によって被験者間の文法感覚のばらつきに合理的な説明の道筋がつくものと期待している．

　本書の内容が読者の多様な興味と期待に応えられるものであってほしいと念願している．見方によっては，多岐にわたる事例研究を通して〈発見の英文法〉を実践する書でもあれば，方法論的に首尾一貫した論法と実証の手順を踏んだ〈新英文法研究法〉を提唱する書でもある．ただ，どのひとつの章節のページを繰ってみるだけでも，従来型英文法——たとえば〈教科書英文法〉——とは全く趣を異にすることに気づかれるに違いない．本書の英文法論が読者に新しい展開への窓口を提供することになるならば，この上なく幸いである．

＊

　本書が成るまでに多くの友人のお世話になっている．とくに記憶に残る氏名を書き留め感謝の気持ちを表明したい．

　本書はすでに公刊された初版原稿と新規に書き下ろした原稿が基になっている．そのうち初版原稿が公刊された段階で率直な感想や意見を聞かせてくれた友人に大室剛志氏（名古屋大学教授），数見由紀子氏（金沢大学教授），福安勝則氏（鳥取大学教授）がいる．今回の改訂増補版に有形無形を問わず生かされている．

　また今回，新規の原稿を含め全原稿に目を通し，未成熟な論調と主張に対し建設的な所見と実証的資料を多数，寄せてくれた小早川暁氏（獨協大学教授）に特別な感謝の気持ちを表明したい．粗削りな草稿段階から何度かにわたる校正刷りの最終段階まで，その都度，適切な修正案を提示し，いまや本書の内容が，ここまで体裁を整えることができたのは，ひとえに小早川君の労をいとわぬ献身的な支援のおかげである．

　実はもうひとり，編集を担当してくださった川田賢氏の名を外すことはできない．というのも，通り一遍の感謝で済ますわけにはゆかない事情がある．あまりに個人的な特殊事情に入り込むことを潔しとはしないが，ここでは少し大目に見ていただきたい．

　実は開拓社とのお付き合いはわたしが MIT の院生の時代に始まり，当時編集担当の山本安彦氏のお世話で博士論文がそのまま上梓され，拙著が光栄にも開拓社の言語学専門書出版の第 1 号（1973）となった．そしてその後，川田賢さんとの何十年にわたるお付き合いも始まり，いつの間にか新しい英文法書を出すという約束ができ上がっていた．そしていまや，長い長い紆余曲折の年月を経てやっと約束を果たせるところまで漕ぎ着けた．その間，川田さんはわたしの怠慢に諦めもせず，それとなく催促し続け，その都度わたしは元気づけられその気になり，構想だけは膨らむのだが実質が伴わない――そんな年月を積み重ねてきたことになる．

　そしてとうとう昨年 2 月，病老の身で不覚にも大腿骨骨折という致命

傷を負い，入院・手術・リハビリと我が身の不遇をかこつ中，荒っぽく書き散らかした覚書のような草稿を，言われるままに，川田さんに委ねることになった．ところが，驚嘆すべきことに，どうにもならないはずのものが何とか手を入れられるフォーマットにまで整って戻ってきたのである．わたしはこれまで「完全」原稿しか提出しない主義を通してきたが，今回だけはそれができなかったことを恥じる一方，川田さんの並大抵でない職人気質と編集者魂に脱帽し，いくら感謝しても感謝し切れない気持ちで一杯である．

　とにかく小早川君と川田さんのお力添えなくして本書が実を結ぶことはなかったという事実を重く受け止め，いま改めて胸に深く刻み込んでいる．ありがとう．

2018（平成 30）年 10 月
つくば

中　右　　実

# 目　次

はしがき　　v

## 第Ⅰ部　日英比較
### 日英語は現実をどのように切り分けるか

第1章　序　説 …………………………………………… 2
 1.1.　本書執筆の動機と目標 ……………………………… 2
  1.1.1.　素朴な疑問から「正解」への道 ………………… 2
  1.1.2.　述語動詞と構文 …………………………………… 3
  1.1.3.　事実の発見と記述的一般化 ……………………… 4
 1.2.　日英語に見る〈道具〉と〈位置〉の見立て ………… 5
  1.2.1.　日英語往来 ………………………………………… 5
  1.2.2.　格助詞「で」は〈道具〉か〈位置〉か ………… 6
 1.3.　構文の中の〈位置〉と〈道具〉の役割 ……………… 7
  1.3.1.　物理的行為を表す他動詞構文 …………………… 7
  1.3.2.　構文と状況と状況把握 …………………………… 9
 1.4.　状況分析と認知論的視野 …………………………… 12
  1.4.1.　構文の状況分析をどのように進めるか ……… 12
  1.4.2.　〈歯を磨く〉という身体活動に含まれる三つの局面 … 13
  1.4.3.　行為連鎖と道具連鎖 …………………………… 14
  1.4.4.　行為連鎖の何をどのように言い表すか ……… 15
  1.4.5.　道具連鎖の頂点に手がある …………………… 16
  1.4.6.　独立した証拠 …………………………………… 18
 1.5.　英英辞典の用例と語義解説 ………………………… 20
  1.5.1.　一次資料としての〈自然な発話〉 …………… 20
  1.5.2.　活用した英英辞典一覧 ………………………… 21

第2章　日英語の〈道具〉と〈位置〉の見立て ………… 24
 2.1.　はじめに ……………………………………………… 24

2.2.　日本語の格助詞と英語の前置詞 ……………………………… 25
　2.3.　〈位置〉か〈原因〉か …………………………………………… 27
　2.4.　〈道具〉か〈位置〉か …………………………………………… 31
　2.5.　英語における〈道具〉と〈位置〉の分岐点 ………………… 33
　　2.5.1.　〈動く〉か〈動かない〉か ………………………………… 34
　　2.5.2.　行為者はモノとどうかかわるか ………………………… 35
　　2.5.3.　活性領域は〈容器〉か〈接触面〉か …………………… 36

## 第3章　英語は〈位置優位〉の言語 ……………………………… 38

　3.1.　はじめに ………………………………………………………… 38
　3.2.　空間的位置と時間的位置 ……………………………………… 40
　3.3.　〈道具〉か〈位置〉か …………………………………………… 43
　3.4.　位置は位置でも in か on か …………………………………… 47
　3.5.　〈道具〉と〈位置〉の分岐点 …………………………………… 48
　3.6.　電話・テレビ・コンピューターを〈位置〉と見立てる論理 … 54
　3.7.　楽器を〈位置〉と見立てる論理 ……………………………… 57
　　3.7.1.　楽器の演奏 …………………………………………………… 57
　　3.7.2.　鍵盤楽器ピアノの演奏 ……………………………………… 59
　　3.7.3.　弦楽器バイオリンの演奏 …………………………………… 60
　　3.7.4.　吹奏楽器と打楽器の演奏 …………………………………… 61
　　3.7.5.　まとめ ………………………………………………………… 62
　3.8.　構文の型は知覚の癖を反映する ……………………………… 62
　　3.8.1.　hide の基本構造 ……………………………………………… 62
　　3.8.2.　hide の拡張用法 ……………………………………………… 65

## 第 II 部　英語特論
### 英語の特異事例を探究する

## 第4章　空間認知と位置前置詞 ……………………………… 70

　4.1.　位相幾何学的概念化からの出発 ……………………………… 70
　　4.1.1.　三つの空間——同位空間・隣接空間・包囲空間 ………… 70
　　4.1.2.　モノの特性と空間的価値 …………………………………… 71
　　4.1.3.　モノとモノそして人とモノとはどうかかわるか ………… 73
　4.2.　at は on/in と視点の対立がある ……………………………… 76
　　4.2.1.　Herskovits (1986) の創見 …………………………………… 76
　　4.2.2.　具体的例証 …………………………………………………… 77

- 4.2.3. 話し手はどこにいて発話しているか ………………… 80
- 4.2.4. 理想的意味から実際の用法へ ………………………… 82
- 4.2.5. 行為動詞と結びつく at の意味合い …………………… 83

## 第5章　同位空間の at
### ——理想的意味から多様な用法へ—— ……………………… 84

- 5.1. 遠ざかれば遠ざかるほど〈点〉に近づく ………………… 84
    - 5.1.1. 〈点〉の見立て ……………………………………… 84
    - 5.1.2. 物理的移動と比喩的移動 …………………………… 85
- 5.2. 理想的意味から拡張用法へ ……………………………… 86
    - 5.2.1. 〈着点位置〉の証拠 1——移動の必然的含意 ……… 86
    - 5.2.2. come と arrive at ………………………………… 88
    - 5.2.3. converge at と converge on …………………… 89
- 5.3. 〈着点位置〉の証拠 2 ……………………………………… 90
    - 5.3.1. 状態述語 be の補語 ………………………………… 90
    - 5.3.2. at Mick's house と in the kitchen ……………… 91
    - 5.3.3. 基準時点 already 他の意味合い …………………… 92
- 5.4. 〈着点位置〉の証拠 3 ……………………………………… 93
- 5.5. 動詞 visit は〈移動と達成〉の両局面を含む ……………… 94
    - 5.5.1. visit の語義解説 …………………………………… 94
    - 5.5.2. go/come to visit の方向性 ………………………… 95
- 5.6. 移動局面と達成局面 ……………………………………… 97
    - 5.6.1. eat out at = go and eat at ……………………… 97
    - 5.6.2. turn left at など …………………………………… 97
- 5.7. 日常活動の認知行動パターン …………………………… 99
    - 5.7.1. 活動の隠れた動機 …………………………………… 99
    - 5.7.2. 移動と達成の両局面を含む二つの構文型 ………… 99
- 5.8. at のその他のめぼしい用法 ……………………………… 101
    - 5.8.1. 出来事用法 …………………………………………… 101
    - 5.8.2. 職能的属性の at の用法 …………………………… 101
    - 5.8.3. 道具的機能の at の用法 …………………………… 103

## 第6章　in the street と on the street
### ——前置詞選択は英米語用法の差か—— …………………… 104

- 6.1. はじめに …………………………………………………… 104
- 6.2. 英英辞典の語義解説 ……………………………………… 105

- 6.3. 用例の状況分析 ………………………………………………… 107
  - 6.3.1. 通りの臭気・音・暑さ ……………………………… 107
  - 6.3.2. 街中で起こる活動・事件・事故など ……………… 108
  - 6.3.3. 隣接空間としての「街路上」「街路沿い」………… 108
  - 6.3.4. これまでのまとめ …………………………………… 110
  - 6.3.5. 屋内と対比される屋外 ……………………………… 112
  - 6.3.6. （動きの後の）静止した状況 ……………………… 112
  - 6.3.7. 街中で知り合いと出会う状況 ……………………… 114
  - 6.3.8. 路上生活者とホームレス …………………………… 115
- 6.4. むすび ……………………………………………………………… 118

## 第7章　〈道具〉はいつ主語になれるか ……………………………… 119
- 7.1. 道具主語と背景的状況 …………………………………………… 119
- 7.2. 一対の道具から道具主語へ ……………………………………… 123
- 7.3. 道具主語と機能的特性 …………………………………………… 128
- 7.4. 意図的行為のどこが偶然的か …………………………………… 134

## 第8章　自動詞＋前置詞は他動詞か
　　　　──目標指向動詞を中心に── ……………………………… 136
- 8.1. 問題設定 …………………………………………………………… 136
- 8.2. at がかかわる自他用法 …………………………………………… 137
- 8.3. at と to で違った活動 …………………………………………… 139
- 8.4. for は at/to とどう違うか ……………………………………… 140
- 8.5. listen to と listen for はどう違うか …………………………… 144
- 8.6. 自他用法の違いは他の前置詞にも当てはまる ………………… 145

## 第9章　空間前置詞の時間用法 ………………………………………… 147
- 9.1. at/on/in は時間をどのように切り分けるか …………………… 147
- 9.2. at は観察可能な確定した時点をコード化する ………………… 150
- 9.3. at と in の使い分け ……………………………………………… 153
- 9.4. at night というのに，なぜ *at day とはいわないか ………… 155
- 9.5. 1日24時間の day の用法 ………………………………………… 158
- 9.6. 循環的単位 day の用例分析 ……………………………………… 161
- 9.7. on Christmas と at Christmas ………………………………… 164

## 第10章　乗り物をめぐる見立ての論理 ･･････････････････････ 166
### 10.1.　なぜ in a car なのに on a bus なのか ･･････････････････ 166
### 10.2.　英語母語話者の言語学者はどう見ているか ･･････････････ 168
### 10.3.　軌道運行の乗り物 ･･･････････････････････････････ 171
#### 10.3.1.　乗客を目的地まで運ぶ定期路線 ･･･････････････ 171
#### 10.3.2.　列車の旅は鉄道の旅 ･･･････････････････････ 175
#### 10.3.3.　航空機は目に見えない軌道を運航する ･･･････････ 176
#### 10.3.4.　line / route の基本用法 ････････････････････ 176
#### 10.3.5.　「高速に乗る」のは get on the freeway か ･････････ 177
#### 10.3.6.　on the roller coaster の on は何者か ･･････････ 178
#### 10.3.7.　ケーブルカーも on ･･･････････････････････ 181
#### 10.3.8.　on this line の拡張用法 ････････････････････ 181
#### 10.3.9.　on the train は「乗客が列車で旅行中」を喚起 ･････ 185
#### 10.3.10.　しかし in a bus という母語話者もいる！ ････････ 187
#### 10.3.11.　真の例外事例 ･･････････････････････････ 188
### 10.4.　自由走行の乗り物 ･･･････････････････････････････ 189
#### 10.4.1.　乗り物と乗る人の空間的配置 ････････････････ 189
#### 10.4.2.　トラクターと運転手の空間的配置 ･･････････････ 193
### 10.5.　結びに代えて ･････････････････････････････････ 195

## 第 III 部　応用問題
### 英語母語話者の〈構文意識〉を査定する

## 第 11 章　構文意識の揺れ ･････････････････････････････ 202
### 11.1.　前置詞選択に関する意識調査 ･････････････････････ 202
### 11.2.　全体的通覧と考察課題 ･････････････････････････ 205

## 第 12 章　using を用いる被験者の実態 ･･････････････････ 210
### 12.1.　using は with の替え玉か ････････････････････････ 210
### 12.2.　tool と instrument はどう違うか ････････････････････ 213
### 12.3.　標準的慣習化に反する道具扱い ････････････････････ 215

## 第 13 章　事例研究 1
　　　　　——on roller skates 構文——・・・・・・・・・・・・・・・・・・・・・・・・・・・・・・219
13.1.　被験者の反応と考察課題 ・・・・・・・・・・・・・・・・・・・・・・・・・・・・・・・・・219
13.2.　スケートはなぜ〈位置扱い〉か ・・・・・・・・・・・・・・・・・・・・・・・・・・・221
13.3.　〈位置優位〉のさらなる証拠 ・・・・・・・・・・・・・・・・・・・・・・・・・・・・・・225
13.4.　時間的位置の in に関して ・・・・・・・・・・・・・・・・・・・・・・・・・・・・・・・230

## 第 14 章　事例研究 2
　　　　　——経験と行為の catch 構文——・・・・・・・・・・・・・・・・・・・・・・・232
14.1.　被験者の反応と考察課題 ・・・・・・・・・・・・・・・・・・・・・・・・・・・・・・・・・232
14.2.　経験の catch 構文 3 種 ・・・・・・・・・・・・・・・・・・・・・・・・・・・・・・・・・233
14.3.　行為の catch 構文 2 種 ・・・・・・・・・・・・・・・・・・・・・・・・・・・・・・・・・235
14.4.　一般的意味合い ・・・・・・・・・・・・・・・・・・・・・・・・・・・・・・・・・・・・・・・・243

## 第 15 章　事例研究 3
　　　　　——hide 構文——・・・・・・・・・・・・・・・・・・・・・・・・・・・・・・・・・・・247
15.1.　被験者の意識調査の意外な実態 ・・・・・・・・・・・・・・・・・・・・・・・・・・・247
15.2.　慣習的に確立した hide の語彙構造と典型例 ・・・・・・・・・・・・・・・・248
15.3.　しかし規定文 [5] は標準型があてはまらない ・・・・・・・・・・・・・・・250
15.4.　〈位置〉から〈道具〉への見立ての転換 ・・・・・・・・・・・・・・・・・・・・252
15.5.　まとめ ・・・・・・・・・・・・・・・・・・・・・・・・・・・・・・・・・・・・・・・・・・・・・・・・255

## 第 16 章　事例研究 4
　　　　　——二つの wipe 構文——・・・・・・・・・・・・・・・・・・・・・・・・・・・・・257
16.1.　被験者の意識調査の実態と課題 ・・・・・・・・・・・・・・・・・・・・・・・・・・・257
16.2.　位置と道具の分岐点 ・・・・・・・・・・・・・・・・・・・・・・・・・・・・・・・・・・・・259
16.3.　wipe one's hands on が慣用法 ・・・・・・・・・・・・・・・・・・・・・・・・・・266

## 第 17 章　事例研究 5
　　　　　——もうひとつの wipe 構文——・・・・・・・・・・・・・・・・・・・・・・・272
17.1.　wipe — over/across の構文フレーム ・・・・・・・・・・・・・・・・・・・・272
17.2.　類例に rub がある ・・・・・・・・・・・・・・・・・・・・・・・・・・・・・・・・・・・・・278
17.3.　接触動詞 strike と scratch の場合 ・・・・・・・・・・・・・・・・・・・・・・・280

参考文献 ·············································································· 287

索　引 ·············································································· 293

# 第I部

# 日英比較
日英語は現実をどのように切り分けるか

# 第 1 章　序　説

## 1.1.　本書執筆の動機と目標

### 1.1.1.　素朴な疑問から「正解」への道

　英語好きが高じて英語学者になり，英語好きの素朴な疑問に英語学者の分身が答えを求め，試行錯誤を重ねて何とか至り着いた到達点までの全過程をまとめたのが本書の中身である．

　素朴な疑問とは，わたしが長年にわたり心に抱いてきた疑問である．とりわけ英文法が好きな英語学習者の疑問にも通じるものと信じている．

　わたしの知りたいことがどこを探しても見つからない．素朴な疑問は解けないままである．ならば，英語学者として自ら答えを探索し究明するほかない．それがこの本を執筆した動機である．

　疑問から出発して答えを見つけ出す道程は暗闇の中を手探り状態で一歩一歩前進してゆくようなものである．目の前にある確実なものは，ただひとつ，特定個別の文例だけである．文例のどこかに疑問がある．その文例から出発してどう前進すればよいか，その道筋を立てるのがまた難問で，結局は試行錯誤の連続である．

　幸いにも，その道筋が見つかり，その見通しに沿って進んでいったとし

ても，その果てに「正解」が待っているという保証はない．たとえ，その時点で「正解」が見つかったとしても，その正解がいつ何どき正解でなくなるかもしれない．

「正解」は常に経験的仮説である．これまでもそうであったし，これからもそうであり続ける．願わくは，最も穏当な仮説であってほしいと念じ，そしてそう信じるだけである．

主たる興味は，これまでに「正解」が見つかっていない疑問を探究することにある．なかでも，明らかに答えが出ているように見える疑問であっても，それがより本質的かつ根源的な答えでない事例もまた数多く存在する．そういった既存の答えに納得がゆかない事例を好んで取り上げる．そして新しい答えの探究の果てに，新しい発見の英文法像が浮かび上がってくるかもしれない，という淡い期待を抱いている．

## 1.1.2. 述語動詞と構文

日本語母語話者にとって英語は「外国語」である．正確に言えば「非母語」である．だれもが実感するように，非母語は自然には身につかない．意識的な学習の過程を積み重ねてゆくほかない．しかし，ただ，やみくもに，用例を頭に詰め込むだけでは能がない．情報の量は増えても質が伴わない．それでは創造的かつ生産的な学習法とはいえない．

とは言っても，本書はいわゆる実用書ではない．しかし同時に，いわゆる専門書でもない．何と言ってよいか，新英文法研究法の見本ひいては手本であってほしいというのが願望である．

実際にやることは，〈述語動詞を軸とした構文〉の分析である．しかし構文の概念構造は〈述語動詞とその項構造〉の総和だけでは決定できない．ほかに〈付加語〉——いわゆる副詞的修飾語——の存在を無視することはできない．付加語を勘定に入れて初めて構文の概念構造を十全に解明することができる．

〈構文の概念構造〉には〈客観的状況〉と〈状況把握の仕方〉が織り込ま

れている．〈構文〉と〈状況〉と〈状況把握〉との間には見落とせない相関関係が厳然としてある．本書は，具体的な構文例の状況分析を通して，これら三者の相関関係を解き明かすことに最大の狙いがある．

### 1.1.3. 事実の発見と記述的一般化

　読者の中には本書の立場に何か世間で流行の最新の言語理論を期待する向きがあるかもしれない．その部類の読者には気の毒だが，本書の内容はそういった理論とは無縁である．あるとすれば，自分流儀の方法論があるだけである．主たる関心は事実の発見とその発見に至る過程にこそあって，どのような理論的定式化にもない．せいぜい，記述的一般化を求めるくらいである．

　それにもうひとつ，本書がやらないことは，既存の研究の批判的論評である．その理由の一つは，この手続きを踏んでいると，本書で扱う具体的テーマが多岐にわたることもあって，批判的検討を加える作業だけで何冊もの本ができ上がってしまうほど分量が膨大になるからである．そして何よりも最大の理由は，わたし自身の提示する英文法研究法を十分に実証的に論述するという目標達成のためには，今現在，目の前にある本の現物に相当する分量が少なくとも必要だという見通しがあったからである．

　もちろん，わたしが言語学者として経験した多様な記述的・理論的研究の知見がわたしの血となり肉となっていることは疑いようがない．とはいえ，議論の文脈の中で積極的な理由がないかぎり，既存の知見を直接引き合いに出すことはしないし，ましてや，既存の理論的枠組みと専門用語で武装して議論を展開するなどといったことは，むろん，ない．

　あくまでも，自分流儀の方策と用語法を重んじ，できるかぎり直観的にわかりやすいことばで議論を組み立てるよう努力したい．ただし，構文の状況分析は常に用例の根っこを突き止めるのを目標とするので，作業はしばしば細部を詰める議論に及ぶ．多少とも入り組んだ思考回路の網目を何度もくぐり抜けなければならない．どうやらこれが発見の手順としては不

可避である．

## 1.2. 日英語に見る〈道具〉と〈位置〉の見立て

### 1.2.1. 日英語往来

　「はしがき」でも述べたように，どのような英語研究も〈母語との往来〉を意識することなしに達成することはほとんど不可能である．わたしは常にそう信じてきたし，実際，そのように実践してきた．次のような疑問が常に念頭にあった．

　日英語の交接点と分岐点は何か．そもそも何が同じで何が違うのか．日英語は外的現実——物理的状況——をどのように切り分けるのだろうか．そしてそれをどのように言い表すのだろうか．

　ならば，もっと具体的に，日英語の異同を的確に例証する言語素材として何がふさわしいのだろうか．しかし実際，残念ながら，何ひとつ，あらかじめわかっていることはない．

　英語という言葉の仕組みの根っこを掘り起こしたいという欲求の中で偶然にも，日英語比較に最も有効な言語素材のひとつを見つけたような気がしている．

　それは英語の位置前置詞である．その使い分けに苦慮すればこそ気づいたものである．物理的空間に限定してもなお，前置詞 at/on/in の使い分けは難解極まりないものである．手持ちのどの英文法書を繰ってみても，用例は豊富だが，解説は皆無，というのが実情であると言ってよい．

　通り一遍の意味をとる程度——いわゆる英文和訳のレベル——なら，何の不便も不都合も感じない．しかしいったん英語を書く段——いわゆる英作文のレベル——になると，そうはいかない．どの前置詞を用いてよいのか，判別の仕様がない．とくに at は in や on に比べ途方もなく難解である．そもそも使い分けの基準を知らないのだから当然のことである．

## 1.2.2. 格助詞「で」は〈道具〉か〈位置〉か

　いずれにせよ，避けて通れないのが〈日英語往来〉の手続きである．英語の空間前置詞に機能的に対応する日本語の語彙文法的手段は何か，という課題と真正面から向き合わなければならない．意識してやってみるとすぐにわかるが，日本語では格助詞の「に」あるいは「で」で空間的位置の役割が合図される．もとより「に」も「で」も〈位置〉以外に多様な意味用法がある．これがさらに問題を複雑にし，和文英訳のときに予期せぬ困難に陥る．最も厄介なのは，「で」の〈道具〉の用法である．そして最終的には，〈道具〉と〈位置〉の概念的区別が日英語で大きくずれる，という事実に気づかされる．

　一例を挙げる．日英語の表現の仕方を比べてみれば，たちどころに明らかになる．日本語で「ナプキンで口を拭いた」と言ったとき，ナプキンは〈道具〉と解される．そしてまた「玄関マットで靴を拭いた」と言ってもまた，玄関マットは〈道具〉と解される．いずれの文でも格助詞「で」は〈道具〉を合図する語彙文法的手段である．これを自然な英語で言い表してみると，次のように，前置詞選択に際立った違いが出てくる．

　(1)　I wiped my mouth with the napkin.
　(2)　I wiped my shoes on the door mat.

　(1)でナプキンは〈道具扱い〉なのに対し，(2)で玄関マットは〈位置扱い〉である．このように日本語では〈道具扱い〉で済むところが，英語では道が二つに分かれる．明らかに①日英語で状況把握の仕方が違うだけでなく，②英語の中でも状況把握の仕方に少なくとも二つの異なる選択肢があるのだといえる．

## 1.3. 構文の中の〈位置〉と〈道具〉の役割

### 1.3.1. 物理的行為を表す他動詞構文

　以上のように，日英語で自然な構文を比較すると，〈道具の見立て〉と〈位置の見立て〉が著しく対照的であることが判明する．何よりもまず，その見立てはどのような論理で成り立っているかが問われる．つまり，見立ての論理が日英語でどのように違うかが根源的な問いである．

　ここで重要なのは，道具と位置の役割が〈構文〉というレベルで一般的に捉えられ，構文の事象構造──事象参与者の役割構造──の必要不可欠な構成成分となる，という点である．実際の研究の方策としては，もっと具体的に構文の考察範囲を限定しておかなければならない．

　念頭にあるのは，最も典型的な他動詞構文である．最も典型的な他動詞構文とは〈物理的行為を表す他動詞〉──なかでも〈位置変化 (change of location) 動詞〉──別名〈使役移動 (caused motion) 動詞〉──あるいは〈状態変化 (change of state) 動詞〉──を軸とする構文である．

　この種の典型的な行為動詞は，①〈行為者〉の項と②行為の影響をじかに被る〈対象〉の項を含むだけでなく，③その対象が影響を被った結果至り着く〈位置〉──つまり〈結果的状態〉──の項をも含む構文型として実現する．

　さらには，④行為者の片腕として働く〈道具〉の項を忘れることはできない．行為の遂行には必ず何らかの〈道具〉が介在するが，必ずしも表現されない．表現されるときは何か特別な理由があるときである．

　たとえば，次の三つの文がある．どの文も行為事象を描写し，どの行為事象も概念的には三つの参与者を含む．しかし参与者の役割に違いがある．

　　(3)　They threw coins into the Trevi Fountain.
　　　　（トレヴィの泉に硬貨を投げ入れた）　　　　　　　　　　　　［活］

(4) He blocked the left jab with his right hand.
　　（右手で左ジャブをブロックした）　　　　　　　　　　　　　　［活］
(5) He knocked with his cane on the bedroom door.
　　（寝室のドアを杖でノックした）　　　　　　　　　　　　　　　［活］

　Fillmore（1977: 74-79）の見解によれば，〈主語〉と〈目的語〉は文法的には中核的な構成素で，この二つの項には，発話者が最も興味を抱き，何か特に取り立てるべき理由があって〈視野の中に収める（bring into perspective）〉参与者が実現する．主語には〈行為者〉が，そして目的語には行為の赴く〈対象〉が来る．この二者間には直接的な影響関係があるからである．
　(3)(4)を見れば明らかなように，(3)では，現に目的語の行為対象「硬貨」は物理的な影響を受け〈位置変化〉を被っている．位置変化それ自体は into の前置詞句で表現されている．また(4)をみると，やはり主語と目的語の項は発話者が注視した緊迫した状況の中で中核的な参与者を指し示す．「相手の左ジャブ」は，その瞬間に〈行為者〉がブロックしなかったらノックアウトされていたかもしれない反撃の〈対象〉である．
　その一方，主語と目的語以外の参与者は〈視野の外に置かれる（bring out of perspective）〉（Fillmore 1977: 74-79）．必要な場合，前置詞の項として生じる．(3)では行為対象の「硬貨」が位置変化を被り，位置前置詞 into の項「トレヴィの泉」に移動したのである．そしてまた(4)にはもうひとつ〈道具〉が with の前置詞句で表現されているが，これも視野の外に置かれている．行為の性質上，道具は確かに行為の媒体として働くが，行為者と対象の直接的影響関係以上に重要視される理由がないからである．もし発話者がこの道具の項を最重視し視野の中に収めたいのであれば，別の構文型を用いるほかない．道具を主語にして His right hand blocked the left jab. といえば，元の道具は行為者として把握され，彼の右手と相手の左のジャブとの相互作用を前面に押し立てて焦点化すること

ができる．

　最後に (5) では，視野に中に収められたのは主語の行為者だけである．ドアをノックする行為は，その性質上，行為者がノックするという単純な行為だけが中核を成し，あとは視野の外に置かれるものとみられている．knock on the door ならドアは少しも影響を受けない．ただ軽い接触行為が起こるだけである．しかし一方，knock the door となるとドアは，行為の影響を受けて傷がついたり倒れたりする対象として捉えられる．knock the door down とは言えても，*knock on the door down とは言えないし，また *knock down on the door とも言えないのが何よりの証拠である．

　以上とは別に，もうひとつ，文法的側面について言っておくべきことがある．それは〈項〉か〈付加語〉かという違いである．どの文でも参与者のすべてが述語動詞の〈項（argument）〉であるわけではない．なかでも〈道具〉は常に〈付加語（adjunct）〉——つまり副詞的修飾語——であって，決して項にはならない．そして〈位置〉もまた，項ではなく付加語である事例もあり，この種の付加語は，構文の成立には不可欠な構成素である．その意味を込めて付加語を〈構文の項〉と呼ぶのは理に適っている．こうした事例こそが重要な論点を含むことが以下，本論で明らかになる．

　まとめていえば，〈述語動詞とその項構造〉は間違いなく構文の根幹部分を構成するが，構文全体を包括するものではない——〈構文に不可欠な項〉を含めて構文全体が成立する——という見方を再確認しておきたい．

### 1.3.2. 構文と状況と状況把握

　まず〈物理的状況——外的現実〉がある．発話者は状況を経験する（知覚する，把握する，切り取る）．これを総称して〈状況把握〉と呼ぶことにするが，しかし発話者が状況をどのように把握し，そして概念化したか，その姿かたちは見えない．心の中に無定形のまま存在するだけである．とはいえ，無定形な概念構造の反映として言語表現があると想定することが

できる．

　言語表現はしかし概念構造そのものではない．概念構造を表現するためには特定言語の語彙文法的手段を用いるほかなく，特定言語は異なる語彙文法的手段から成るので，どの言語の表現もその言語特有の意味構造を表す．それゆえ，同じ概念構造を実現しているとしても，その実現の仕方は異なるのである．

　概念構造の実現の仕方が異なるというのは，状況把握の仕方が異なるということである．さらにいえば，状況把握の仕方には複数の選択肢があって，いずれの選択肢を選ぶかは個別言語に固有の語彙文法的手段によって決まるのだと想定される．

　英語の母語話者なら，英語の語彙文法的手段によって概念構造を形成するほかない．かくして特定の構文の意味構造は〈言語的慣習によって制約された概念構造〉であるといわれるゆえんである．

　誤解がないようくれぐれも確認しておきたい点がある．〈日英語によって状況の切り取り方が違う〉とは言ったが，だからといって，〈日英語話者が異なる経験の仕方や思考法を用いている〉と言っているわけではない．ただ，言語化の仕方が異なる，という意味である．繰り返すが，概念内容が同じでも，それをコード化する段になると，日英語話者は異なる語彙文法的手段を用いるので，異なる表現の仕方を選択する羽目になる．あくまでも言語表現に反映されたかぎりの現実の切り取り方——状況把握の仕方——こそが考察の中心である．

　次の三つの文を比べてみると，肝心な論点が浮かび上がる．

　　(6)　John wiped his hands with the towel.
　　(7)　John wiped his hands on the towel.
　　(8)　John wiped his hands over his face.

　まず (6) と (7) は見た目にも鮮やかに最小対立をなす．ただ，前置詞ひとつの選択で異なるだけである．では，どう解釈すればよいのか．広い

視野からみて，何が同じで，何が違うのだろうか．実際のところ，客観的に同じ状況を指し示しているのだろうか．日本語で言い表すとしたら，「ジョンはタオルで手を拭いた」と言うしかない．それ以外に自然な日本語は思いつかない．仮にも同じ客観的状況を指し示しているとしても，二つの構文の意味は異なると言わなければならない．つまり指示対象は同じでも意味構造は異なるのである．

　繰り返すが，ひとつだけ，前置詞 with と on の選択に違いがある．ここでの構文論の立場でいえば，いずれの前置詞句も述語動詞 wipe の項ではないが，構文の項である．そこには独自の存在理由がある．with はタオルを〈道具〉と見立てるのに対し，on はタオルを〈位置〉と見立てる．この違いを無視することはできない．これこそが概念的区別の端的な反映である．発話者は違ったふうに状況把握をしているのである．かくして，英語という個別言語の中でも状況把握の選択肢は複数あることになる．

　次に (6) と (8) を比べてみよう．これは最小対立例ではないが，主語と目的語の項は同じである．しかし前置詞句が異なる．(8) をパラフレーズして John wiped his face with his hands. と同じ意味であるという説がある．これが間違いでないとしたら，それならそう言えばよいのに，なぜ (8) のような言い方をするのか，納得できない．これでは (8) の構文型の存在価値を認めないことになる．通説には異論を唱える余地がある．

　さらにもうひとつ，(6) の with の道具表現は場面的に省略可能であるが，(8) の over の位置表現は省略不可能である．あえて省略すると，元の解釈は保持できず，(8) は (6) と同じ意味になってしまう．もとをただせば，(6) と (8) で his hands が同じく目的語の位置に生じているにもかかわらず，異なる働きをしているといわなければならない．以上は粗筋である．実証的に細部を詰めてゆく作業は第 III 部での課題である．

## 1.4. 状況分析と認知論的視野

### 1.4.1. 構文の状況分析をどのように進めるか

個別の構文例は実際，どのような客観的状況を指し示し，またその状況を発話者はどのように把握するのだろうか．目に見える所与のものは，ただひとつ，個別構文例だけである．それが議論の出発点である．構文の語彙文法構造には〈状況〉と〈状況把握〉の両面が畳み込まれている．そのように想定して議論を推し進めてゆきたい．

具体的に考えてみよう．状況分析をどのように進めるかを考えるために，とりあえず，普通の日常生活の流れを思い浮かべてみよう．一日の営みは基本的に同じことの繰り返しで成り立っている．ほぼ同じ時間に起床して，新しい一日が始まる．そしてほぼ同じ時間に寝床について，一日が終わる．その間にいろいろなことが起こる．日によってスケジュールに違いがあるとしても，基本日課はほぼ一定不変である．なかには一日に何度も繰り返し起こる身体活動がある．その最たるものが三度三度の食事である．食事をすると歯を磨く．歯を磨く行為も繰り返される習慣的な基本日課である．等々．

基本日課の中からとくに〈歯を磨く〉という身体活動だけを取り出して詳しく観察してみよう．一見，いかにも単純そうにみえる身体活動だが，人はこの活動の感覚運動経験をいかに概念化し，いかに言語化するか，その全過程を吟味してみることにしたい．

ふつう人が「歯を磨く」と言うとき，この身体活動はいったいどのような動作から成るとみているだろうか．改めて，この問いに向き合ってみると，それが単一の均質的な動作からなるのではなく，むしろ，異質な動作や反復動作の連続体からなることに気づかされる．なるほど，目に見える物理的動作だけに限ってみても複雑極まりない．

それを認知論的視野でみると，この物理的動作もより大きなコンテクストの中に位置づけられる．より大きなコンテクストとは典型的に三つの局

面からなると想定したい．以下，その間の事情を細部を詰めて例示する．

### 1.4.2. 〈歯を磨く〉という身体活動に含まれる三つの局面

　まず〈始発局面〉がある．歯を磨く行為はいわゆる意図的行為である．歯を磨く人（行為者）は，いまや，歯が汚れていて，汚れを落とし歯をきれいにしたいと思っている．つまり行為者の内面には，そもそも，歯を磨く〈動機〉があり，歯を磨く〈意図，目的，意図された目的〉がある．この行為者の心的状態を〈初期状態〉と呼ぶことにしよう．

　そして次が〈展開局面〉である．そもそも人は，そうした動機や目的があって，歯を磨くという活動を開始する．この身体活動はきわめて複雑な異質の動作の連続体からなる．典型的に次のような手順を踏む．

　①〈行為者〉は〈歯ブラシ〉を〈手〉に取る．②歯ブラシに〈練り歯磨き〉をつける．③その歯ブラシを〈歯〉にあてがい，上下左右に動かす．最後に，④口の中を水できれいにすすぐ．

　このうち，①と②は準備段階である．そして③の反復動作こそが〈歯を磨く〉という身体活動の根幹部分をなす．最後の④はいわば事後処理である．にもかかわらず，この部分が欠けると，歯磨きが完了したとはだれも思わない．やはり，水で口をすすぐ行為は歯磨きの最終段階とみなければならない．

　この展開局面には〈行為〉と〈過程〉の不可分な展開がある．行為とは〈行為主体の一連の動作〉のことをいうのに対し，過程とは〈行為対象の状態変化〉のことをいう．歯を磨くとき行為と過程の二つの側面は，時系列的に継起的な関係にはない．むしろ，同時並行的に生起する不可分な関係にある．というわけで，ここで展開局面と言うとき，この行為と過程が同時的に展開する二つの側面をまとめて指し示すものとする．

　最後に〈最終局面〉である．展開局面で歯が〈汚れた状態〉から〈きれいな状態〉になった結果として安定した状態が生まれる．この安定状態をときに〈結果的状態〉とも呼ぶ．これが〈最終局面〉である．最終局面に

至って〈所期の目的〉は達成され，〈初期状態〉は充足されたことになる．

　以上三つの局面は，始発局面から展開局面を経て最終局面に至って完全な円環をなす．そうしてはじめて，歯を磨く行為は成功裡に遂行されたことになる．

　歯を磨く行為は内部構造が複雑なタイプの典型例である．複雑なタイプの多くの行為は共通して以上三つの局面からなる．少なくとも本書の主題との関係からいえば，このタイプの行為を表す構文こそが中心的な関心事である．

### 1.4.3. 行為連鎖と道具連鎖

　さらに歯を磨く行為を例にとって，参与者の役割構造について考えてみたい．この活動の参与者は全部で五つを数える．そしてその5者間には力と運動のエネルギーが働いている．一方の極には〈行為者〉と行為者のコントロール下にある〈一連の道具〉がある．すなわち，〈手〉と〈歯ブラシ〉と〈練り歯磨き〉である．そしてその対極には〈歯〉が位置づけられる．〈歯〉だけは〈行為者の行為によって影響を受ける対象〉である．この〈行為対象〉を以降，臨機応変に，単に〈対象〉あるいは〈目標物〉と呼んだり，〈被動者〉という専門用語を用いたりする．全体としてみると，〈行為者と一連の道具が対象に働きかけて影響を及ぼす（act on and affect)〉という構図が描かれる．

　ここには，いってみれば〈行為者⇒道具⇒対象〉のエネルギー連鎖がある．当事者間にエネルギーの伝播が起こる．エネルギー源はもちろん〈行為者〉である．行為者のエネルギーを一連の道具が引き受ける．道具の間にも〈道具連鎖〉があるが，実質的に一体化して働く．わけても〈最終道具〉（練り歯磨き）が対象（歯）とじかに接触し実質的な影響を及ぼす役割を担う．その結果，対象（歯）は〈状態変化〉を被って，〈汚れた状態〉から〈きれいな状態〉になる．

　以上の道筋を図示すると，次のようになる．ここで矢印⇒はエネルギー

の伝わる方向を示し，また矢印→は状態変化を示すものとする．次が〈行為連鎖のエネルギーの伝わりかた〉である．

| 人 | ⇒ | 手 | ⇒歯ブラシ⇒練り歯磨 | ⇒ | 歯： | よごれた状態→ |
|---|---|---|---|---|---|---|
| 行為者 | | 道具1 | 道具2　　　道具3 | | 対象 | きれいな状態 |

## 1.4.4. 行為連鎖の何をどのように言い表すか

　さて，歯を磨くという身体活動をどのように言い表すか，これが次の問題である．何をことばにするかは，それを取り立てて焦点化する価値があるかどうかで決まる．そしてそれはもちろん状況依存的である．状況ごとに話し手は，何を言うかを選別し，その場にふさわしい情報をふさわしい言いかたで提示しなければならない．

　とりあえず，歯磨きをめぐる一連の動作をごく普通の英語で言い表してみよう．(9) と (10) はさきにみた予備段階である．(9) は「手に歯ブラシを取る」行為を表し，また (10) は「歯ブラシに練り歯磨きをつける（絞り出す）」行為を表す．注目すべき点は位置表現である．とくに (9) で in my hand は道具の with my hand に置き換え可能かという疑問が浮かぶ．いずれを選ぶかは重要な意味合いをもつ（詳論は第 III 部第 14 章参照）．

(9)　I take my toothbrush in my hand.
(10) a.　I put toothpaste on my toothbrush.
　　 b.　I squeeze out toothpaste onto my toothbrush.

　そしていよいよ歯を磨く段になる．普通の場面なら，(11) のように「歯ブラシで歯を磨く」というかもしれない．しかし「歯を磨く」といえば，通常は歯ブラシを用いるのだから，特別な理由がないかぎり，わざわざそれを断らない．むしろ，(12) のように，練り歯磨きを用いることを強調するかもしれない．そしてまた場面次第で，(13) のように「(塩) 水で口の汚れをすすぎ落とす」というかもしれない．

(11) I {brush/clean} my teeth with a toothbrush.
(12) I {brush/clean} my teeth with toothpaste.
(13) I {wash/rinse} out my mouth with (salt) water.

(12)のように with toothpaste と言ったからといって，何も歯ブラシを用いないわけではない．わざわざ「練り歯磨きのついた歯ブラシで磨く」などと律儀に言わなくても，ただ「練り歯磨きで磨く」と言いさえすればよい．練り歯磨きの背後には歯ブラシがある．そしてまたその背後には手がある．

さらにまた，練り歯磨きは練り歯磨きでも，それが特別なものであれば，情報価値が高いので，話し手はそれを強調したいと思うかもしれない．そんなとき，状況によっては (14) のような発話が口を突いて出てきたとしても何ら不思議ではない．

(14) I brush my teeth at least twice a day with a fluoride toothpaste.
[OSD]

「一日に少なくとも 2 度は，フッ素加工の練り歯磨きで歯磨きをする」というのである．やはり，その練り歯磨きの背後には〈手に持った歯ブラシ〉がある．手も歯ブラシも背景に退いた格好になっているが，もちろん道具連鎖の上位が下位をコントロールする関係は崩れない．

まとめると，歯ブラシは手の中に保持されているし，練り歯磨きは歯ブラシの上面に付着している．手を動かせば，歯ブラシだけでなく練り歯磨きも動く．道具連鎖の頂点に手がある．しかしこれも，元をただせば，その手は行為者の手である．どの道具も，究極的には，行為者のコントロール下にある．

## 1.4.5. 道具連鎖の頂点に手がある

以上のような〈歯を磨く〉行為にかかわる道具連鎖の中で最上位に〈手〉

がある．最後の疑問は，同じく歯を磨く行為を描写する場面で，はたして〈手〉だけを焦点化して取り立てることができるか，ということである．たとえば「僕は右手で歯を磨くけど，君は左利きだから，歯を磨くのも左手ですか」といった場面を想像してみよう．日本語話者なら，この発話に違和感はなく，自然に意味が通じるはずである．繰り返すが，この文が〈練り歯磨きをつけた歯ブラシで歯を磨く場面〉で発話されたと想定したうえで，ここでは利き手との関係でどちらの手を用いるかが話題になっているのである．つまり，一連の道具連鎖のうち最上位の〈手〉だけを道具として取り立てて焦点化しようとしていることになる．

そんなことを思案しながら生の言語資料を漁っていると，幸運にも (15) の実例に遭遇した．同じような状況が喚起される．

(15) Although she is strongly right-handed she was forced to learn to do some of painful activities such as <u>cleaning her teeth with her other hand</u>. [OSD]

この一文だけで状況は容易に読みとれる．「彼女は普段は<u>右利き</u>なのに，<u>もう一方の手で歯を磨く</u>といった若干の厄介な動作を身につけさせられた」というのである．注目点はもちろん下線部分，とくに with her other hand という表現である．これが「左手」を指していることは文脈からすぐにわかる．だから問題は，なぜ「<u>もう一方の手（つまり左手）で歯を磨く</u>」という言いかたをしたかである．その理由もまた，おのずと明らかで，右手との対比性を強調するためである．

そうはいっても，その左手は文字どおり「素手」を指しているわけではない．つまり「<u>左手（の指）でじかに歯を磨いた</u>」と言っているわけではない．ここでもやはり，通常なら「<u>左手に持った歯ブラシで歯を磨いた</u>」という事情は変わらない．このように場面が十分に整い常識が働けば，「歯ブラシ」も「練り歯磨き」も背景化する一方，それをコントロールする「手」だけを取り立て焦点化することができる．つまるところ，with her other hand は極度に簡略化された表現であるにもかかわらず，一定の適切な場面と常識の支えがあれば，何の不自然さもなく意図された解釈が得られる，という事実は特筆に値する．

### 1.4.6. 独立した証拠

　同じ問題意識をもち同じ趣旨の結論に到達した母語話者＝言語学者がいる．それはクロフト（William Croft）である．彼の挙げた次の例文は巧妙に仕組まれたもので，肝心なすべてのことを含んでいる（Croft 1991: 169）．Croft 自身の記述はわたしの視点からは簡略すぎるので，自由に敷衍して説明したい．

(16)　He shot the beer can on the fence with his left hand.
　　　（彼は左手で柵の上のビールの缶を撃った）

　注目すべき点は，述語動詞が shoot であること，そして shoot といえば，典型的には道具として銃を用いる行為を指すことである．日本語でも「撃つ」といえば必ず「銃で撃つ」ことだから，その銃が何か特別の意味合いを帯びないかぎり，いちいち断ることはしない．
　具体的に (16) の文を観察すると，まぎれもなく道具の項が生じている．しかしそれは with his left hand で表現されている．「彼の左手」は明らかに，どのような銃をも指し示さないし，ましてや銃の部類にも属さない．問題はこの一見したところ制約違反の表現をどのように解すれば，全体で整合的な自然な解釈が得られるかである．
　やはりここでも的確な状況分析が不可欠である．この発話に最適な場面的状況はどのようなものかを突き詰めておくことが先決である．わけても問題の中心は〈撃つ〉という行為の参与者間にどのような相互作用が働いているか——要するに〈行為連鎖〉全体の中身——を詰めることである．具体的にみると，「彼」（行為者）が「左手」（道具1）に握った「銃」（道具2）を用いて「ビールの缶」（対象）を狙撃し命中した，というシナリオが

想定される．しかし，すべての参与者とその相互作用がまるごと言語的に顕在化するわけではないし，その必要もない．話し手は談話場面に応じて，その都度，最適な情報を選択し，それをことばにして提示する．ここでも全体状況の中から一定の部分状況を焦点化し，その状況内の参与者間の相互作用を前景化していると想定される．

　以上を整理すると，①〈真の道具〉は間違いなく「銃」（道具2）であるとしても，②ここで特別な事情が働いて——普段は右利きなのに，左手で銃を操作しなければならない状況に陥ったと想定され——その状況下で話し手は，たとえ手が〈中間的な補助道具〉であるとしても，「左手」（道具1）を取り立てて焦点化する特別な理由があったことになる．③われわれの常識からみても，これは自然な状況把握の仕方であるし，④目下提案中の枠組みに照らし合わせても自然に説明がつく．

　かくして道具連鎖の中の特定の道具を前景化し言語化したとしても，同じ道具連鎖の他の道具はただ背景化されているだけであって，現実の状況からも消え失せてしまったわけではない．実際，道具連鎖のすべての道具が一体化して同じひとつの目的のために協働しているという事情は変わらない．ただ，言語化の選択肢は複数あるとしても，〈話し手が状況全体からどの部分状況を切り取るか〉，その取捨選択は場面依存的に決まる．

　日本語は場面依存の傾向が強く，その分，省略の度合いが高いといわれることがあるが，思いのほか，英語でもその可能性は決して低いとはいえず，日本語と同じく場面依存度は高く，省略可能性と相対的に解釈可能性も場面依存的に融通がきく．日英語で文法体系が異なるという事実は動かせない．それを所与として受け入れたうえで，状況対応的に表現と解釈の両面から，どこがどのように省略可能かを具体的に突き詰める試みはいっそう重要である．

　本題に戻るが，以上みてきたように，道具連鎖の中からある特定の道具を取り立てて焦点化する背景には必ず，その道具こそが場面的に〈対比的な強調〉を受ける理由がある，という結論をあらためて確認しておきたい．

そして第 II 部以降の議論でも，この論点を例証する機会が何度もあることを言い添えておきたい．

以上，構文の状況分析の方策を具体的に考えてきたが，ここで示した基本姿勢は本書全編における状況分析の根底にある．とりわけ，考察の対象が物理的行為であるとしても，その物理的行為をより広い認知論的視野のもとで考察するという基本姿勢は変わらない．

## 1.5. 英英辞典の用例と語義解説

### 1.5.1. 一次資料としての〈自然な発話〉

ここで「自然な発話」といえば〈慣習的に定着した構文のフレームを踏まえた個別文例〉のことを指して用いたい．そしてその最適なモデルは，ほかでもなく，英英辞典の用例である．

英英辞典に記載された例文は〈慣習的に定着した自然な構文フレームを踏まえている〉というのが第一の理由である．その証拠に，たとえば，catch という動詞を複数の英英辞典で調べ，用例検索をしてみると，どの辞典にもほぼ共通した語義解説と用例が見つかる．そして幸いにも，これら複数の用例が与えられれば，そこから典型的な構文フレームを抽出することができる．これこそが慣習的に定着した自然な構文フレームである．行為を表す catch の用例だと，catch—in と catch—with の二つの構文フレームが候補に上がるが，前者が基本の標準型であるとする根拠がある（詳論は第 III 部第 14 章参照）．

そして第二の理由は，生の発話資料は慣習的に破格の構文をも含むので，私の目標のためには一次資料としては用いない．とはいえ，いったん英英辞典の用例から典型的な構文フレームを抽出してしまえば，生のコーパス資料も補強証拠として大いに有用であり，そのかぎりでしばしば引用する．

## 1.5.2. 活用した英英辞典一覧

最後に，実際に活用した英英辞典の一覧を示す．断っておかなければならないが，辞典の選択は偶然的である．手元の電子辞典に採択され用例検索が自在にできるものに限る．ただ，イギリス英語とアメリカ英語から等しく用例を収集できるよう配慮し，一部，電子辞典化されていないものをも含めて不均衡を最小限にとどめるよう努めたつもりである．実際，やってみるとわかるが，わたしの研究レベルでは，イギリス英語とアメリカ英語の差を過剰に意識する必要がないことが判明する．以下の各論の中で確認される．（辞典の略号は巻末の文献参照．）

*Cambridge International Dictionary of English.* 1995. Cambridge University Press.

*Collins COBUILD Advanced Dictionary of English.* 6th ed. 2009. HarperCollins.

*Collins COBUILD Dictionary of Idioms.* 2nd ed. 2002. HarperCollins.

*Collins COBUILD Dictionary of Phrasal Verbs.* 2nd ed. 2002. HarperCollins.

*Collins COBUILD English Usage for Learners.* 2nd ed. 2004. HarperCollins.

*Collins COBUILD Intermediate English Grammar.* 2nd ed. 2004. HarperCollins.

*5-Million-Wordbank from the Bank of English.* 2001. HarperCollins.

*Longman Advanced American Dictionary.* 2000. Longman.

*Longman Language Activator.* 2nd ed. 2002. Longman.

*NTC'S American English Learner's Dictionary: The Essential Vocabulary of American Language and Culture.* 1998. NTC.

*Oxford Advanced Learner's Dictionary.* 7th ed. 2005. Oxford University Press.

*Oxford Dictionary of English.* 2nd ed. 2005. Oxford University Press.
*Oxford Sentence Dictionary.* 2008. Oxford University Press.
*Oxford Thesaurus of English.* 2nd ed. 2006. Oxford University Press.
『新編 英和活用大辞典』（編集代表・市川繁治郎）1995．東京：研究社．
*The New Oxford American Dictionary.* 2nd ed. 2005. Oxford University Press.

　なかでも三つの辞典について注釈がいる．三つの辞典とは『活用大辞典』と OSD と COB である．まず『活用大辞典』はそもそも英英辞典ではないが，ここに含める．その理由を次に記す．個人的には旧版から愛用する辞典で，それというのも，英語の書名が雄弁に語るとおり，English collocations——英語の連語——の活用を本旨として編まれた辞典である．そして実際，①連語のパターンが包括的で，かつ②収集用例が豊富である．この二点で他を圧倒し，比類なき独自の存在価値をもつ．本書の目的のためには不可欠な参照文献である．

　次に OSD は文字どおり生の資料から収集した文例集である．各文例には出典が明記されている．①アメリカ英語とイギリス英語だけでなく，インド英語，アイルランド英語他も含まれる．②書き言葉か話し言葉かの違い，③編集済みか未編集かの違い，さらには④フィクションかニュース報道かといった違いまでも明記されている．この文例集には生き生きした斬新な興味をそそる内容のものが多い．本書で引用する例文は，原則として，アメリカ英語とイギリス英語で，かつ編集済みの文例だけに限定して採択する．

　最後に COB は最も頻用する辞典である．まず何よりも，語義解説を重宝する．COB の語義解説には語法と文法が織り込まれている．とりわけ用例の中心をなす述語動詞——たとえば catch や hide や wipe——の語義解説は，進むべき道を誤らないための出発地点である．とくに複数の語義の中から問題の述語動詞にはどの語義解説があてはまるかを吟味する際に

は，その述語動詞を含む構文全体に注意を払わなければならない．〈述語動詞の項構造〉だけでなく，〈項でない付加語〉——いわゆる副詞的修飾語——もまた自然な構文にとっては不可欠な「項」である事例も存在するからである．こういう場合にこそ，語義解説に織り込まれた語法の側面こそが真に有用なヒントを与えてくれるからである．

　本書に挙げた用例は圧倒的多数が，これらの英英辞典が出典である．引用した用例にはいちいちその出典を明記しないが，これはただ煩雑を避けるためである．ただ，何らかの意味で興味をそそる用例，注目すべき用例には出典を明記する．それ以外に言語学書などから借用した用例もあって，それには必要なかぎり，出どころを明記することにしたい．ちなみに，わたし自身が作った用例が出てくるとしたら，それは地の解説文の中でパラフレーズとして出てくるくらいである．いずれにせよ，引用例と作例は明確に区別できるよう提示してあることを言い添えておきたい．

# 第 2 章　日英語の〈道具〉と〈位置〉の見立て

## 2.1.　はじめに

　認知言語学の広がりとともに改めてサピア・ウォーフ（Sapir-Whorf）の「言語相対説（the linguistic relativity hypothesis）」が見直される機運が高まっている．「言語相対説」とは，ひとことでいえば〈言語が思考に影響を及ぼす〉とする考え方である．とはいえ，これには程度の差があって，ここで「影響を及ぼす（affect）」とは，言語が思考を「決定する（determine）」であったり，言語が思考を「制約する（constrain）」であったりする．

　一般論が盛んな割には堅実な本格的事例研究が少なく，一般論をどう実質化するか，その方途はなお模索状態にあるという印象は否めない．

　普遍文法，類型論，認知言語学など，方法論はともかくとして，もっと素朴な問題意識としては，われわれが日英語比較研究に手を染めるかぎり，この問題は常に脳裏を離れない懸案事項であり続けているといっても過言ではない．本章はその問題意識のもとでのささやかな試みである．

　日英語話者は外的現実をどのように切り分け切り取るのだろうか．このように課題を設定してみても，具体的に何をどう始めれば期待される答え

が得られるか，それはただちに明らかではない．

　いずれにせよ，試行錯誤は避けられないのだが，それでもなお，成果の期待できる見通しが立たないわけではない．

　そしてそれは，つまるところ，われわれ日本語話者が間違いを犯しやすい英語の文法現象を選別し，日本語との比較考量を通して誤用の要因がどこにあるかを突き止めることである．

　そして実際，日英語話者はたとえ同じ外的現実を眼前にしても，その状況把握の仕方（construal）にズレがあり，そのズレが言語表現のなかに反映されるとみる証拠がある．特定の現実の状況を共通の前提としたうえで，日英語話者はそれぞれ，その状況の視覚経験や身体経験をどのように概念化し，さらには語彙文法化するか，その対応関係を洗いだすことによってはじめて日英語の比較考量の土俵が整うという段取りである．

## 2.2. 日本語の格助詞と英語の前置詞

　日本語話者にとって苦手なもののひとつに英語の前置詞の用法がある．日本語のなかに前置詞対応物を求めるとしたら，さしあたりは，格助詞が思い当たる．調べてみると，前置詞と格助詞は不十分にしか対応しないのだが，それだからこそ，われわれの前置詞の用い方に一定の誤用のパターンが見いだされるのである．

　手はじめに，日本語の格助詞「で」の多義性に着目し，それが英語の前置詞とどのように対応するかを観察してみよう．格助詞「で」の働きについては，とりわけ〈位置〉〈原因〉〈道具〉の用法が注目される．ほかにもあるが，ここでの目的のためにはこの三つの用法が決定的に重要である．

　次に示す日本語文はどれも特定個別の状況を描写している．各状況は複数の参与者によって構成されている．そこには格助詞「で」で合図される参与者も含まれ，状況全体の中でそれ相応の役割を分担している．日本語母語話者は，「で」という格助詞を用いることによって，その実体の参与

者役割をどのように把握しているだろうか．

(1) 　<u>神戸で</u>大地震があった．
(2) 　パレードは<u>雨で</u>中止になった．
(3) 　兄は<u>戦争で</u>失明した．

　日本語話者の直観では，(1)で「で」のついた「神戸」は〈位置〉と解される．大地震が起こった地域を指し示す．これ以外に自然な解釈は思い当たらない．
　一方，同じ「で」がついていても，(2)の「雨」と(3)の「戦争」はいずれも〈原因〉と解される．「パレードは<u>雨が原因で</u>中止になった」のだし，「兄は<u>戦争が原因で</u>失明した」のである．
　それでは，同じ状況を眼前にして英語話者は，その状況をどのように言い表すだろうか．
　ここで方法論的に重要な心得がある．われわれの目標のためには，次のような作業仮説を確認しておかなければならない．

(4) 　英語話者が日常用いる自然な発話を求めること．自然な発話を求めるためには，無意識的な瞬時的発話を基準とすることである．意識的認知操作の介在しない瞬時的発話の集積にこそ，慣習的な構文の型が発見される．そして慣習的な構文の型にこそ，母語話者に共通した無意識的な思考様式が反映される．
　　　まとめていえば，無意識的な瞬時的発話を基にして慣習的な構文の型を突き止め，次には，慣習的な構文の型を基にして母語話者の慣習的思考様式を掘り起こすことができる．

　これはわたし自身の経験から突き詰めた作業仮説である．この作業心得のもとで(1)から(3)の状況に対応する英語の慣習的発話を求めるとすれば，次のようになる．

(5) There was a big earthquake in Kobe.
(6) The parade was canceled because of rain.
(7) My brother lost his eyes in the war.

　まず，(1)と(5)を比べてみると，神戸を地震の起こった地域と捉える点ではズレがない．英語でも現に〈位置〉を合図する前置詞 in が選択されている．しかし，あと二つのペアについては，もはや無視しえない違いがある．

　(2)と(6)を比べてみると，雨は日英語ともに〈原因〉と解される．英語では何よりも because of が〈原因〉の解釈を合図している．仮に in the rain だったら，雨が降る中でパレードが行われて中止になった，という解釈しか出てこないだろう．

　つぎに(3)と(7)を比べてみると，日英語で食い違いが出てくる．戦争は日本語では〈原因〉の見立てなのに対し，英語では〈位置〉の見立てである．いうまでもなく，位置の前置詞 in が用いられているからである．

　ただし，ここで留意すべき点がある．この in the war の in は〈空間的位置〉ではなく〈時間的位置〉である．もとより戦争は出来事であり，出来事は何よりも時間のなかに位置づけられる．それゆえに in the war は when the war occurred に言い替えできる．さらにまた，during the war とも実質的に同値である．日本語では臨機応変に「戦時中に」「戦争のさなかに」などといえる．

## 2.3. 〈位置〉か〈原因〉か

　以上の観察からひとつの疑問が浮かび上がる．日英語は〈位置〉と〈原因〉をどこでどのように切り分けているのだろうか．

　とりわけ，日本語で〈原因〉と解される実体が，英語では〈原因〉であったり〈位置〉であったりする．(6)と(7)の差異にこそ，その分岐点がある．

察するに，二つの事態間に〈時間的前後関係〉があると，状況次第で人は，そこに〈因果関係〉をみる傾向がある．

(6) をみると，①雨が降る事態が②パレード中止の事態に時間的に先行している．そこから自然に，①雨が降った<u>ために</u>②パレードが中止になった，という因果関係の解釈が派生する．いうまでもなく，時間的に先行する事態①が原因で，時間的に後続する事態②が帰結するという図式になっている．その因果関係をまっすぐに記述したのが，ほかならぬ，(6) である．

一方 (7) では「戦争のさなかに兄が失明した」といっている．二つの事態間には時間的な重なり，つまり〈時間的包囲関係〉がある．それをそのまま前置詞 in を用いて記述したのが (7) である．

とはいえ，話はこれでおしまいではない．この状況下でも実際，戦争と失明の間に因果関係が自然に含意される．つまり「戦争<u>のせいで</u>兄が失明した」という含意である．

そもそも話し手はどうしてこのような中身の発話をしたのだろうか．その動機を考えてみると，兄の失明は戦争が原因だったことを暗に伝えたかったのではないか．現に兄は兵士として参戦し顔面に敵の銃弾を受けたにちがいない．そうした場面が容易に想像される．

こうした場面的状況のもとでは，(7) の発話が〈時間的包囲関係〉以上に〈因果関係〉を喚起するのはまったく自然なことである．これはいわゆる語用論的含意であるが，この関係を明言したいのであれば，もちろん，次のように言うことができる．そしてこれもまた自然な言い方である．

(8) My brother lost his eyes <u>because of the war</u>.

しかし，英語話者はどうやら，慣習的には，時間関係の直接的な表現の背後に因果関係の間接的な意味合いを織り込む傾向があるように察せられる．

もっと正確にいうと，二つの事態の関係が，事実上〈時間的包囲関係〉

としても〈因果関係〉としても解釈できるとき,英語話者は〈因果関係〉よりはむしろ〈時間的包囲関係〉で言い表す傾向がある.

　念を押すまでもなく,これはもちろん,慣習的に優位な傾向のことをいうのであって,絶対的な基準ではない.

　次の一連の文は,この慣習的傾向をはっきりと例証している.わけても日本語の発想から吟味してみると,日英語の落差に気づかされる.そしてその意味合いに合点がゆくはずである.日本語で〈原因〉と解される「で」の実体が,英語では〈位置〉の in で合図されている.

(9) a. わが家の塀が嵐で吹き飛んだ.
　　 b. Our fence blew over in the storm.
(10) a. 塀が風で倒れた.
　　 b. The fence fell down in the wind.
(11) a. 彼は火事で講義ノートを消失(焼失)した.
　　 b. He lost his lecture notes in a fire.

　日本語の「嵐で」は「嵐が原因で」と解される.が一方,同じ状況下でも英語は in the storm という.嵐は出来事(事象)である.出来事であれば,この in は出来事の時間的位置を表す.分析的にいえば,when the storm occurred に言い替えられる.

　しかし実際,この時間的〈位置〉の延長線上に〈原因〉の解釈が自然に成立する.すなわち,「嵐の吹き荒れる中で塀が吹っ飛んだ」のなら,「嵐が原因で塀が吹っ飛んだ」にちがいない.

　この推論の背景には,われわれの百科事典的知識がある.日常経験を通して人は,嵐とは自然現象であり,かつそれがわれわれに災害をもたらす,といった種々の百科事典的知識をすでに身につけている.その知識を踏まえればこそ,この推論は無意識的かつ自動的に出てくるものである.

　次の2例も平行した観察があてはまる.「風が吹く中で塀が倒れた」のなら,「風のせいで塀が倒れた」にちがいない.そして最後に,「火事の最

中に講義ノートが消失した」のなら,「火事が原因で講義ノートが焼失した」にちがいない.

さらに次の類例に注目したい.新たに考慮すべき別の要因が隠れている.述語動詞が受動態であることと関係する.

(12) a. 彼は交通事故でなくなった.
　　 b. He {was killed / died} in a traffic accident.
(13) a. そのビルは地震で破壊された.
　　 b. The building was destroyed {in / by} an earthquake.
(14) a. その地震では多くの家具がこわされた.
　　 b. A lot of furniture was destroyed during the earthquake.
(15) a. 彼は鉄砲水で死んだ.
　　 b. He died in a flash flood.
(16) a. 堤防は洪水で流された.
　　 b. The embankment was washed away in the flood.

改めて全体を見渡すと,風,嵐,洪水,地震などの自然現象,および火事,交通事故など人災事故は,現場全体を包み込む空間的環境の意味合いもあるので,空間的な意味合いでも in が好まれるのかもしれない.

(13b)でみるように,受動文なら in の代わりに by も可能である. by になれば,もちろん,そこに能動的主体性が出てくる.いわゆる動作主としての役割である.自然現象には人為の及ばぬ「自然の力」が宿っている.そのことをわれわれは経験的に熟知していればこそ,自然現象を動作主として見立てるのである.

その一方,(12b)でみるように,交通事故は受動文でも in が普通である.事故はそもそも偶発的事態である.そして偶発的事態には一般に能動的主体性をみることはできないからである.

## 2.4. 〈道具〉か〈位置〉か

　格助詞「で」には〈位置〉〈原因〉以外にも，もうひとつ，重要な働きがある．次の日本語が示すように，どの状況にも等しく〈道具〉の役割を担う参与者が含まれている．

(17)　たいていの日本人は箸でご飯を食べる．
(18)　彼女はハンカチで顔を隠した．
(19)　彼女はレンガのかまどでパイを焼いた．
(20)　ローラースケートでスケートをするのが好きだ．
(21)　彼はピアノできれいな曲を弾いた．
(22)　チャーリーはテレビでショーを見た．
(23)　彼女はいま電話で話をしている．

　ここで格名詞「で」の実体はいずれも〈文化類 (cultural kinds)〉である．文化類とは文化的人工物で，人が生活の便宜のために作ったある一定の機能を備えた道具である．箸，ハンカチ，かまど，ローラースケート，ピアノ，テレビ，電話——どれも確かにそれ独自の機能を備え，その機能においてこそ存在理由がある．であれば，日本語が格助詞「で」を用いてその実体を〈道具扱い〉するのはまったく自然な帰結である．

　ところが，同じ状況下にあっても，英語話者は，際立って対照的な見立てをする．日本語文に対応する英語の慣習的な文例を示すと次のようになる．

(24)　Most Japanese eat rice with chopsticks.
(25)　She hid her face in her handkerchief.
(26)　She cooked the pie in the brick oven.
(27)　I like to skate on roller skates.
(28)　He played a nice tune on the piano.

(29) Charlie watched a show on television.
(30) She is talking on the telephone.

　個別に比べてみれば明らかなように，最初の箸の例だけは日英語ともに〈道具扱い〉である．しかし，それ以外はみな，英語では〈位置扱い〉である．一目瞭然，選ばれた前置詞は，道具の with よりはむしろ，位置の in あるいは on である．

　日本語の感覚では合点のゆかぬことばかりである．(25)でハンカチは，(24)の箸と同じく，手に持った状態で用いるのに，なぜ道具扱いされないのか．(27)でローラースケートは足につけて用いるのに，なぜ with roller skates といわないのか．

　ほかにかまど，ピアノ，テレビ，電話がある．これらは確かに身につけて用いるものではない．気づいてみると，はじめから一定の場所に置いてあって，その場所で用いるものである．こういった違いもまた何か英語話者の状況把握の仕方ひいては概念化に関係があるのだろうか．

　勝手な思いは際限なく続くのだが，いまはもう話を整理して先を急がなければならない．

　以上の観察をまとめると，日本語は〈道具〉の適用領域が広いのに対し，英語は〈位置〉の適用領域が広いといえる．つまるところ，日本語話者が〈道具〉と見立てる実体を，同じ状況で英語話者は〈位置〉と見立てる場合が多いということになる．このズレの根底にはとうてい無視しえない本質的なものがあると感じられる．

　かくして日本語話者にとって厄介なのは，英語話者が，どのような条件のもとで，モノを〈位置〉と見立てるかである．一般的にいえば，英語話者の見立ての論理を掘り起こすことこそが根本の課題である．

## 2.5. 英語における〈道具〉と〈位置〉の分岐点

　ある実体を〈道具〉とみるか〈位置〉とみるか，これは日英語話者の知覚の癖ひいては概念化の食い違いを示唆するだけではない．

　よく調べてみると，そもそも英語そのものが，同じ実体を状況次第で〈道具〉と見立てたり〈位置〉と見立てたりする，この二つの選択肢を許している．これこそが根っこのところにあって，それがどこでどのように分岐してゆくか，その分岐点を解明することが先決である．

　単純明解な最小対立例から考えてゆくのが確実な第一歩である．なかんずく輪郭の鮮明な物理的状況を指し示す文例が見つかれば最適である．

　恰好な対比例がある．「ナプキンで口を拭く動作」と「ドアマットで足を拭く動作」を比べてみよう．この二つの動作の間に別段，有意味な違いがあるようにも見えないが，しかし実際，その表現の仕方には，英語話者が慣習的に区別する有意味な差がある．

　〈拭く〉という動作は，英語でも wipe という動詞を用いて表現するのが自然である．この述語動詞を共通の拠りどころとした上でもなお，ひとつの項に異なる前置詞を用いる点が注目される．

(31)　Frieda wiped her mouth with a napkin.

(32)　Frieda wiped her feet on a door mat.

　ナプキンは〈道具扱い〉なのに対し，ドアマットは〈位置扱い〉である．ドアマットはナプキンと同じく文化的人工物で，モノを拭く道具であることに違いはないのに，英語話者はどうやら，本来の機能とは別に，ドアマットが事態全体のなかでナプキンとは異なる役割を担うものとみているのである．

　当然のことに，ひとつの疑問がわく．英語話者はいったい現実のどの断面を知覚的に有意味なものと見ているのだろうか．

　決定的な違いはどうやら〈行為者がモノとどのようにかかわり合うか〉

である．典型的なシナリオを想像してみよう．

　(31) でナプキンは，フリーダがそれを手に持って口元まで運ぶ．そしてナプキンを口元にあてがって，汚れを拭き取る．

　しかし一方，(32) でドアマットは，すでに玄関先に置いてある．フリーダが自分の足をその場に運び，その上に立って，靴底の汚れをぬぐう．

　汚れを拭き取るという目的のためには，ナプキンもドアマットも同じ働きをしている．つまり機能は同じなのである．違いはただ，行為者がモノとどのようにかかわり合うかである．わかりやすくいってしまえば，〈何が動いて何に働きかけるか〉である．

　(31) ではナプキンが動いたのに対し，(32) で動いたのはフリーダの足である．(31) でナプキンが動いたのは，フリーダがそれを道具として操ったからである．つまり，ナプキンが動いて行って口に接触した図式になる．〈フリーダ⇒ナプキン⇒フリーダの口〉の順にエネルギーが伝わっている．

　一方，(32) でドアマットは事前にそこにある．静止した状態にある．フリーダが操るのは，ドアマットではない．自分の足である．自分がドアマットのところまで動いて行き，その上に立って靴をこすりつけるという図式である．〈フリーダ⇒フリーダの足⇒ドアマット〉の順にエネルギーが伝わっている．

### 2.5.1. 〈動く〉か〈動かない〉か

　この観察は英語話者の見立ての論理を最も端的に例証する．十分に細部を詰めてまとめると，次のようになる．

　(33)　英語話者がモノを〈道具〉と見立てる論理
　　　　〈道具〉とは，行為者によって思いのままに操られ，行為者の意図を実現するための手段である．よって〈道具〉は，行為者に全面的に依存し，行為者抜きには存在しえない役割である．

第2章　日英語の〈道具〉と〈位置〉の見立て　　　35

　　　要するに，ある実体が①〈行為者の片腕ひいては代役〉として
　　働き，②〈行為者の意のままに動く〉ものと知覚されるとき，そ
　　の実体は〈道具〉と見立てられる．
(34)　英語話者がモノを〈位置〉と見立てる論理
　　　〈位置〉とは，始発地点であれ終着地点であれ，あるいはその
　　間をつなぐ経路（通過地点）であれ，固定位置をとる安定した空
　　間的地点である．よって〈位置〉は，モノを状況の中に位置づけ
　　る空間的拠点——拠りどころとなる地点——としての役割を担う．
　　　要するに，ある実体が①事前に〈すでにそこにあって〉，②〈静
　　止して動かない〉ものと知覚されるとき，その実体は〈位置〉と
　　見立てられる．

　平たくいってしまえば〈動くか動かないか〉である．背後に行為者がい
て動くモノは〈道具扱い〉であり，すでにそこにあって動かないモノは
〈位置扱い〉である．
　いろいろ調べてみると，以上が基本の道筋である．とはいえ，かかわり
合う事態が複雑になればなるほど，その分，新たに考え合わせるべき要因
が加わることもまた避けられない．その間の事情はとくに第III部の各章
で詳説する．

## 2.5.2.　行為者はモノとどうかかわるか

　基本線が揺るがないことをさらに例証しておきたい．まず，次の対照例
をみたい．

(35)　The cat scratched my hand with his claws.
(36)　Bears scratch themselves on trees.

　(35)で猫が爪で人の手を引っ掻くとき，その爪は定義上〈道具〉であ
る．爪は猫の身体部位だから，猫が爪を意のままに操ったことは明白で

ある.

　が一方, (36) では, 熊が自分の体を木にこすりつけ(て匂い付けをす)る習性を述べている. そのとき, 木はすでにそこにある. 熊が木を口にくわえて操るのではない. 木を〈位置扱い〉する道筋は透明である.

　さらに次の例でも同じ見立ての論理が働いている. 状況全体の中で人はモノとどうかかわり合うか, そのかかわり方でモノの役割が決まっている.

(37)　He rubbed an apple <u>on his trousers</u>.

(38)　He caught his hand <u>on a nail</u> leaping over a fence.

(37) では (たとえば, 木からもぎたての) リンゴをズボンにこすりつけ (てきれいにし) たのである. ここで大事なのは, his trousers のありようである. ズボンはズボンでも, そのズボンは現にいま彼が身につけているズボンである. であればこそ, そのズボンは動作以前にそこにあると知覚され, 〈位置扱い〉される自然な道筋がつく.

　また, (38) では, フェンスを飛び越えようとして手がクギに引っかかった情景が思い浮かぶ. フェンスを飛び越えたのは意図的行為であるとしても, 手がクギに引っかかったのは偶発的事態である. 事前にクギはそこにあって, 手のほうが動いて行って接触したのだから, クギが〈位置扱い〉されるのは自然な成り行きである.

### 2.5.3. 活性領域は〈容器〉か〈接触面〉か

　〈道具〉と〈位置〉の見分け問題が片づいたあとでなお, ひとつの問題が残る. 〈位置〉は位置でも in と on とは違う. どのように違うのだろうか.

　次の三つの状況を比べてみよう.「<u>掃除機で掃除をする</u>」行為,「<u>洗濯機で洗濯をする</u>」行為, そして「<u>ミシンでドレスを縫う</u>」行為——ここで掃除機, 洗濯機, ミシンはどれも, 日本語では〈道具扱い〉である. しかるに英語では次のように区別される.

(39) I'll just go over your room with the vacuum cleaner.
(40) We wash our clothes in the washing machine.
(41) She sewed the dresses on the sewing machine.

　まず，掃除機はさきの定義どおり，英語でも〈道具扱い〉なのは納得がゆく．背後に行為者がいる．掃除機は行為者によって思いのままに操縦されるからである．一方，洗濯機とミシンは〈位置扱い〉である．これも定義どおり，合点のゆく見立てである．
　問題は in と on の使い分けである．端的にいって，その実体の〈活性領域 (active zone)〉が〈容器〉か〈接触面〉かである (cf. Langacker 1984)．
　洗濯機は洗濯物，洗剤，水を入れる円筒の部分こそが機能的に最も重要である．それだからこそ，その部分に注意を注ぐ．知覚的にも最も際立つ．
　つまり，空洞の円筒部分こそが洗濯機の活性領域である．そしてその部分は〈容器〉のイメージだから，前置詞 in が選択されるという理屈である．状況全体としては，〈洗濯機の円筒内部で洗濯の一連の工程が起こる〉という基本図式のイメージである．
　一方，ミシンは布地を置くミシン台の部分こそが機能的に最も重要である．そこでミシン針が上下に動き布地を縫い合わせることで衣服などが仕上がる．その作業には集中力がいる．作業中はミシン針の動きに注意を集中しなければならない．それゆえにまた，ミシン台は知覚的にも最も際立つ部分である．
　つまり，ミシン全体の中でミシン台の部分こそがミシンの活性領域である．見た目にも〈容器〉のイメージからはほど遠い．際立つのは，ただ〈台座〉のイメージである．状況全体としては〈ミシン台の上部面で縫製の作業が起こる〉という基本図式のイメージがある．かくして位置は位置でも前置詞 on が選択されるのは自然である．

# 第3章　英語は〈位置優位〉の言語

## 3.1. はじめに

　日本語の母語話者が外国語としての英語を用いる際に陥りやすい間違いは，習熟度にもよるが，それこそ十人十色といってもよいものだが，それにもかかわらず，そこには共通のパターンがあることも事実である．

　だれでも経験ずみのことでいえば，名詞の可算・不可算の区別，定・不定冠詞の選択，それも関係詞化に伴う冠詞の選び方（中右 1978a, b），進行相・完了相の用い方，等々，数えあげてゆけばキリがないが，こういった間違いやすい典型例を観察してみると，そこには共通して，日本語の文法構造のなかに一対一の組み替えを許すような対応物がないことによっていることがわかる．

　これだけのことなら，日英語で文法構造が異なる，という定説の再確認にすぎないが，しかしこれは，実際のところ，文法構造だけの問題ではない．もとをただせば，日英語で意味構造が異なる，というところにまでさかのぼる．用心深くいえば，ここで意味構造とは，日英語の語彙文法構造に織り込まれた意味構造のことである．ひるがえって，この意味構造は言語化された概念構造にほかならないからである．

## 第3章　英語は〈位置優位〉の言語

　日英語話者は実際，同じ外的現実を切り取っても，その切り取り方にズレがあり，そのズレが言語表現のなかに反映されるとみる証拠がある．その間の事情を真に理解するためには，言語現象の分析から出発するほかない．

　さらにいえば，特定の現実の状況を共通項として，それが日英語でどのように表現されるか，その異同関係を洗いだし，その背景にある〈知覚の癖〉とりわけ〈経験の概念化〉の仕組みを解明するという手順を踏んでゆかなければならない．

　前章に引き続き，日英語で〈位置〉と〈道具〉の見立てに大きな違いがあることを確認した上で，さらに広い視野から英語の特異な事例を選別し，英語が日本語に比べ〈位置優位〉の言語であることを検証したい．

　われわれにとって不得手なもののひとつに英語の前置詞がある．日本語のなかに前置詞対応物を求めるとすれば，さしあたりは，格助詞の類が思い当たる．調べてみれば，前置詞と格助詞は不十分にしか対応しないのだが，それだからこそ，われわれの前置詞の用い方に一定の誤用のパターンが見いだされるのである．

　具体例に即して考えてみよう．まず，日本語の文例である．次のどの文も格助詞「で」の付いた名詞句を含んでいる．

(1) a. 工場で　火事が　あった．
　　b. フェンスが　風で　倒れた．
　　c. パレードは　雨で　中止になった．
　　d. わが家では　この古い芝刈り機で　芝を　刈る．
　　e. 私は　ときどき　体重計で　体重を　測る．
　　f. うちの犬は　後ろ足で　立って歩ける．
　　g. フリーダは　バイオリンで　「月光の曲」を　弾いた．
　　h. 彼女は　ハンカチで　顔を　隠した．

　ざっと見渡してみると，「で」の働きに違いがある．「で」はもとより多

様な働きをするが，ここでは〈位置〉〈原因〉〈道具〉を合図する例が挙がっている．(1a) は位置，(1b) と (1c) は原因，そして (1d) 以下はどれも道具と解される．

あとで詳しくみるが，〈文が全体として指し示す状況のなかで「で」格名詞句の実体がどのような参与者役割の担い手として把握されているか〉，それが問題である．

ここでの眼目は，もちろん，〈同じ状況を眼前にして日英語話者はその状況をどのように把握し，そしてそれをどのような構文で言い表すか〉を解明することである．

(1) の日本語文と同じ状況を指し示す慣例に適った自然な英語の文は何か，という方向で答えを求めてゆくと，その結果は (2) である．

(2) a. There was a fire at the factory.
　　b. The fence fell down in the wind.
　　c. The parade was canceled because of rain.
　　d. We cut the lawn with this old mower.
　　e. I sometimes weigh myself on the bathroom scales.
　　f. Our dog can walk on his hind legs.
　　g. Frieda played the Moonlight Sonata on the violin.
　　h. She hid her face in her handkerchief.

## 3.2. 空間的位置と時間的位置

さて，いまや (1) と (2) を個別に比べてみることができる．まず，(a) の対比である．

(1) a. 工場で火事があった．
(2) a. There was a fire at the factory.

「工場」は火事が起こった場所である．日本語の「で」はもちろん〈位置〉を合図する格助詞である．一方，英語では〈位置〉を合図する典型的な前置詞に at, in, on がある．ここでは，on でも in でもなく，at が用いられている．

in the factory だと，建物の内部のどこかで火事があった状況を喚起する．工場は建物であり，建物はそもそも内部空間によって特徴づけられる．比喩的にいえば，建物は「容器 (container)」である．となれば，in the factory は確かに相性のよい組み合わせである．

それに比べ on the factory にしてみると，輪郭のぼんやりした状況しか喚起しない．せいぜい，工場の屋根あるいは外壁が火事に遭ったのだろうと想像するしかない．この状況でなら，実際には on the roof of the factory や on the third floor of the factory のように特定部分を指定するのが自然であると感じられる．その理由は，繰り返すが，工場は建物で，建物はそもそも内部空間をもつ．それゆえに，火事の起こった場所としては，on the factory よりも in the factory のほうがはるかに自然である．

それでもなお，この事例では in the factory よりも at the factory のほうが慣習的には広く行き渡った用法のようにみえる．その理由は何か．

「工場で火事があった」といえば，「工場で何かがあった」という事実を前提にして「工場で何があったか」という問いが暗黙裡に想定される．これが自然な談話の流れである．この問いを抱く発話者は現場を目撃していない．ただ伝聞情報しか手元にない．だからこそ，疑問を抱き相手に情報を求めているのである．大事なことは，(1a) の応答者もまた，発話時現在，現場にはいないということである．火災発生の現場を目撃したのかもしれないし，あるいはまた，伝聞情報しか持ち合わせていないのかもしれない．そうだとしても，この応答者は肝心な情報は持ち合わせていたのである．こうした事情を at the factory は示唆している．第 II 部第 4 章で Herskovits (1986) の骨子を祖述するが，先回りして言えば，間接情報しかもたない発話者は〈遠い視点〉をとらなければならない．こうした状況

を喚起するのが at の用法のひとつである．

　まとめると，in と on は発話者は近くで個別細部を注視する視点をとるのだが，at は逆に遠くから全体を俯瞰する視点をとる．それだからこそ，モノはどのような広がりももたない〈点〉として捉えられる．ここには抽象化・一般化の心理過程が作用している．この作用こそが at の特異性である．端的にいって，in と on は特定的・具象的位置を合図するのに対し，at は一般的・抽象的位置を合図するのだといえる．

　以上の観察からも日英語の空間の切り分け方が大きく違うことが示唆される．位置の格助詞「で」には at, on, in いずれの前置詞も対応するが，どの前置詞を選択するか，その決定には，わけても①モノの形状や機能だけでなく，②場面的状況や③発話者の意図などが深くかかわることが明らかである．

　ついでに書き留めておきたいが，日本人英語学習者は先の (1a) の「で」に対応して in をより好みする傾向がある．その理由は単純明快である．すでにみたように，①工場は建物だから，反射的に「工場の中で火事が起こった」と理解し，②いちばんなじみ深い前置詞 in を用いるのだと推測される．ましてや，すこぶる抽象的な at の用法など知る由もない——そもそも教わったこともないのだから思いつきようがない——というのがわれわれの実情である．

　次は (b) の組である．「風で」と in the wind が対照的である．

(1) b. 風で　フェンスが　倒れた．
(2) b. The fence fell over in the wind.

「風でフェンスが倒れた」という日本語は通常「風が原因でフェンスが倒れた」と解される．つまり，日本語話者は風とフェンス倒壊との間に〈因果関係〉をみている．

　一方，英語話者は同じ物理的状況を〈時間的関係〉で捉えている．意外に思えるかもしれないが，in the wind は結局は時間表現である．風はそ

もそも自然現象である．自然現象は一般に事象（出来事）の類に属する．
事象名詞が前置詞 in の項になると，in は〈時間的位置〉と解される．一
般に〈個体〉は空間の中に位置づけられるのに対し，〈出来事〉は何よりも
時間の中に位置づけられる．

　かくして in the wind は，「風が吹いたときに」というのと概念的には
同値であるといえる．この (b) の例において日英語話者は，物理的には
同じ事態を目の前にして，その事態の把握の仕方は異なるのだといわなけ
ればならない．

　しかし一方，(1c) の「雨で」は「雨が原因で」と解されるが，それが
(2c) でも because of rain のように原因として捉えられている．日英語と
もに原因の見立てで一致している．その間の事情はすでに前章でみたとお
りである．

## 3.3.　〈道具〉か〈位置〉か

　次の (d) から (h) までは，日本語では「で」格名詞の指し示す実体を
どれも〈道具〉と見立てている．しかし英語では同じ実体を，場合によっ
ては，〈道具〉と見立てたり〈位置〉と見立てたりしている．個別に点検し
てみよう．

　まず (d) である．これにはズレがない．芝刈りをするとき芝刈り機は，
日英語ともに〈道具扱い〉である．英語ではそれが前置詞 with で合図さ
れる．with こそが道具を合図する典型的な前置詞だからである．

　問題は (e) 以下である．順不同だが，最後の (h) の事例からみる．ハ
ンカチで顔を隠すときハンカチは，明らかに〈道具〉のはずである．それ
が英語では〈位置扱い〉である．with her handkerchief といわないで，in
her handkerchief というのはなぜか，大きな疑問がわく．

　(g) でもやはり，われわれの感覚では，バイオリンを弾くときバイオリ
ンは，〈道具〉に決まっているのに，英語ではなぜ，with the violin とい

わずに，on the violin というのだろうか．このようにバイオリンが〈位置扱い〉されるのは，日本語話者の通常の理解を超えた英語の事実である．

以上三つの「で」格名詞の実体は，気づいてみると共通して，実際には行為者の手が関与している．ハンカチはもちろんのこと，芝刈り機もバイオリンも〈手に持った状態〉あるいは〈手で支えた状態〉で用いられている．

それにもかかわらず，英語では芝刈り機の場合だけは〈道具扱い〉なのに，ハンカチとバイオリンの場合は〈位置扱い〉である．どうやら，手に持った状態で用いるからといって，〈道具扱い〉になるわけでもなさそうである．何か別の論理が働いているように思われる．事例ごとにさらに精緻な分析が必要である．

次に（e）をみると，体重計は明らかに体重を測る道具である．それにもかかわらず，with the bathroom scales とはいわない．これは確かに手に持って用いるものではない．むしろ，見た目には〈身体が体重計の上に載っかっている〉という構図が鮮明である．であればこそ，位置は位置でも，in ではなく on を用いて，on the bathroom scales というのは，直観的にはよく納得できる．

そして最後に（f）である．犬が後ろ足で歩くとき，その後ろ足は犬自身の身体部位である．日本語ではやはり正真正銘の道具と解される．が一方，英語では位置扱いであり，その位置も on で表現されている．この食い違いもまた日本語の感覚にはそぐわない英語特有な見方を反映しているように感じられる．

以上，断片的な観察だけからでも明らかなように，日英語間で状況把握の仕方に際立った違いがある．次のようにまとめておきたい．

(3) 　　日本語は〈道具〉の適用領域が広いのに対し，英語は〈位置〉の適用領域が広い．さらにいえば，日本語話者が〈道具〉と見立てる実体を，英語話者が〈位置〉と見立てる部類の状況が際立って多い．

(4)　　日本語話者にとって不可解な疑問は，どういう環境が整えば，英語話者はある実体を〈位置〉と見立てるかである．つまり，英語話者の〈位置の見立て〉の論理を掘り起こすことこそが最大の課題である．

(5)　　状況把握の仕方は文の指し示す状況の参与者とその役割に反映される．参与者役割は文の述語（とくに動詞と前置詞）の事象構造に反映される．その解明こそが問題解決への確かな糸口となる．

この問題意識のもとでさらに資料を収集し，注意深く観察を積み重ねてゆくと，英語話者がある実体を〈位置〉と見立てる論理には，次に示す〈固定位置の制約〉が決定的に関与していることが判明する．なお，この制約は前章で見た「〈位置〉の見立ての論理」の成立条件に当たるものである．

(6)　〈固定位置〉の制約

　　　英語話者が，動詞の表す状況のもとで，ある実体を〈一定の場所に静止し安定した状態で用いるモノ〉と知覚するとき，その実体は〈位置〉と見立てられる．（なお，ここで「一定の場所に静止し安定した状態」という包括的な概念内容を込めて「固定位置」という言い回しを用いるものとする．）

以下の議論では，さきに概観した事例のうち若干の代表的な疑問を取り上げ，新たな証拠とも照らし合わせ，(6) の「固定位置の制約」が実際にどう働くかを具体的に検証してゆくことにする．

直截簡明に (6) の原理を例証するものに家具・備品・機器の類がある．これらは通例，家屋・建物・庭など，ある一定の場所に置かれている．しかもその場に固定した状態で用いられるものである．次の例は英語の慣例に適った自然な文である．

(7) a. We cooked the pie in the brick oven.
　　b. We wash our clothes in the washing machine.
(8) a. She sewed the dresses on the sewing machine.
　　b. I could do all my work on the computer.
　　c. Charlie was watching a show on the television set.

　どの前置詞句も日本語では「で」格名詞で表現されるのが自然である．(7) では「レンガのかまどでパイを焼き」「洗濯機で衣類を洗濯する」，また (8) では「ミシンで洋服を縫い」「コンピューターで仕事をし」「テレビでショーを見る」のである．
　こういった状況で日本語話者は「で」格名詞の実体を紛れもなく〈道具〉と見立てるのに対し，英語話者は〈位置〉と見立てるのである．
　改めて英語の見立ての論理を吟味してみよう．個別に点検してみると，なるほど，(6) の制約が当てはまっている．かまどは台所にある．洗濯機は地下室にある．ミシンは主婦の部屋にある．コンピューターは書斎にある．そしてテレビは居間にある．といった具合に，日常の使用に便利なところに〈はじめから置かれている〉ものだから，その場に固定した状態で用いられるのは自然な成り行きである．
　これら家具・備品といった類のものは〈文化類（cultural kinds）〉であって〈自然類（natural kinds）〉ではない．文化類とはそもそも人工物（artifact）で，人の目的に適うように作られた一定の機能を備えた〈道具〉にほかならない．それにもかかわらず，このように〈位置扱い〉されるのは，以上みてきたように，われわれを取り巻く日常生活の場で〈すでにそこにある〉ものとして知覚され，それゆえに〈位置〉として概念化されるのだと推論される．

## 3.4. 位置は位置でも in か on か

　位置は位置でも，(7) と (8) は前置詞の選択が in か on かで違っている．(7) で〈位置扱い〉の機器は共通して，かかわり合う事態において「容器」としての側面が，機能的に最も重要であるだけでなく，知覚的にも最も際立っている．つまり，〈モノの内部空間で事態が起こる〉というのが基本図式になっている．

　かまどでは，〈かまどの内部空間〉こそが重要である．そこにパイ生地を入れ，そこでパイが焼き上がるからである．また洗濯機では，〈円筒の空洞部分〉こそが重要である．その中に衣類と洗剤と水を入れて衣類を洗濯する．それゆえに「容器」の見立ては視覚的イメージだけでなく，機能的な役割によっても裏打ちされている．そしてその文法的手段としては，「容器」を合図する前置詞 in が最もふさわしいという理屈である．

　一方 (8) をみると，〈位置扱い〉の機器は共通して，かかわり合う事態において〈接触面〉の部分が知覚的に最も際立っている．これは機能的にも等しく接触面こそが最も重要だからである．

　ミシンではミシン台の部分が，コンピューターではキーボードの部分が，そしてテレビでは画面の部分が，接触面として把握されている．つまり〈その表面部分で接触が起こる〉，さらにいえば〈その接触面で事態が起こる〉という基本図式になっている．

　であれば，表面接触を合図する最もふさわしい文法的手段は前置詞 on をおいてほかにない．先にみた (2e) の体重計の事例もこの部類に属する．

　さらにまた，持ち運びのできる台所用品などの場合がある．持ち運びが可能なものでも，(6) の見込みどおり，用いるときには固定位置をとる，という側面こそが〈位置〉と見立てる論理にとって決定的な要因であることが明らかになる．

(9)　a.　Lucy is toasting the bread for Linus in a toaster.

b. We make tea in a pre-warmed teapot with freshly boiled water.

(9) では，「トースターでパンを焼き」「ティーポットでお茶を入れる」とき，トースターもティーポットも，日本語ではやはり〈道具〉と解されるのに，英語では〈位置扱い〉である．トースターもティーポットも通例，台所に置いてはあっても，持ち運びができるものだから，どこで用いてもよい理屈である．しかし，実際に用いるときには安定した状態で用いる，ということこそが〈位置扱い〉の必須条件であることがこれでよくわかる．

しかも，位置は位置でも「容器」のイメージが決定的であればこそ，in で合図されるのである．とくに注釈がいるが，トースターが「容器」と見立てられるのは，トースターの中で機能的に最も重要な部分——それはすなわち〈食パン一切れを入れる空洞部分〉——こそが「容器」のイメージで知覚されるからである．

もう一つ類例を挙げると，次の文でも調理器具が——〈容器〉か〈接触面〉か——いずれの側面が機能的に重要かによって把握されている．そしてその対照的な把握の仕方こそが位置前置詞 in と on の文法的区別に映し出されている．

(10) The cookware may be used in the oven, on the stove, or in the microwave oven. [OSD]

## 3.5. 〈道具〉と〈位置〉の分岐点

これはすでに 2.5 節でみたが，改めて新しい用例に基づいて論点を再確認しておきたい．

ある実体を〈道具〉とみるか〈位置〉とみるか，これは日英語の〈知覚の癖〉ひいては〈状況把握の仕方〉を示唆するだけではない．そもそも英語そのものが，ひとつの実体をいずれに見立てるか，この二つの選択肢を

## 第3章　英語は〈位置優位〉の言語

許している．これこそが根っこのところにあって，それがどこでどのように分岐してゆくか，この点を理解することこそが先決である．

(11) a. He polished his glasses <u>on the lining of his tie</u>.
    b. One day when my wife was doing the dishes she cut her hand <u>on a broken glass</u>.

(11a)をみると，「彼はネクタイの裏地でメガネを拭いてきれいにした」といっている．ここでの注目点はネクタイのありようである．そのネクタイはそこらに置いてあるネクタイではない．むしろ，「彼」が現に身につけているネクタイである．この解釈こそがこの文が喚起する最も典型的な状況である．

だからこそ，そのネクタイは一定の場で固定した状態にある，さらにいえば〈すでにそこにある〉と知覚される．それが〈位置の見立て〉を動機づける場面的背景であり，表現形式上は with ではなく on で合図されるという道筋になっている．

(11b)も同じように考えてゆくことができる．この文があてはまる最もふさわしい状況は何か．たとえば，あらかじめ手に壊れたグラスを持ち，そのグラスで（故意に）手を切った，といった場面はどうかといえば，これはもちろん，いちばん縁遠いものである．それよりはむしろ，もともとそこに壊れたグラスがあって，皿を洗っている最中に偶然，それに手が触れて切り傷を負った，という場面こそが最適である．壊れたグラスがたまたま〈すでにそこにあった〉のであればこそ，それが無理なく〈位置〉と見立てられ，その結果，with a broken glass よりはむしろ on a broken glass と表現されるという道筋である．

子供向けの *Charlie Brown Dictionary* のページを繰っていたら，次のようなおもしろい例に遭遇した．ここでは3種類のタオルが出てくる．それが〈道具扱い〉と〈位置扱い〉に分かれている．その区別はいったい何に起因するのだろうか．

(12) When Charlie takes a bath, he dries his body with a bath towel. I dry my hands on a hand towel. Mother dries the dishes with a dish towel.

　タオルはタオルでも，いろいろなタオルがあるのはわかるが，基本の〈機能〉に違いがあるわけでもないのに，前置詞は with と on の両方が用いられている．これが恣意的な選択であれば別だが，そうでなければ，そこには何か，機能（用途）とは無関係なところで，前置詞の使い分けの論理ができあがっているのだとみなければならない．

　よくみると，英語話者を取り巻く日常生活とその概念化のパターンとの間に相関関係があることがわかる．ここには三種のタオルが出てくるが，なかでもバスタオルと皿を拭くタオル（つまり，布きん）は完全に手に持った状態で用いる．〈道具扱い〉が自然な理由である．

　問題なのは，ハンドタオルの場合である．ハンドタオルは，もちろん，手拭き用タオルである．濡れた手の水気を拭き取るために用いるものである．ハンドタオルもまた，実際に，手に持って用いるのだろうか．それなら，with a hand towel と言ってもよさそうなものを，ほかのタオルとは対照的に，on a hand towel と言っている．もしかしたら，これまでの理屈ではうまくゆかない何か特別な理由があるのかもしれない．

　手始めに英英辞典で hand towel の項を確かめてみることにしよう．何か解決の手がかりが得られるかもしれない．そう期待して調べてみたが，この語がそもそも見出しに出ている辞典が見つからない．かろうじてひとつだけ，幸いにも OALD に，hand towel のように 2 語の形で見出しがある．その語義解説には a small towel for drying your hands on とある．注目すべき点は dry your hands on の連語である．これを下敷きに完全な文を復元すると，You dry your hands on a hand towel. が得られる．これはほかならぬ目下問題の（12）の用例と同じである．ハンドタオルは通常〈一定の場所に置いてある〉もの——つまり固定位置をとるもの——と想

第 3 章　英語は〈位置優位〉の言語　　51

定されている．

　調べてみると実際，英語文化圏では，典型的には，洗面台のすぐ横につるしてある情景が喚起される．とすれば，ハンドタオルは〈すでにそこにある〉．そうした文化的背景こそがハンドタオルを〈位置〉と見立てる強い動機づけになっている．これはもちろんハンドタオルの機能と抵触するものではない．ハンドタオルに手をあてがって水気を拭き取るという現実は何も変わらない．

　このように，ハンドタオルは洗面台の横につるしてあるのであれば，もとより空間的背景の一部を成す．それこそが〈位置優位の見立て〉を誘発する動機になっているのだと考えられる．

　この推論を全面的に裏づける証拠がある．やはり状況的背景を考え合わせなければならない．次の例を見ると，その間の事情がよくわかる．

(13)　"It's all right," Francesca said, wiping her eyes <u>on the towel hanging from the cupboard door</u>.

　(13) は『マジソン郡の橋（*The Bridges of Madison County*）』からの用例だが，これはフランチェスカがたまたま出会った写真家との束の間の逢瀬のあと別れを惜しむ台所での情景である．彼女の目には涙があふれている．たまたま「食器戸棚の扉にぶら下がっているタオルで涙をぬぐう」場面である．

　さて本筋に戻っていえば，実際にはきっと，フランチェスカはタオルの端を持ちあげ，それを自分の目のところまで持っていったにちがいない．タオルで涙をぬぐうという動作自体に別段，変わったところがあるわけもないが，ここで大事なのは，そのタオルが食器戸棚の扉にぶら下がっている，という現実の断面である．

　台所のタオルは通常，一定の場所につるしてあるものだから〈すでにそこにある〉．そのまま固定した状態で用いるのが自然な成り行きである．これこそが台所のタオルを〈道具〉よりはむしろ，〈位置〉と見立てる動機

になっているのだといえる．

　この例では背景的場面がはっきりと描き込まれている．タオルはタオルでも，「食器戸棚のドアにつるしてあるタオル」である．〈すでにそこにある〉のだから，これこそがタオルを位置と見立てる動機である．この事例でも背景的場面こそが位置優位の捉え方を動機づけている．

　まとめると，もともと道具であるものが，一定の文化的背景あるいは場面的背景によって〈すでにそこにある〉ものと知覚されれば，道具の見立てよりはむしろ位置の見立てが優先する，とする結論は自然である．3.3節（6）に挙げた固定位置の制約の根底には，このように〈すでにそこにある〉のであれば，英語話者の〈位置優位の見方〉が働くのだと推論される．

　「手を拭く」という動作は，日常生活でいちばんよく起こる動作かもしれない．これをどう言い表すか，改めて用例をあさってみると，wipe/dry one's hands on という連語しか見当たらない．次が代表的な例である．

(14) She flicked the water from/off her hands before <u>drying them on</u> a towel.
　　 （彼女はタオルで手を拭く前に水気を振り落とした）　　　　　［活］

(15) He put the last plate into the dish drainer and <u>wiped his hands on</u> the towel.　　　　　　　　　　　　　　　　　　　　　　　　　　　　　［OSD］

　ただ英和辞典には，目的語に何が来るかに関係なく，on/with と併記してあるものもある．これでは二者択一ということになる．目的語に one's hands が来るときだけは例外的に on しかとらないという慣習的傾向には気づいていないことになる．もっとも，これは英語母語話者の辞書編集者にも意識されていない．それほど，すぐれて慣習的であることを如実に物語っている．

　以上を要するに，言語的に慣習化された標準型は wipe/dry one's hands on であると推論される．というのも，ここでもやはり，その背景には日常の身体的経験，つまり〈人とモノとのかかわり方〉の慣習的な捉え方が

第 3 章　英語は〈位置優位〉の言語

定着しているからである.

　最後に，もうひとつ，位置扱いか道具扱いか，その差を鮮明に浮き立たせる対比事例を観察して締めくくりたい.

(16)　a.　I do pushups on my fingers.
　　　b.　I do pushups with my thumbs and forefingers.

　いずれの文も通常の腕立て伏せのありようを描写するものではない. 言ってみれば「指立て伏せ」である. しかしそこには視点の違いがある. まず (a) では，身体全体と身体部位の〈空間的位置関係〉が焦点化されている. 具体的にみると，身体全体が合わせて 10 本の手の指の上に載っかって下支えされている姿かたちが喚起される. これは視覚的イメージを忠実に反映するものである.

　しかし一方，(b) は同じ指立て伏せを描写しているにもかかわらず，違った捉え方をしている. 視覚的な空間関係よりはむしろ，〈力動的相互作用 (dynamic interaction)〉に比重を置いた捉え方である. 端的にいって，(a) で〈位置扱い〉の身体部位が，(b) では〈道具扱い〉されている.

　ただ，身体部位の中身に重要な違いがある. (a) では手指を全部用いるのに対し，(b) では手の親指と人差し指だけを用いるというのだから，(b) のほうがそれだけいっそう大きな困難を伴い，その分より強い力と精神力を必要とすることになる. そのように想定されればこそ，参与者間の〈空間的位置関係〉よりはむしろそれ以上に〈力動的相互作用〉に比重を置いた捉え方をしたのである.

　具体的にいえば，(b) の指立て伏せの活動には際立った特異性があり，その特異性は，活動の空間的背景における身体全体と身体部位の位置関係では捉え切れず，それ以上に，その活動自体の参与者役割としての行為者と道具の間に働く力動的関係においてこそ捉えられる. 以上のように解してこそ，(b) のように話し手が表現したことには十分な心理的根拠があったのだと納得できる.

## 3.6. 電話・テレビ・コンピューターを〈位置〉と見立てる論理

電話は通信手段のひとつである．電話機を用いて電話回線上を発信者が受信者にメッセージ（情報，テレビ電話なら情報と画像）を伝送するシステムである．すなわち，電話は発信者と受信者をつなぐ〈通信媒体 (medium of communication)〉である．電話の事例を一般化して図示すると，次のような〈通信媒体モデル〉が得られる．

(17)　　　　　　メッセージ（情報・画像）
　　　発信者 ──────────────→ 受信者
　　　（始発点）　　通信媒体（経路）　　　（終着点）

通信媒体あるいはその媒体端末（経路の終着点）を指し示すとき，それを合図する語彙文法的手段は on である．*with the (tele)phone とはいわない．その代わり on the (tele) phone という．その理由は電話は〈通信媒体〉で，通信媒体はメッセージが移動する〈経路 (path)〉だからである．経路は一般に〈道〉のイメージつまり幾何学的には〈線〉のイメージで概念化されている．その証拠に，on the (telephone) line ともいう．line は「線」そのものを意味し，「電話回線」のような派生的意味の用法でもまた線として概念化され，最適な前置詞を選ぶなら，on がいちばんなじむ．次のような用例がある．

(18) a. Keep him on the line so we can trace the call.
　　　　（彼の電話を逆探知できるように通話を続けよ）
　　b. You've got a caller waiting on your line.
　　　　（あなたに電話がかかってきています）
　　c. The two leaders discussed the problem secretly on a hot line.
　　　　（二人のリーダーはホットラインで極秘にその問題を議論した）

まず (19) のように,「電話で話をしている」のは be (talking) on the phone である. be も talking も省いて on the phone だけが出てきても「通話中」の意味である. だから次の (20) は「電話に出ている人, つまり通話中の人」のことである. とくに (20b) をみるとよくわかるが, on the phone は while (she was talking) on the phone にパラフレーズできる. ジェンが電話で話す声の調子から話し手は「ジェンはちょっと疲れている様子だった」と推し量っている.

(19)　She is talking on the telephone.
(20)　a.　Who was that on the phone?
　　　b.　Jen sounded kind of tired on the phone.

電話番号は送信者が電話をかけるときに所期の電話回線を開く媒体である. また一方, 受信者の電話機も留守番電話も〈媒体端末〉である. これらも on で合図される.

(21)　a.　Can I phone you on this number during the day?
　　　　　（昼間, この番号に電話してもいいですか）
　　　b.　She answered her phone on the first ring.　　　　　[COB]
　　　c.　If you need to contact me urgently, call me on my mobile/cell phone.
　　　　　（緊急の要件の際は私の携帯に電話してください）
　　　d.　Chris wasn't in, so I left a message on his answering machine.
　　　　　（クリスはうちにいなかったので, 留守電に伝言を入れておいた）

電話の事例から一般化していえば, そこにはコミュニケーション媒体全般に当てはまるフレーム知識があると推論できる. それを改めてまとめると, 次のようになる.
電話は通信手段のひとつである. 電話機を用いて電話回線上を発信者が

受信者にメッセージ（情報・画像など）を伝送するシステムである．

　電話回線は，有線・無線を問わず，情報は線上を移動し線上に貯えられる．ここで on を用いるのは，何よりも電話回線が〈線（line）〉として把握されているからである．電話回線の端末もまた経路の終着点なので on で合図される．

　この電話通信のフレーム知識は電話に限らず，どの種の通信媒体にもあてはまる．遠距離通信（telecommunications）に共通して当てはまる英語話者の思考パターンをなす．〈コミュニケーションは線である〉というメタファーの下に最大の一般化と効率が達成されている．

　以下，さらなる事例研究である．通信媒体は多岐にわたる．電子媒体によって通信活動のどの段階に関与するかは異なる．情報・画像の伝送，受信，記録，再生，検索など，活動の全般にも，またその一部分だけにも関与する多様な媒体がある．レコード，CD，DVD，テープ（レコーダー），テレビ，ラジオ，コンピューターなど，通信電気機器の類はすべて含まれる．

　次は特に記録と再生を軸とする媒体である．

(22)　There are two tracks on the tape.
(23)　I enjoy the first track on the CD.
(24)　When's the movie coming out on video?
(25)　I don't like the sound of my voice (recorded) on tape.
(26)　How much data can you store on a floppy disk?
(27)　Many books are now available on CD-ROM.
(28)　A:　Is this recording available on cassette?
　　　　B:　No, I'm afraid you can only buy it on CD.

　「テレビに出る」「テレビに映る」「テレビでニュースを見る」など，聴覚情報，視覚情報（画像）の媒体をまとめると，次のような用例がある．

(29)　Bob's going to be on TV tonight.
(30)　She appeared on several hit TV shows in the '70s.
(31)　Did you see the news on Channel 4 last night?
(32)　The details were broadcast on the morning news.
(33)　Her speech was carried live on the Cable News Network.
(34)　There was a brief announcement on the radio.
(35)　I could do all my work on the computer.
(36)　Anyone can put information or images on the Internet.
(37)　When I came back from vacation there were 50 messages on my e-mail!
(38)　The channel is only available on cable.

## 3.7.　楽器を〈位置〉と見立てる論理

### 3.7.1.　楽器の演奏

　本章冒頭の3.1節の（1g）と（2g）の対比でみたように，バイオリンで「月光の曲」を弾くとき，そのバイオリンを日本語では〈道具扱い〉するのに，英語ではなぜ〈位置扱い〉するのか，という疑問が心をよぎった．いまや，この疑問に答えが出せる条件が整ったようにみえる．

　楽器は文化類であり，文化類は目的的人工物である．確かに楽器はそもそも演奏活動のために用いる〈道具〉である．英語でも a musical instrument という．それにもかかわらず，英語では，事例によっては〈位置〉と見立てられる．日本語の感覚では，うまく説明のつかない事実である．

　英語の用例を拾い集めてみると，どの楽器も実際，〈位置扱い〉であって〈道具扱い〉ではない．基本構造は play / make / perform music on an instrument という図式になる．いずれの動詞も「楽器で音楽を演奏する」という意味である．次は（39）から（42）の順に，鍵盤楽器，弦楽器，吹奏楽器，打楽器の用例である．

(39) a. I have a quick play on the piano before breakfast.

　　 b. He played the music on a baroque organ.

(40) a. I play the Moonlight Sonata on the violin.

　　 b. You sing and I'll play the accompaniment on the guitar.

(41) a. He blew gently on his flute.

　　 b. They could play the latest hit songs on the harmonica.

(42) a. He beat a march on his drum.

　　 b. Aaron drummed on a drum pad with a pair of black sticks.

どの楽器であれ，on と結びつくと，たとえ play などの動詞がなくても，演奏活動が含意される．つまり，on an instrument となれば，その楽器で音楽を奏でるという意味合いが伴うのである．

(43) a. He became proficient on the organ.

　　 b. He practiced on the piano for five hours everyday.

　　 c. Some proficiency on a second instrument is desirable.　　　　　　　　　　　　　　　　　　　　　　　　　[WB]

　　 d. Applicants are expected to have reached a good standard of performance on at least one instrument.　　　[WB]

(43c) は「専門の楽器以外にもうひとつの楽器を，ある程度，演奏できることが望ましい」というのだし，(43d) は「志願者は少なくともひとつの楽器の演奏が十分水準に達していることが期待される」というのである．

ここにはピアノ，バイオリン，ギター，フルートの例がある．これらの楽器はもちろん形態も構造も違い，それに応じて演奏の仕方も違う．それにもかかわらず，おそらく楽器としての機能上の共通性のゆえに，楽器が参与する事態の把握において，同じ概念化のパターンができあがっているのである．

この間の事情をみるために，それぞれの楽器はどのような仕方で演奏行

為に関与するかを子細に分析してみよう．そうすれば，それが現に〈位置扱い〉されるのは，まさにその行為のどの側面に起因するか，それがはっきりと突き止められると思う．

### 3.7.2. 鍵盤楽器ピアノの演奏

まずはじめに，ピアノ演奏の場面を想像してみよう．この活動への直接参与者は，もちろん，ピアノとその演奏者である．演奏者はピアノと物理的に接触することによって音楽を奏でる．

ここで物理的接触とは何か．その中身を突き詰めてゆくと，演奏者の指とピアノの鍵盤との間に直接接触が起こる．さらに演奏者の両足とピアノのペダルの間にも直接接触が起こる．これがピアノの演奏行為を形づくる基本構造である．なかでも，おそらく，指と鍵盤の接触の側面こそが知覚的には最も際立った部分であるといえる．

接触行為の一方の極には，演奏者の両手の指と両足があるのに対し，もう一方の極には，ピアノの鍵盤とペダルがある．これらは対極的位置にある，ということこそが重要である．

演奏者の指と足は演奏行為において演奏者と不可分な身体部位である．身体部位は演奏者の分身である．演奏者の思いのままに動くのである．それゆえ，〈真の道具〉と呼ぶにふさわしいものである．

しかし一方，ピアノはすでにそこにある．当然のことに，ピアノの鍵盤とペダルもすでにそこにある．演奏者はそのピアノに働きかける．指や足を動かして鍵盤やペダルに圧力を加え，音を作りだす．これがピアノ演奏のシナリオである．この図式の中でピアノは固定位置をとり，演奏者が働きかける接触地点となる．〈位置〉と見立てるのがふさわしい理屈になっている．

以上をエネルギーの伝わり方で見ると，次のような図式になる．

改めて全体をまとめると,第一に,ピアノは部屋のどこか一定の場所に置かれて用いられるものだから,3.3節の固定位置の制約(6)はこれで十分に満たされている.そして第二に,ピアノの鍵盤とペダルは演奏者の指と足が働きかけて接触を引き起こす位置だから,位置は位置でも,表面接触位置である.これを合図する前置詞 on が選択されるのも自然な道理である.

### 3.7.3. 弦楽器バイオリンの演奏

さて次に,バイオリンの場合である.バイオリンは弦楽器のひとつである.演奏の仕方はピアノの場合と違うところがある.バイオリンはバイオリン本体と弓で一組みをなす楽器である.

演奏者は,利き腕が左右どちらであれ,バイオリン本体を左アゴと肩の間に据え,左手で支え持つ一方,右手には弓を持つ.この姿勢を保持した状態で演奏者は,左手の指と右手の弓をそれぞれバイオリン本体の弦に接触させることによって演奏活動を行う.これがバイオリンの演奏活動の基本構図である.図示すると次のようになる.

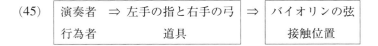

すでに明らかなように,バイオリンの演奏で知覚的に最も際立つのは,弓と弦が表面接触する側面である.だからこそ,弓と弦は認知論的に対極的な図式のなかで捉えられる.

弓は明らかに演奏者の側にあって演奏者の片腕として働くので,真に〈道具〉と見立てる理由がある.が一方,弦はバイオリン本体の一部位であり,しかもバイオリン本体は固定位置をとっているので,見込みどおり,

〈位置〉と見立てられる自然な理由がある．

　念のために言い添えるが，弓もバイオリン本体も，実際には演奏者に保持された状態で用いられるのに，なぜ，バイオリン本体のほうだけが〈位置扱い〉されるのか，という疑問がわくかもしれない．何よりもまず，バイオリン本体は固定位置をとっている．

　答えはすでに明らかなように，所持された状態にあるからといって，必ず〈道具扱い〉になるわけではないし，また逆に〈位置扱い〉できないわけでもない．その分かれ目は，あくまでも，ある実体が事態全体のなかでどのような役割を分担すると把握されるかにかかっている．

　さきほどの例にもどっていえば，一方の極には演奏者と左手の指と右手の弓があるのに対し，もう一方の極にはバイオリン本体とその一部をなす弦がある．ここで両極をつなぐのは左手の指と右手の弓である．その指と弓が動いて弦と接触行為を起こす，というのが全体の構図である．

　なかでも弓と弦は，知覚的にも際立った対極的位置にある．弓は演奏者の代役として〈道具扱い〉される．その一方，弦は弓が働きかける接触地点として〈位置扱い〉される．しかも弓と弦の接触の仕方は表面接触なので，それを合図する文法的手段は前置詞 on をおいてほかにはない．

### 3.7.4. 吹奏楽器と打楽器の演奏

　第三に，フルートやクラリネットなど吹奏楽器がある．基本の筋はこれまでと同じである．違いに焦点を絞っていえば，たとえばフルートの演奏では，〈演奏者の唇〉が〈フルートの先端の開口部分〉（リード）と接触する一方，〈両手の指〉が〈フルートの穴〉（音孔）と接触するのである．ここでも基本の構図は変わらない．

　接触行為の当事者は対極的位置にある．演奏者の唇と指は〈道具〉としての働きをするのに対し，フルート自体は見込みどおり〈位置〉としての働きをしている．フルートが両手で支えられているという側面は，それこそが固定位置の条件を保証するものにほかならない．ここでも演奏者（の

唇と指）がフルート（の開口部と穴）に働きかけるという図式である．フルート本体は働きかけられる対象である．前置詞には on が選択される理屈である．

　最後に，打楽器の場合である．どの楽器演奏とも同じ知覚イメージが働いている．ただ違いがあるとすれば，なかには道具として〈打棒〉を用いるものがあることである．先に挙げた（42b）がその例である．（42b）をみると，ドラム本体は〈位置扱い〉だが，打棒は〈道具扱い〉である．いずれも見込みどおりの実現の仕方を例証している．

### 3.7.5．まとめ

　以上の観察から明らかなように，楽器がどの種の楽器であれ，楽器という類に共通したフレーム知識が英語の母語話者には備わっている．そしてそれを一般的にまとめると，次のようになる．

（46）　　楽器の演奏行為は〈演奏者が楽器に働きかけて表面接触を引き起こし，音を生みだす〉

とする認知図式に基づいて概念化されているといえる．ここで正確を期していえば，〈演奏者〉とは〈演奏者の身体部位ひいては広く道具〉であり，また〈楽器〉とは〈楽器本体の部位〉である．

　この意味で〈楽器〉は演奏者が働きかける接触地点として把握され，それゆえ〈接触位置〉として概念化される．そしてその概念化を合図する文法的手段として前置詞 on が用いられるという道筋になる．

## 3.8．構文の型は知覚の癖を反映する

### 3.8.1．hide の基本構造

　はじめに提示した疑問のうち，もうひとつ，ここで答えを出しておきたいものがある．3.1 節の（2h）の例に含まれる hide の場合である．ハンカ

第3章　英語は〈位置優位〉の言語　　　　　　　　　　　　63

チで顔を隠すとき，hide her face with her handkerchief とはいわず，hide her face in her handkerchief というのはどうしてか，という疑問である．日本語の感覚では，ハンカチは〈道具扱い〉なのに，英語ではなぜ〈位置扱い〉されるのだろうか．

　この問いに答えるためには，hide という動詞のなかに語彙化された概念構造を見極めておかなければならない．そしてそのためには，hide という動詞が実際，どのように用いられているか，その基本的な典型例を精査分析することが先決課題である．

　しかし，その前に英英辞典を調べてみると，COB には次のように，hide の項に簡潔にして要を得た記述があり，これが大きなヒントになる．

(47)　If you hide something or someone, you put them in a place where it cannot easily be seen or found.

要するに，モノを隠すとは「そのモノを動かして見つかりにくいところに置く」ということである．これで明らかなように，モノを隠すという〈行為〉の骨格部分には〈モノの移動〉の過程が含まれている．

　実際，典型的な用例と突き合わせてみると，この記述の妥当性が確かめられる．

(48)　a.　He hid himself under a pile of straws.
　　　b.　I have hidden some money inside my pillow.
　　　c.　He hid his friend from the police.
　　　d.　He hid the bicycle in the hawthorn hedge.　　　[COB]

(48a) ではわらの山にもぐり込んで身を隠し，(48b) では枕のなかにお金を隠し，また (48c) では友人を警察からかくまったのである．そして (48d) ではサンザシの生け垣に自転車を隠したのである．

　これらに共通しているのは，hide という動詞の構文型である．ここには三つの項が含まれている．意味役割構造と合わせて表示すると次のよう

になる．

(49)　　X　　　hide　　　Y　　　LOC　　Z
　　　隠す人　　　　隠したいモノ　　　　隠し場所

　ここで主語の項 X はものを隠す人（行為者）であるのに対し，目的語の項 Y は隠されるもの（被動者）である．そして位置前置詞の項 Z は隠し場所（着点位置）である．

　気づいてみると，hide は結局，put と同型の文法構造を備えている．しかし重要な概念的相違がある．突き詰めていえば，着点位置に違いがある．put は典型的に，モノを〈本来あるべき位置〉に置くのに対し，hide はモノを〈人目につきにくいところ〉に置くのである．卑近な例を出すが，親が子供におもちゃを片付けさせるとき，Put them away. と言う．「片づけなさい」であって「どけなさい」ではない．「どけなさい」だったら Move them away. と言うだろう．

　改めて hide の用例に戻る．中心的問題は位置前置詞句にある．(48a)では，積み上げられたワラの下が隠れ場所であり，(48b)では枕の内部がお金の隠し場所である．そして (48c) の場合，from the police が隠し場所である．これは一見，反例のようにみえる．from が〈起点〉を表しているようにみえるからである．しかし真相はやはり〈位置〉を表している．ここで from the police は at a distance away from the police の意味である．これを踏まえて全文を直訳してみると「警察から離れたところに彼を隠した」ということになる．そしてそれを日本語らしく言い直せば「警察から彼をかくまった」という表現になる．

　この from の用法は例外的なものではない．とくに状態動詞や継続動詞と一緒に用いられると，〈位置〉の意味になる．たとえば (50) はその一例である．

(50)　Keep away from the dog.

結局は「その犬には近づくな」と解釈してよいものだが，もとをただせば「その犬から離れたところにい続けよ」という意味である．Stay at home.（家にいなさい）などをも考え合わせれば，keep や stay が〈位置〉の項をとることは明らかで，すぐ上の away from the dog もまた〈起点〉ではなく〈位置〉であることが納得できる．

### 3.8.2. hide の拡張用法

以上の観察は，hide という動詞の構文型のなかに，隠すという行為の概念構造が張りついていることを明らかにするものだが，いまや，この観察を基にして，3.1 節の（2h）をめぐる疑問に答えることができる．類例に（52）があり，併せて考えてみよう．

(51) She hid her face in her handkerchief. （= 3.1 節（2h））
(52) a. She hid her face in her hands.
　　　 b. When his eyes happened on her, she was hiding a yawn behind her hand.

これらの例には，さきほどの（48）とは違うところがある．（48）では文字どおり〈物理的移動〉が起こっていて，それが構文型の概念構造と完全に符合している．ところが，（51）と（52）では実際，現実の事態に含まれる物理的移動が構文の概念構造と大きくずれるところがある．

まず，（51）をみると，実際にはたぶん，ハンカチを顔のところまで持っていき，顔をおおったにちがいない．つまり，移動したのは，顔ではなくむしろ，ハンカチのほうである．しかし，それにもかかわらず，構文型に照らし合わせていえば〈あたかも顔のほうを移動してハンカチの中に顔をうずめたかのように〉捉えられている．これはどうやら〈比喩的移動〉として説明するほかない．

（52a）も同じで，手で顔を隠すとき，実際に移動するのは手のほうなのに，あたかも顔を移動し手の中にうずめたかのように捉えられている．こ

こには（48）でみた典型的な事例と同じ概念化の慣習的イメージが働いている．比喩的拡張用法といえるゆえんである．

　（52b）は比喩的移動の究極の例である．「彼が彼女にふと目をやったとき，彼女は手でアクビを押し隠すところだった」といった雰囲気だが，そもそもアクビは口から出るものにはちがいないが，そのあと，まさか，どこかに移動してゆくような代物ではない．だから，手でアクビを押し隠す動作は，日本語の発想からいえば，当然のことに，手を〈道具扱い〉してwith her hand と表現したいところである．ほかでもなく，このほうが現実と完全に合致するからである．しかしこれは，どうやら英語の論理ではない．〈まるでアクビのほうが手の背後に動いてゆくかのように〉捉えられているからである．

　このように，比喩的な（51）や（52）の状況が典型的な（48）の状況と同じ型の構文で表現されている事実にこそ，決定的な意味合いがある．構文の型は現実そのものを忠実に反映するのではない．むしろ，現実をどう切り取るか，その切り取り方，いうなれば〈知覚の癖〉を反映している．そしてその知覚の癖は〈概念構造の型〉を決定しているのである．

　もういちど hide にもどっていえば，この動詞は「あるモノを動かして見つかりにくいところに置く」という概念内容をもつ．この動詞の根幹には〈移動〉の過程が含まれている．見つかりにくいところ，つまり隠し場所こそが移動先である．たとえば，仮にそれを（53）のように定式化してみよう．

　（53）　HIDE (x, y, LOC (z))

　このように定式化するとすれば──どのように定式化するかは実質内容を保持するかぎり二次的問題である──，ここで x は隠す人（行為者），y は隠されるもの（被動者），そして z は隠し場所（着点位置）である．

　しかも重要なことに，この概念化の型は hide の構文型のなかに体系的に移し植えられている．

(54)　x　hide　y　LOC　z　　（LOC は位置前置詞を指す）

　この統語構造が hide の典型的な構文型であり，ここで x は主語，y は目的語，また z は場所の前置詞の目的語として実現している．このように概念構造（知覚の癖）と統語構造（構文の型）との間には完全な対応関係が成り立っている．

　それゆえ，非典型的な事例には，現実との間にずれが生ずるにもかかわらず，慣習的に定着した概念化のパターンのほうが優先し，非典型的な事例を典型的な事例の比喩的拡張として把握する道が開かれているのだといえる．

　以上が最も穏当な全体像であると思うが，第 III 部第 15 章で新しい議論の展開がある．母語話者の構文意識の調査結果を分析査定する中で，被験者によってはここで比喩的拡張事例とした類を〈道具扱い〉する母語話者がいる，という事実が判明する．この事実をどう受け止めるかという新たな問題が浮上し，その議論の過程で改めて上述の結論を再吟味する機会がある．

# 第 II 部

# 英語特論
英語の特異事例を探究する

# 第4章　空間認知と位置前置詞

## 4.1.　位相幾何学的概念化からの出発

### 4.1.1.　三つの空間——同位空間・隣接空間・包囲空間

　言語学専門書をひも解いてみると，三つの基本前置詞 at / on / in について大体はほぼ同じことを述べている．at は〈点 (point)〉を，on は〈線 (line)〉あるいは〈面 (surface)：(平面／曲面 (plane / curved))〉を，そして in は〈立体 (solid)：嵩・量 (volume)／範囲・区域 (area)〉を表す．これは位相幾何学的な捉え方である．

　もう少し専門的にいえば，at は〈ゼロ次元空間〉すなわち〈同位空間〉を合図する．ここで「同位」とは「同じ位置を占める」という意味を込めて用いる．一方，on は〈一次元・二次元空間〉あわせて〈隣接空間〉を合図し，そして in は〈三次元空間〉すなわち〈包囲空間〉を合図する．

　ただ，これは理想的な概念モデルである．肝心なことは，このモデルが連続した現実の世界をどのように切り分けるか，その相関関係を見極めることである．その努力をしないかぎり，真の意味を理解することはむずかしい．まず，基本的な用例を観察し，用例ごとに①どういう状況が対応し，②その状況の参与者がどういう実体からなり，また③その実体と実体

がどのようにかかわり合うかを見極めなければならない．つまりは，どういう状況でどの前置詞が選ばれるか，いうなれば前置詞の使用条件を洗い出してみることが必要である．

つまるところ，前置詞の理想的意味と実際の多種多様な用法の間に隔たりがあれば，対応する場面的状況が両極をつなぐ媒体として決定的な意味をもつ．状況分析を通して理想的意味から実際の用法への道筋をつけることは至難な業だが，かなり正確に推測できるところもある．さらに裏づけ証拠を積み重ることができれば，それだけいっそう信頼しうるものとなる．

### 4.1.2. モノの特性と空間的価値

三大基本前置詞の機能は，もとより，空間用法である．空間用法とは，二つのモノの間にどのような空間的位置関係があるかを規定する働きのことである．ここで何よりもまず，①モノとは何か，そして②空間関係とは何か，という疑問が湧く．

第一に，位置関係とは空間的に相対的な関係のことである．相対的な関係というからには少なくとも二つのモノが関与する．モノがどこにあるか，つまりそのモノの位置は，より安定した別のモノを拠りどころ（目じるし）として決まる．

二つのモノの位置関係を直截簡明に捉える表現形式は，次のような，be 動詞を含む質疑応答のパターンである．位置は位置でも，正真正銘の〈存在位置〉を捉える文構造から成る．

(1) A: Where is X?
B: X is {at/on/in} Y.
    a. X is at the {desk/door/corner/counter}.
    b. X is on the {chair/desk/door/corner/floor}.
    c. X is in the {chair/doorway/corner/kitchen}.

話者 A は X がどこにある（いる）かを尋ねている．それに対し話者 B は，X の位置（在り処，居場所）を Y を拠りどころ（目じるし，基準地点）にして答えている．つまり，Y がどこにあるかを A は知っている（あるいは知っているはずだ）と B は信じている．Y の位置がわかれば，それを拠りどころに X の位置がわかる，と B は信じている．X の位置は Y の位置に依存しているといえる．

　このように，二つのモノの空間的位置関係を表示する直截簡明な構文型は X is {at/on/in} Y. である．つまり二つのモノ X と Y は be 動詞の主語項と空間前置詞の目的語の項として生じる．ここで X は Y の位置を基準に定位される．つまり Y の位置が X の位置を決める基準点である．典型的には，X is {at/on/in} Y. は Where is X? に対する応答として想定することができる．

　ここで問題は空間前置詞の選択である．どの前置詞を選択するかは，とりわけ〈二つの項 X と Y がどういう実体か〉，さらにまた〈X と Y がどのようなかかわり方をするか〉などと直接，関係する．

　具体的に考えてみよう．次に三つの例文がある．

　　(2)　Max is in the room.
　　(3)　Max is on the sofa.
　　(4)　Max is at the door.

　(2) では「マックスは部屋の中にいる」という．the room 自体は三次元的実体を指すが，in the room となると「部屋の内部空間」つまり「部屋の中」を指す．「部屋の中」という空間は部屋の一部分である．日本語からも示唆されるように，in the room は inside the room である．さらにいえば，at the inside of the room にまでパラフレーズできる．かくして in は at the inside of と同値である．これで at はそれ以上分解不可能な原子概念であることがわかる．幾何学的概念化でいう〈点〉の見立てどおりである．

（3）では，ソファーは三次元的実体を指すが，on the sofa となると，「ソファーの座面と接触した空間」を指す．「ソファの座面」はソファーの一部分である．on the sofa をパラフレーズすると，on the top surface of the sofa の趣旨になる．ここで on は〈面接触（surface contact）〉を合図している．

（4）では「ドアのところにいる」となる．at はゼロ次元空間，つまりモノを点として捉えるので，二つの実体は接点を結ぶ．これを〈点接触（point contact）〉と名づけることができる．〈A は B とどこかで交差する〉あるいは〈A は B とどこかで符合する〉といった意味合いをもつ．

この説明を（4）にあてはめると，マックスはドアのところにいるのだが，マックスはドアと実際に直接，物理的接触をしていなくても，緩やかな隣接関係にあると把握されるような空間的配置関係にあるのである．現実には〈ドアのそばにいる〉には違いないが，ただそれだけのことなら Max is by the door. といえば済む．これは純粋に物理的空間関係を合図するだけである．しかし at the door となると，それ以上の意味合いがある．というか，by the door とは異質な捉え方が示唆される．発話者は物理的空間関係をじかに観察しているのではなくむしろ，遠くのほうから全体を俯瞰するかのように推し量っているのである（後述）．

### 4.1.3. モノとモノそして人とモノとはどうかかわるか

復習のつもりで，モノの位置とモノの特性との関係を振り返ってみたい．モノの位置を記述する唯一の方法は，別のモノを基準として用いることである．基準となるモノは，話し手だけでなく話し相手にも既知であると想定される．そうでなければ，話題のモノがどこにあるかを推し量る拠りどころとしての役割は果たせない．

たとえば，寝室といえば，ベッドが置いてあって，そこで人が眠る場所である．寝室は〈立体的実体〉で，知覚的には〈容器〉のイメージである．そして機能的にも〈立体空間（三次元空間）〉のレベルで本来の役割を果た

す．その特異性を顕在化する自然な文法的手段は何か，といえば前置詞 in である．つまり He is in the bedroom. といえば，寝室の内部空間が自然に思い浮かぶ．仮にだれかが *He is on the bedroom. と言ったとしても，どのような表面接触空間も思い浮かばないだろう．

　また一方，机といえば，人が読書，執筆，研究，パソコンなどに専念する場である．人が机に向かって座り，机の天板部分（つまり上部表面）に書物や文房具やパソコンを置いて仕事をする場である．

　ここには大きく分けて二つ空間関係がかかわり合う．ひとつは人と机との関係であり，もうひとつは机とモノとの関係である．机自体は立体的（三次元的）実体である．しかし，だからといって，三次元空間がわれわれにとって最も有意味なわけではない．机の機能を考えてみると，何よりもまず〈机の使用者が机とどうかかわり合うか〉が決定的に重要である．

　しかしそれを考える前にまず，机とモノとの関係について考えてみると，机の天板部分こそが際立って重要である．正確には，机の天板と表面接触した空間部分である．ときには，机の上には本や書類が散乱している．Books and papers are scattered on the desk. といった様相を呈する．ここで机とモノとの空間関係は on で合図されている．

　このようにモノとモノとのかかわりかたはそのモノの形状や機能と密接に関連し，〈モノの形状や機能によって人がそのモノをどのような空間的実体として把握するか〉を決めるのだといえる．机は本来，三次元的実体ではあっても，機能的には二次元的側面すなわち机の上部表面空間部分こそが重要である．だからこそ，机の使用者はその空間部分に意識を集中させる．

　そして次に，机と人との間にも適切な空間関係が求められる．次の例では，on the desk ではなく，at the desk が用いられている．机の機能的属性と密接に関連している．ここには at の際立った特異性が見て取れる．

　(5)　He is sitting at the desk working on his personal computer.

彼は机に座っているわけではない．机に座っているのであれば on the desk といわなければならない．彼は文字どおり〈机の置かれているところ〉にいる．「机に向かって座り，パソコンで仕事をしている」のである．さらにいえば，彼は机の前に置かれた椅子に座っているにちがいないが，それは指定されていない．そしてまたパソコンは机の上に置かれているにちがいないが，それも指定されていない．とくに指定がないかぎり，通常の状況が想定される．常識レベルの知識が場面的背景にあると想定するのが自然である．

このように，位相幾何学的概念——つまり〈点〉〈線・面〉〈立体〉——は，われわれが日常生活で際立って有用な空間と（無意識的に）把握している三つの基本的空間——つまり〈同位空間〉〈隣接空間〉〈包囲空間〉——と相関関係にある．これら三つの空間は知覚経験や身体経験で際立って重要な役割を果たすのを見れば明らかである．

立体的なモノには外側だけでなく内側があるし，モノによっては先端が際立つものがある．立体的なモノで外側が大事なモノは，その外側の特性に注意の目が向く．われわれは色，形状，大きさを見るが，どれもモノの表面的特性である．ボールを手にとって投げる．石ころを足で蹴る．また箸なら，微妙に細く削られた先端部分こそが箸の命である．実際に手に取って使ってみると，すぐに使い勝手のよしあしがわかる．

そして一方，内側が大事な立体は，典型的には容器のイメージが働く．やかんで湯を沸かす．居間でテレビを見る．プールで泳ぐ．やかん，居間，プールは外枠に囲まれた空間——容器——の見立てが際立つ．

このようにわれわれはモノとかかわるとき，複数の感覚運動器官を用いたり使い分けたりする．〈モノの表面的特性や機能的特性がそのモノに人がどのように働きかけるか〉に決定的な影響を及ぼす．一般に人がモノとかかわるときそのモノの形状や用途をないがしろにすることはできない．

## 4.2. at は on/in と視点の対立がある

### 4.2.1. Herskovits (1986) の創見

次に空間前置詞 at/on/in の意味用法を根源的に問うハースコヴィッツの見解を紹介したい．その内容はあまりにも単純明快なだけに，見方によっては過激な主張にもみえるが，わたしには核心を鋭く突いた卓見として映る．寡聞にして，これほど鮮やかに本質をついた知見に遭遇したことはない．

実際，多くの学者がハースコヴィッツから同じ用例を引用しハースコヴィッツの捉えかたに沿って解説を加えている．これは何よりもハースコヴィッツの基本的な捉えかたを受け入れた証しであるといってよいが，どこまで深くコミットしているかはわからない．真正面から批判的検討を加えた論述は見当たらない．ちょっと見には，つまみ食いをしているとしかいえないのだが，真相をいえば，前置詞用法の絡み合った複雑な様相を解きほぐすことの難しさを痛感しているからである．

そうした背景的事情もあって，ハースコヴィッツの根源的な捉え方に照準を合わせ全体的な大枠だけを祖述する．そして誤解を恐れず，わたしの理解したかぎりで，わかりやすく言い替えを試みるところもある．ハースコヴィッツの基本的所見は，取りも直さず，われわれが実際に多種多様な用法を精査する際に拠るべき指針あるいは羅針盤としての役割を果たすものと期待される．

ハースコヴィッツの中心的な見方はおおむね次の言説で言い尽くされている (Herskovits 1986: 132)．

(6) on や in を用いるとき話し手は「大写しの視点 (a close-up view)」をとり，その位置についての知識はかなり正確である (our knowledge of the position is rather precise)．

(7) しかし at を用いるとき話し手は「遠く離れた視点 (a remote

view)」をとり，その知識はしばしば推論（inference）による間接的な内容で，不正確である．

わたしの理解したかぎり，次のように言い替えられる．ただし，(8) (9) は以下の事例研究でのハースコヴィッツ自身の説明にも留意して取りまとめたものである．

(8)　on や in では，発話者は（現実に，あるいは想像上で）〈現場に身を置き，生の状況を直接観察する〉視点をとる．それゆえ〈直接知覚情報を報告する〉．

(9)　一方，at では，発話者は〈現場から遠く離れたところに身を置き，全体を俯瞰するかのように状況を推論（推測，推量）する〉視点をとる．それゆえ発話者は，直接知覚情報を報告するのではなくむしろ，〈利用可能な情報を基に推論した結果——つまり推論内容——を報告する〉のである．

### 4.2.2. 具体的例証

このハースコヴィッツの基本的な見方は具体的にどのようにあてはまるか．以下，起こりうる状況を具体的に例証しているところがあるので，要約して紹介したい（Herskovits 1986: 132）．

〈状況事例 1〉発話者はジミーが午後プールに行く予定だと言うのを聞いてはいたが，発話時現在，ジミーがプールにいることが直接確認できないとする．そのとき，(10) のようには言えず，(11) のように言わなければならない．

(10)　Jimmy is in the pool.
(11)　Jimmy is at the pool.

(10) は話し手が現に観察している現象を報告している．話し手は目下，ジミーとプールの位置関係が明確に捉えられるところにいる．しかし一

方,(11) で話し手は,つまりところ,推論内容を報告している.ジミーとプールの位置関係をじかに観察できないところにいるからである.

注釈を加えると,at the pool だと,プールの中にいるのか,プールサイドにいるのか,いずれかわからない.いずれにもあてはまる.だから話し手は,特別な理由がないかぎり,ちゃんと見ているかぎりは in the pool という(あるいは,プールサイドにいるなら at poolside という).それができないところにいるから,at the pool という一般的な位置空間として提示したのだと想定される.

〈状況事例2〉実際,話し手がたとえジミーがいまプールで泳いでいることを知っているとしても,プールから離れた遠いところにいるのであれば,Jimmy is at the pool. と言っても不都合はない.

〈事例1〉と〈事例2〉の違いを正確に理解することが肝心である.ここでは,確実な知識であれば——確実な証拠があれば——それだけで Jimmy is in the pool. と言ってもよいのだが,しかし直接知覚できないのなら,at を用いても支障はない,という趣旨のようである.

〈状況事例3〉対照的に,話し手が湖やプールの近くにいて(one is close to the lake or the pool),ボートが湖で帆走している光景や,ジミーがプールで泳いでいる光景を目撃している(one sees the boat sailing or Jimmy swimming)のであれば,(7) や (8) のように言うのは一般的にはふさわしくない.

(12) My boat is at the lake.
(13) Jimmy is at the pool.

つまり,その状況は話し手が直接目撃している光景なのだから,at を用いるのはおかしいというのである.むしろ,My boat is on the lake. や Jimmy is in the pool. のように言わなければならない.眼前の状況を描写するときは常に in か on でなければならないということになる.

以上三つの事例から要点をまとめると,①直接知覚の対象なら,必ず

in か on になる．次に，②確実な証拠があっても，現に視界に入っていないなら at でも支障はない．最後に，③それ以外は何らかの推論——論理的推論であれ語用論的推論であれ——が入り込むので at を用いなければならない．

〈状況事例 4〉話し手は登場人物の視点をとることができる（Herskovits 1986: 199, note 2）．

(14) <u>His mother does not know</u> he is <u>at</u> the pool.

　この文の発話者は，プールの近くにいて「彼」が泳いでいるのを見ているとする．しかし，それにもかかわらず，at the pool を用いたとすれば，話し手は登場人物すなわち「彼の母親」の視点をとっていることになる，という．つまり「彼の母親」は彼が現在プールで泳いでいるのを知らないということになる．

　その経緯を具体的にたどってみるとわかりやすい．何よりも大事なのは，この光景を話し手が目撃していることである．そうであれば，in the pool でよいはずが，実際には at the pool である．これを矛盾なく説明する道は，ただひとつ，話し手が主節主語「彼の母親」の視点に立つことである．そうしてみると，確かに，補文の命題内容が「母親」の認知領域内にあると見てよい理由がある．ほかでもなく主節の述語動詞が know であり，その補文内容は母親の知識領域に帰属するものだからである．かくして話し手が in the pool ではなく at the pool を選択した動機が裏づけられる．

　次の例も同じで，話し手はジョンの視点をとっている（Herskovits 1986: 26）．

(15) <u>John thinks</u> Jerry is <u>at</u> the supermarket.

　このように言えば，話し手はジョンの視点に立っていることになる．つまり，ジョン自身がジェリーの居場所を知らないことになる．主節動詞

think の補文命題は主節主語 John の推論内容を表しているからである．
　主節動詞が認知動詞（know や think など）であれば，補文内容は主節主語の認知領域の統率下にある，というふうに一般化できると思われる．たぶんここには，心理動詞（surprise や frighten など）も含まれると予想される．

### 4.2.3. 話し手はどこにいて発話しているか

　次の文は多くの文献で，ハースコヴィッツと言えば何よりもまず引用される用例である．ここではとくに〈話し手と聞き手がどこにいるかによって at と in の使い分けが決まる〉という点に問題意識がある．場面的状況は五つに分けて提示されている（Herskovits 1986: 132-133）．

(16)　June is {at/in} the supermarket.

〈状況事例1〉話し手と聞き手がほぼ同じところにいる．そしてスーパーマーケット（話題の場所）から遠いところにいるときは，at が必要である．たとえば，スーパーの向こう側の通りにいるとしたら，駐車場にいるときよりも，at が出てきやすくなる．実際，距離が同じであるとしても，そういう傾向がある．思うに，駐車場はスーパーの敷地内にあるが，スーパーの向こう側の通りはもはやスーパーの敷地ではないからである．
〈状況事例2〉話し手と聞き手がスーパーの中で近いところにいるのであれば，in が必要である．これはつまり，スーパーの中にいればこそ，話題の人物ジューンを視界内に収め，直接知覚の対象とすることができるからである．
〈状況事例3〉ジューンの居場所について話し手が「直接知覚できない」のであれば，at が好ましい．しかし逆に，話し手にジューンの姿が「見えている」か，あるいはもっと一般的に「直接の知覚的証拠」があれば，in のほうが選ばれる，という．ここで「直接の知覚的証拠」の中には視覚情報だけでなく聴覚情報も含まれるだろう．紛れもなくその人の話し声が聞

こえたのであれば，in を用いる直接的証拠になる．

〈状況事例 4〉話し手が〈内部と外部の対比〉を必要とするときは in が必要になる，という．話し相手が，どうやら，ジューンがスーパーの外にいる，と思い込んでいるときなど．そうだとしたら，話し手と話し相手との間に知識の食い違いがある．そのとき内か外かの区別こそが場面的に重要な要因になる．

〈状況事例 5〉at の場合は発話時点に厳密にあてはまらなくても用いられる．ジューンがすでにスーパーに来ているかどうかを知らなくても，またそのことを気にかけることなく，at を用いることができる．しかし in の場合はそうした融通性はない．

まとめると，以上五つの事例は①話し手と聞き手の居場所（同じところにいるか別のところにいるか），②話し手と聞き手が話題の人物の近くにいるか遠くにいるか，③話し手と聞き手の情報の食い違いや話し手の発話意図（対比の事例），④問題の位置関係が直接知覚されていない場面で融通が利くかどうか——などが肝心な決定要因になる．

以上が紹介したいことのすべてではないが，ハースコヴィッツの所見の骨子とその例証である．肝心なことは，at の場合に発話者は on や in とは対立的な視点をとる，というところにある．

改めて振り返ってみると，at の〈遠い視点〉の制約は at の〈理想的意味〉から派生する．そして理想的意味とはモノを〈点〉として捉える幾何学的概念化を指していう．

実際のところ，眼前で見ればかなり大きなモノであっても，そこから遠ざかって行けば行くほど，小さくなって〈点〉に近づいてゆく．この事実からの類推によって，at に込められた〈遠い視点〉は〈遠くから見ている〉ことを示唆するのである．しかし実際にも，話し手が遠方の地点にいなければ at が使えない，ということではない．

## 4.2.4. 理想的意味から実際の用法へ

ハースコヴィッツの基本的見解にそぐわない用例が思い浮かぶ．理想的意味から実際の用法への道を探ることが次の課題である．

まず第一に，次の例を見たい．

(17) Jimmy is at the {door / desk / piano / wall}.

発話者は現にそれぞれの文の状況を眼前にしている．それにもかかわらず，on や in ではなくむしろ at を用いる．これをどう説明するかという問題が浮上する．すなわち，実際の用法が理想的な基本意味から大きく隔たっているのはどうしてか，その間隙を埋める作業が次の仕事である．

ハースコヴィッツはもちろん，こういった用法の存在にも論及し，多様な用法を状況タイプごとに対応づけて説明している．Lee (2001: 28) も練習問題の中で次の対比例を挙げている．

(18) He was sitting {by / *at} the fridge.

ここからはわたしの解答である．by の場合には，純粋な空間的位置関係しか表さないので，自然な言い方と言ってよいが，一方，at の場合には，冷蔵庫に備わった一定の機能との関係で用事があって彼女はそこに来ているのだと想定される．であれば，「冷蔵庫に向かって座っていては冷蔵庫の開け閉めどころか，モノの出し入れもできない．だから「奇妙な (odd)」言い回しと感じられるのだと思う．このように at の選択にはモノの〈道具的機能〉が重要な決定要因として働いている．

この線上で先例を考えてみると，机やピアノはそれぞれ固有の道具的機能を備えているので，He is at the desk / piano. は自然な解釈が得られる．しかし He is at the door. になると，ドアそのものの機能からは説明できそうにない．むしろ私見では「（何か用事があって）ドアのところに来ている」と解される．つまりドアは〈移動の着点位置〉であって，そこで何か用事があるのである（詳論は後述）．

第4章 空間認知と位置前置詞　　　　　　　　　　83

さらにまた He is at the wall. になると，やはりある種の状況を想定するほかない．場面状況的にその壁が特別な場所としての意味合いを帯びていると想定される．たとえば，マラソンコースの通過地点であるといった特別な意味合いをもつことが要請される．

## 4.2.5. 行為動詞と結びつく at の意味合い

さらにまたもうひとつ，理想的意味とすぐには結び付かない at の用法に，次のような部類のものがある．kick at the wall や knock at/on the door のように，at が特定の行為動詞などと結びついたときである．こういった事例では，正真正銘の物理的空間をはるかに超えた意味合いが示唆される．上記2例はそれぞれ「腹いせに壁を蹴る」のだし，「人に会うためにドアをノックする」のである．

こういった疑問が次々と出てくるが，先ほども簡単に触れたように，その解決への方策を求めるのは次の課題である．空間前置詞の用法は多種多様で，圧倒的多数は実際，その派生の道筋を突き止めるのは至難の業である．

結局は個別用法の問題である．理想的意味から実際の用法への道を少しでも深く理解するためには，背景的状況を吟味することが必要である．すぐ上で触れた①道具的機能の at や，②移動の着点位置の at のほかにも，③職能の at，④軌道・尺度上の特定値を表す at など思い当たる（後述）．これらは共通して物理的空間とは無縁である．ましてや，包囲空間とも隣接空間とも関係がない．

物理的空間の位置関係であれば，物理的な広がりが想定されるが，①から④で示すような at の用法は物理的な広がりがない．いってしまえば，比喩的・抽象的位置の用法である．物理的な広がりは無縁になるので，in/on は不適切で，at のみが適切になる，という筋合いである．比喩的・抽象的位置であれば何らかの推論過程が介在するので，at が自然な選択になる．

# 第5章　同位空間の at
── 理想的意味から多様な用法へ ──

## 5.1. 遠ざかれば遠ざかるほど〈点〉に近づく

### 5.1.1. 〈点〉の見立て

　前置詞 at はゼロ次元的実体を喚起する．つまり，その実体を点と見立てる．ハースコヴィッツに沿っていえば，発話者が現場を直接目撃することなく間接的に目下利用可能な知識情報を総動員して推論した結果を報告している．要するに，推論内容であって直接知覚情報ではない．

　理想的意味の〈点〉は場面的状況に応じて多様な用法に変容する．たとえば John studies at college. といえば「ジョンは大学生だ」という意味になるし，The train is at the bridge. といえば「その列車は一定の鉄道線路上の橋（の駅）に停車している」という意味になる．対照的に The train is on the bridge. といえば「列車が橋上に止まっている」という純粋に空間的な位置関係だけを喚起する．橋上は必ずしも一定の路線上の停車場（駅）があるところとは限らない．

　比喩的にいえば，モノを at で捉えると〈線上の特定地点〉あるいは〈面上の特定地点〉という意味合いが出てくる．具体例でいうと，地図上の地点，新幹線の駅，旅程の訪問地，尺度上の値（目盛り）など，〈複数の対

等の選択肢の連続体の中から特定のひとつを選別する〉という意味合いがある．しかし一方，on にはそうした意味合いは伴わない．ただ二つのモノの空間的隣接関係だけを焦点化する．

### 5.1.2.　物理的移動と比喩的移動

　まず，理想的な at の意味を実現する用例を確認しておきたい．次は移動動詞 cross の用例である．(a) は物理的移動を，また (b) (c) は比喩的移動を表している．

(1) a.　A ferry crosses the river at this point.
　　b.　Line X crosses line Y at point Z.
　　c.　A bridge crosses the river at this point.

　(a) では，フェリーが実際に移動する．「この地点」から向こう岸まで川を横断する．これは文字どおり物理的移動の例である．(b) は「線 X と線 Y が点 Z で交わる」という．つまり at は，二本の線の〈交接点〉を合図している．接点こそが at の理想的な中心的意味である．point という語はまさしく「点」の概念を語彙化している．at と point はこの上なく理想的な組み合わせである．(c) も同じで，「川のこの地点で橋がかかっている」という．

　(b) (c) のいずれの用例でも，移動動詞の cross (= go across) が用いられているが，実際にモノが移動したわけではない．現実の物理的移動を含むわけではない．比喩的移動といってもよい．わかりやすくいえば，(b) では，発話者は何か図面を見ていて，<u>あたかも</u>〈線 X が線 Y に向かって移動し，点 Z のところで交接する〉<u>かのように</u>捉えている．また (c) なら，発話者が現在，実際に「この地点に（来て）いるか，あるいは地図を見ていて指で「この地点」を指し示しているか，いずれかの状況が想定される．

　三つの用例には共通性がある．やはり at は，潜在的には複数ある選択

肢の中から選び取った特定の選択肢を合図しているといえる．

## 5.2. 理想的意味から拡張用法へ

### 5.2.1. 〈着点位置〉の証拠 1——移動の必然的含意

次の例は at の理想的意味をそのまま実現しているものではない．しかしここには meet/see と関連して at の空間的位置の表現が生じている．

(2)　Nancy's going to meet us <u>at the airport</u>.　　　　　[LAAD]

(3)　She and I first met <u>at a dance</u>.

(4)　I'll see you <u>at Fred's house</u>.

(2) を見ると，空港が点の見立てになっている．これはどうしてか．空港は実際には三次元的広がりをもつので，in the airport を期待する向きがあるかもしれない．それが，ここではゼロ次元空間として捉えられている．その理由は何か．

この文はナンシーが空港でわれわれを出迎える状況を描写している．つまり空港は，ナンシーとわれわれが出会う地点である．空港を〈接点〉と見立てる理由がここにある．

対照的に，次は meet in の例で，meet at と対比される．

(5)　The committee meets in the town hall.
　　（委員会は市役所で開かれる）　　　　　　　　　　　　［活］

ここで「市役所」は委員会の会合が行われる場所である．その会合が市役所の内部で起こるという空間的包囲関係を表しているだけである．ひるがえって，(2) の meet at の場合は，会うという事態の前段階に移動の過程が含意される．もちろん (5) の meet in の場合にはその含意は少しもない．

本筋に戻るが，(2) の観察から次のことが示唆される．ここで物理的空

間の at は移動の〈着点位置〉を喚起する．たとえ meet のように述語動詞自体が移動過程を表さないとしても，その事態の前段階に物理的移動が必ず含意され，その移動経路の〈着点〉こそが「出会い」が起きる地点と解されるので，この意味合いを込めて，その地点を〈着点位置（end-point location）〉と呼ぶことができる．以下，〈着点位置〉といえば，その背景に移動の局面が必ず含意される事例について用いるものと了解されたい．

ほかにどのような動詞があるか，次の文も状況を併せ考えてみると理解がゆく．

(6) Drop me at the next stop. ［活］
(7) Stop at the next corner. I'm getting out. [COB]
(8) We landed at a small airport. [GRAM]

(6) では「(次のバス停（まで来たら，そこ）で降ろしてください」というのだし，また (7) では「次の街角（まで来たら，そこ）で止まってください．降りますから」という．(8) では「小さな空港に着陸した」というからには「飛行機が（そこまで飛んできて）着陸した」のである．どの事例でも，括弧付きの下線で示したように，直前に移動の局面が含意される．at はまさしく移動後の着点位置を合図し，〈at の文それ自体はその着点位置で起こる出来事を表している〉．

さらに次の用例を観察し，対応する状況を吟味してみよう．

(9) She waited at the bus stop for over twenty minutes.

(9) は「20分以上もバス停で待った」という．そう言うからには，20分以上も前に，たぶん自宅からバス停まで歩いて来たのだろう．この移動の局面は言語的に顕在化していないが，必ず含意される．つまり，「(バス停まで歩いて来て，いまや) そのバス停でバスを待っている」という経緯がうかがい知れる．バス停はまさしく〈着点位置〉というにふさわしい．それを合図する文法的担い手がほかならぬ at である．

### 5.2.2. come と arrive at

これはわかりやすい対比例である．COB をみると，arrive の語義解説には次のように come to の表現が含まれている．これが着目点である．

(10) You use arrive or reach to say that someone comes to a place at the end of a journey ....

（なお，... の省略部分には，通例は arrive at a place だが，国名や都市名は arrive in France/in Paris などとなるとある．）

この語義解説を見るとよくわかるが，come は移動動詞である．モノの移動は継続的な過程である．この移動過程には，始点から着点に至る経路がある．ここでの移動の着点を表す標識は to であって at ではない．at は着点それ自体を表すには不向きである．come to とはいっても *come at とはいわない．

一方，arrive は具体的用法では「到達」を表す．arrive at the station がその例で，日本語では「駅に着く（到達する）」となる．一方，抽象的用法でも同じで，たとえば arrive at a conclusion だと，「結論に到達する（達する）」という．いずれにせよ〈目標地点に到達する〉ことを表すので，具体的・抽象的意味を合わせて「（目標）達成動詞」と名づけることにしよう．

目標達成の直前に必ず移動過程がある．それはただ含意されるだけである．いいかえれば，〈移動過程の終着点〉つまり〈移動先〉で〈目標達成〉という瞬間的活動が起こる．それゆえ目標達成の地点を〈移動先〉あるいは〈着点位置〉と名づけて前段階に移動の過程があるという含みを持たせることにしたのである．

着点位置の標識には，at はふさわしいが，to は不向きである．arrive at とはいうが，*arrive to とはいわない．まとめて例示すると，go to school や come to school by bike とは対照的に arrive at school on time となる．by bike と on time の対照性にも注目したい．

そしてまた，arrive と同じ目標達成動詞に reach がある．ただし reach は at の意味成分を語彙内在化した他動詞である．reach the station とはいうが，*reach at the station とはいわない．

## 5.2.3. converge at と converge on

同じ動詞でも at と on で対照を成すものがある．たとえば converge である．converge at となると「線や道路や小道のような細長いモノが多方面からやって来て<u>一地点でひとつになる</u>」ことを指していうが，converge on になると「人が共通の目的のために各地からやって来て<u>一か所に集結（集合）する</u>」ことを指していう．

その対照性は次の用例が指し示す状況を比べてみればよくわかる．とりわけ，converge at になると，物理的移動というよりはむしろ比喩的移動が含意されることに注目したい．次の2例である．

(11) All the radiuses of the circle <u>converge at the center of the circle</u>. [AELD]
（円のすべての半径は<u>円の中心に収束する</u>）

(12) All the paths across the park <u>converge at the main gate</u>. [CIDE]
（公園の中を横切る小道はすべて<u>正門でひとつになる</u>）

それに対し，次の2例は converge on の用例である．ここには文字どおり物理的移動の描写が含まれている．

(13) 100,000 people are expected to <u>converge on the town</u> for the concert this weekend. [CIDE]
（今週末コンサートで10万人が<u>町に繰り出す</u>と見込まれている）

(14) Half a million sports fans will <u>converge on the capital</u> for the London Marathon. [ODE]
（50万のスポーツファンがロンドンマラソンで<u>首都に集まってくる</u>だろう）

（14）について注釈がひとつある．町や首都は地域（area）を表し，普通は in the town や in the capital のように in と結びつき，包囲空間を合図するが，ここでは on と結びつき，二次元的側面——つまり表面接触空間——が前景化されている．具体的には，町や首都の〈敷地〉ひいては〈土地〉〈地面〉が強調されているのである．というのも，屋外コンサートやスポーツ競技は〈地面密着型の活動〉だからである．

一般的にいえば，〈陸上競技〉ひいては〈地上活動〉は on the field や on the ground で行われる．次に補強証拠を挙げる．

(15) At last the rain stopped and the players came back on the field.
 [ACT]
(16) A cricket game was in progress on the school sports field.
 [ACT]
(17) Children are playing on the sandy playground.　　　[OSD]


## 5.3.　〈着点位置〉の証拠 2

### 5.3.1.　状態述語 be の補語

この位置に at の位置表現が生じるとき，その at が着点位置を指し示す用例がある．

(18) My car is at the cottage.
(19) Graham was already at the door.
(20) She wasn't at college today.

(18) にふさわしい状況は何か．まず山小屋は三次元的実体で，典型的な容器のイメージがあるので，My car is in the cottage. のように，通常なら，車が山小屋の内部にあるという包囲空間の in で捉えるのが自然である．しかし実際，この文では at the cottage である．遠い視点が示唆さ

れる．どうやら，発話者は現在，山小屋にはいない．正確には，その位置関係をじかに観察し確認することができるところにはいない．おそらく，過去のある時点に車を山小屋に置いてきたのだろう．そういう背景のもとで発話者は，いまもそこにある，と推論しているのである．自然な推論である．

　いずれにせよ，この発話内容は発話時点で直接確認した情報を表しているのではなくむしろ，背景的知識をもとに推論した結論を提示しているのだと解される．

　このように，前置詞ひとつが適切な状況を喚起し，自然な解釈を生みだすのに決定的な役割を果たすことが明らかである．

　(19) はどうか．これには大きなヒントがある．already を英英辞典で調べてみると，before now [COB], before or by now or the time in question [ODE] とある．基準時点——典型的には発話時——以前に事態の進展があり，問題の状態が実現していることを示唆する．(19) で発話者は，気づいたときには「グレアムは<u>もうすでにドアのところ</u>来ていた」のである．

　(20) の状況はどうか．「きょう彼女は大学に<u>いなかった</u>」と言っても間違いではないが，もの足りない感じがする．むしろ「きょう彼女は大学に<u>来ていなかった</u>」といえば at の意味合いが伝わる．状況の背景に移動の局面がある．at には着点位置としての含みがある．

### 5.3.2.  at Mick's house と in the kitchen

さらに次の対話をみれば，at の意味合いが一段と鮮明になる．

(21)　　A:　Where were you last night?
　　　　B:　<u>At Mick's house</u>.　　　　　　　　　　　　　　[GRAM]

　(21) で be 動詞は明らかに状態述語である．だから「昨夜どこにいたの？」といってもよいが，それよりもむしろ，心持としては昨夜どこに<u>行っていた</u>の？」というほうが落ち着く．というのも，場面的背景には移

動の局面がある．このことは応答の仕方をみればはっきりする．In Mick's house. ではなくむしろ At Mick's house. である．「ミックの家に行っていたよ」という心持である．発話時現在の視点で発話者 B は自分の昨夜の居場所を捉え直している．いわゆる遠い視点から見ているのである．仮に In Mick's house. だったら，発話者 B は近い視点をとっていることになる．これでは視点がずれる．発話者 A は昨夜の B の居場所を知らないからこそ尋ねているのだから，発話者 B も発話時現在の視点をとらなければならない．

対照的な対話がある．(22) である．近い視点がふさわしい状況は，次の例が示唆するように，in が用いられている．

(22) A: Where are you, Mary?
B: In the kitchen, mother.

(22) の状況では，どうやら，発話者 A は話し相手 B の姿が見えないが，自分の声が聞こえる範囲のところにいる——おそらく家の中か庭のどこかにいる——のだと思っている．さらにいえば，家のどこかにいることは知っているのだが，その「どこか」がどこなのかは知らない．「ママ，台所よ」と言って答えている．

### 5.3.3. 基準時点 already 他の意味合い

以下の用例は基準時点を含み，基準時点が事前に移動の局面が際立つ事例である．先の (19) の類例である．

(23) The water temperature was already at the danger point.
(24) By breakfast-time he was already at his desk.　　　[COB]
(25) I have to be at the station by ten o'clock.　　　[GRAM]

着目点は基準時点である．(23) では，already によって，過去のある時点までに事態の進展があり，問題の状態が実現済みであることが示唆さ

れる．つまり，「（水温が上昇するという進展過程の局面を経て，その結果）水温は危険点に達していた」のである．

(24) では by breakfast-time に加えて already が基準時点である．「朝食時にはすでに」という意味から，その背景には事態の推移や変化があったことが含意される．その結果，その時すでに「彼は机に向かっていた」という．実現済みの状態である．

(25) では「（予定の列車に乗るために）10時までに駅に着いていなければならない」という．未来の出来事ではあるが，それが基準時点までに実現済みの状態になっている必要性を述べている．

まとめると，過去・現在・未来のどの状態であれ，その前段階に移動や変化の局面があるときは，その結果として着点位置の意味合いが出てくるので，at が用いられる．

## 5.4. 〈着点位置〉の証拠 3

さらに次の用例は〈発話時点と瞬間同時的に実現する現在の状態〉を描写している．つまり発話時現在の事態である．事前に移動の過程があって，目標地点に到着したときに発話されたのだから，at が着点位置の標識としてふさわしいことがよくわかる．

(26) 　Here we are at the station! （さあ，駅に着いたよ）
(27) 　'Here we are now,' Beth said, as the train clanked into a tiny station. 　　　　　　　　　　　　　　　　　　　　　　　　[COB]
　　　（列車がガチャンガチャンと音を立てて小さな駅に滑り込んだとき「さあ，着いたよ」とベスは言った）

(27) では Here we are now at the station. といちいち言わなくても済む．というのも，発話者はその列車の乗客として目下，この事態を経験しているのである．ここでも発話時現在に至るまで，列車はこの駅に向かっ

て走行中であり，その結果，この駅が着点位置の意味合いを帯び，到着の事態と瞬間同時的な発話であっても，(27) のように，at the station が生じていなくても何ら不自然なところはない．

## 5.5. 動詞 visit は〈移動と達成〉の両局面を含む

### 5.5.1. visit の語義解説

COB で visit を調べてみると，次のような語義解説がある．

(28)　If you visit someone, you go to see them at their home, or you stay with them there for a short time.　　　　[COB]

おもしろいことに，visit とは結局「どこそこに人に会いに行く」という意味である．これは「スーパーに買い物に行く」「湘南に泳ぎに行く」というのと同じ文法構造を備えている．

この文法構造は共通して次の認知構造によって裏打ちされる．すなわち，①行為主体に何らかの動機があってある意図（目的）を心に抱き，②その意図した目的を達成するために，ある場所に出かけて行く，③その結果，所期の目的が達成される，という認知図式が描かれる．さきにこれを〈認知行動モデル〉と呼んだが，ここで①の「意図（意図した目的）」が活動の（隠れた）初期状態であり，時間軸に沿っていえば，活動の始発局面である．次に②の「ある場所に出かけて行く（移動）」というのが活動の前半部分であり，そして続いて「その移動先で所期の目的を達成する（対面）」というのが活動の後半部分である．併せて行為の展開局面が完結する．所期の目的が達成された後の結果的状態が安定した最終局面である．

まとめると，visit という動詞は移動過程＋目的達成の両局面を語彙内在化した珍しい動詞である．go は移動局面を表し，see は目的達成局面を表す．visit はその両局面を内包する行為動詞である．

次に一例を引き，具体的に吟味したい．

(29) He visited relatives at their summer house on the river.　　[COB]

　visit someone とは go to see them ということである．この動詞は移動 (go) と達成 (see) の両局面を含んでいる．移動の着地点で所期の目的が達成されるという図式である．具体的に (29) を見ると「彼は川沿いにある親戚の夏の別荘に出かけて行って（移動局面），そこで親戚の人たちに会う（達成局面）」のである．ここで着目すべきは，at their summer house であって to their summer house ではないこと，そしてこの at の位置表現が see them at their summer house のように結びつくことである．これをみると，visit は移動局面よりはむしろ達成局面をこそ前景化する概念内容を備えていることがわかる．

## 5.5.2.　go / come to visit の方向性

　もうひとつ，visit は come to visit や go to visit のように用いることもできる．こうなれば，方向性が明確化される．次の例を比べてみよう．

(30) a. I visited my parents.
　　b. My parents visited me.
(31) a. I {went / *came} to visit my parents.
　　b. My parents {came / *went} to visit me.
(32) 　Bush went to visit him at his home in Austin.　　[WB]
　　（ブッシュはオースチンの彼の家に彼を訪ねた）
(33) 　It made my mother's day when I came home to visit.
　　（私が母に会いに帰省すると母は大喜びだった）　　　　［活］

　まず (30) をみると，ここには go / come が含まれないが，方向性は明確に予測できる．visit の主語あるいは目的語が話し手だからである．話し手は自分の居場所を基準にして visit という行為をコード化するからである．(30a) の状況を日本語で言い表すと，「私は両親を訪ねて｛行っ

た／*来た}」となるのに対し，(30b)では「両親が私を訪ねて{来た／*行った}」となる．(31)をみると，それが英語の端的な証拠である．方向性を明記しようとすると，このように対照性は鮮やかである．

　ここで go/come は〈話し手基準〉を表す．話し手から離れて行くなら go を用いるのに対し，話し手に近づいて来るなら come を用いる．(31)を見ると明らかなように，この基準と矛盾する言いかたはできない．(30)には go/come は表面に出ていないが，状況の参与者に関する語用論的知識を踏まえると，(31)の解釈があてはまることが納得できる．

　先の visit の語義解説 (28) にもどるが，そこには go to see と go が含まれている．この go は〈主語基準〉を表す．話し手が関与しないかぎり，主語が基準となる．主語の人物が別の人や場所を訪ねて行くからである．(32)では主語の「ブッシュ」が「訪ねて行った」のである．ところが，(33)をみると，主語に話し手が生じているのに，go to visit ではなく come to visit である．ここには特殊事情がある．come home がその鍵を握っている．日本語で「生まれ故郷に戻る／帰る／*行く」という．故郷はもとより「帰省先」であって「訪問先」ではない，という共通認識があればこそ，こういう一見例外的な言い回しができるのだといえる．

　まとめると，話し手が被訪問者の役割を担うときに困ったことになる．とりわけ，go/come to visit のように方向性が明記されたときには話し手基準で考え直さなければならない．わかりやすくいえば，visit は「行く」か「来る」かに関しては中立的で，それを指定するためには実例のように go/come to visit としなければならない．このことは，いみじくも，visit が移動局面よりはむしろ達成局面（対面）に比重のかかった動詞であることを示唆している．

## 5.6. 移動局面と達成局面

### 5.6.1. eat out at = go and eat at

レストランの用例を集めてみると，次のように eat at が多い．レストランは外食する場所だから，人はそこへ出かけてゆかなければならない．

(34)　Roberta <u>ate out at</u> restaurants all the time.　　　　　　　[WB]

(35)　We <u>ate at</u> a local restaurant.　　　　　　　　　　　　　[OTE]

(36)　Let's <u>go and eat at</u> the restaurant they recommend.

最後の例はヒントになる．eat at の背景には go and eat at の go and がある（go and は go to や go になることもある）．この連語用法をみれば，移動経路の終着点にレストランがあることがわかる．

### 5.6.2. turn left at など

それでは，次の例の状況にはどのような背景があるか，比較したい．

(37)　a.　Turn left <u>at the next light</u>.
　　　b.　That car didn't stop <u>at the signal</u>.

(a) をみると，移動の着地点の含意がある．「次の信号で左に曲がりなさい」という発話から，目下，移動の途上にあることがわかる．この道を進んで行くと信号がある．信号まで来たら左に曲がる．その信号のあるところこそが移動先であり，その地点で所期の目的を達成するという流れである．ただ信号は，移動の含意の有無にかかわらず，そもそも，その内部や表面を問題にする場面ではないので，in も on も使うのは不自然である．at が唯一の選択肢である．

次の例は〈着点〉か〈着点位置〉かで対照を成す．

(38)　a.　Go <u>to the end of the street</u> and turn left.　　　　　　　[ACT]

b. Turn left at the end of the street.

　二つの文を比べてみると，具体的な状況は実質的には同じである．どこを前景化して表現するか，そこに違いがある．「通りの突き当たりまで行って（移動局面），(その地点で) 左に曲がりなさい（達成局面）」というか，それとも「通りの突き当たりで左に曲がりなさい（達成局面）」というか．前者では着点を含む移動の過程が表現されているが，後者ではただ含意されるだけである．しかし必ず含意される．左折の地点が表現されれば，その地点まで移動して行かなければならない．移動先こそが左折地点にほかならないからである．ここでもやはり，at は〈着点位置〉を指し示している．

　次の例も同じ路線にあるが，違いもある．ここでは移動とその経路は表現されているが，着点は表現されていない．

(39)　Go straight down this street and turn right at the supermarket.
　　　（この街路をまっすぐ行ってスーパーマーケットのところで右に曲がりなさい）

　スーパーマーケットは建物である．その内部空間こそが機能的に重要な三次元的実体なので，通常は何よりも in the supermarket が思い浮かぶ．しかし，それにもかかわらず，ここでは at the supermarket がふさわしいという事実を理解することが大事である．

　(39) を耳で聞いたとすると，どこまで行けばよいのか，前半だけではわからないが，後半まで行けばすぐにわかる．敷衍していえば，Go straight down this street to the supermarket である．しかしこれでは冗長である．後半部に at the supermarket があるからである．どちらかひとつで必要十分であるという理屈である．

　要するに，①さきに移動の着点が明示されているなら，活動の地点（つまり着点位置）は明示しなくてよい．いやむしろ，明示しないほうが自然

である．が一方，②移動（およびその経路）だけが明示されているなら，活動の地点（つまり着点位置）は明示しなければならない．さらにまた，③移動すら明示されていないとしても，移動の過程は必ず含意されるので，当該動詞とつながる at は着点位置を表すものだといえる．

## 5.7. 日常活動の認知行動パターン

### 5.7.1. 活動の隠れた動機

原点に立ち戻って振り返ってみると，以上みてきたことはすべて，日常生活で普通にみられる多様な活動が共通の認知構造フレームによって統率されているのではないかと思われる．次のようにまとめられる．(40a) と (40b) は同じ内容を別の言い方で言い表しただけであるが，共通部分は①活動の動機（目的）と②目的地への移動という図式である．

(40) a. 　②人がどこかに出かけて行くのは，①そこで何かをする動機があり，目的があるからである！
　　　b. 　②どこかに出かけて行くからには，①そこで何かをしたいと思っているからである！

②どこかに出かけて行く——つまり移動する——という目に見える行動は，たとえ意識しないとしても，①すでに心に抱いている目的を達成するという目に見えない意図と深くつながっているにちがいない．そこで何かをしたいと思っていればこそ，そこへ出かけてゆくのである．これがどうやら典型的なわれわれの行動パターンであると思われる．

### 5.7.2. 移動と達成の両局面を含む二つの構文型

英語の普通の言い方をよく観察してみると，二つの構文型が浮かび上がってくる．次の各ペアの文は等しく移動の局面と目的達成の局面から成る．図地反転というか主従交替というか，表現の仕方つまり構文の組み立

てかたが対照的である点に注目したい．

(41) a. Let's go to Marcel's for coffee.
　　 b. Let's go and have coffee at Marcel's.　　[Swan 2016: 385]
(42) a. I went to Canada to see my father.
　　 b. I went to see my friend in Canada.　　[Swan 2016: 385]
(43) a. Mom and I went shopping at the outlets.　　[OSD]
　　 b. She went to the next town to do her shopping.　　[USAGE]
　　 c. We went shopping in Oxford Street.

　各ペアの文はいずれも基本的に同じ状況を指し示している．その状況の内部をみると，二つの連続的局面から成る．しかしその表現の仕方が異なる．つまり構文型が異なる．

　まとめていうと，移動動詞 go と結びつくときは着点の to が用いられている．しかし一方，移動の着点位置——つまり移動先——での目的達成の活動には at が用いられている．同じ状況を描写していても捉えかたが違う．以下，その間の事情を具体的に分析してみることにしよう．

　英語母語話者には通常，二つの構文の選択肢が開かれている．(41a) のように「コーヒーを飲みに（達成局面）マーセルに行く（移動局面）」というか，それとも (41b) のように，「出かけて行って（移動局面）マーセルでコーヒーを飲む（達成局面）」というかである．端的にいって違いは「マーセルに行く」か「マーセルでコーヒーを飲む」か，位置表現が前者では〈着点〉なのに対し，後者では〈着点位置〉である．位置は位置でも移動の局面が背景にあるので〈着点位置〉の意味合いを帯びて at が出てくる．すでに確認済みの論点である．

　(42a) (42b) も興味深い．(42a) は「カナダに出かけて行く」移動の局面は go to なのに対し，「（そこで）父親に会う」という目的達成局面では改めて to see my father in Canada のように着点位置の in Canada を繰り返さずとも明らかである．むしろ，そう言いたいのであれば，まさしく

(42b) の went to see my friend in Canada のように達成局面にだけ位置表現を加えればよい．これが自然な慣習的言い回しである．

これまでの観察を改めてまとめると，① go / move / walk / run などは移動動詞である．移動動詞なら，to 前置詞句をとって移動の着点を表すことができる．それに対し，②すでにみたように，arrive / drop / stop / see / meet / turn / land などは移動動詞ではない．いわゆる目的達成動詞である．達成動詞は着点の to 前置詞句はとれない．その代わり，着点位置の at 前置詞句をとる．達成動詞は確かに移動を指し示さないが，直前に移動の局面があったことを必ず含意する．まさしくその移動の着点で達成される活動や行為を表すからである．すでに述べたように，これらの達成動詞と共起する at 前置詞句を〈着点位置〉と名づけるのがふさわしい所以である．

## 5.8. at のその他のめぼしい用法

### 5.8.1. 出来事用法

(44)　They're all out at the movies.
(45)　If anyone wants me, I'm at lunch with a client.　　　[COB]
(46)　The two nations are at war.

(44)(45)は人の居場所だけでなく，そこで何をしているかも喚起する．(44)では「彼らは映画館に出かけていって目下，映画を見ている」のであるし，また(45)では「私に用事がある方が来れば，お客様と昼食で外出中ですからね」というのである．そして(46)は「二国は交戦中だ」という．いずれも，at の前置詞句は出来事が進行中であることを表している．こういった用法は慣習的に定着した言い回しである．

### 5.8.2. 職能的属性の at の用法

at にはいろいろな用法がある．公共の場所や施設・組織（institution）

には at を用いることがある．〈物理的な建物〉を指すか，それとも〈機能的な組織〉を指すかで違いが出てくる．物体の次元なら，包囲空間を指すので，in が用いられる．一方，組織体の次元なら，物理的特性は捨象されるので，抽象的な同位空間とみられ，at が用いられる．

次の例は職場という物理的空間ではなく，そこでの任務と関係するので，in よりは at が適切である．

(47) James works as assistant chef at a fast food restaurant.
(48) Eventually she was fired from her job at a publishing house.
[COB]

（彼女は結局，出版社を解雇され失職した）

また次は，大学という教育施設である．大学という組織に属する教師や学生が本務に関係すれば at である．

(49) I'm at college, studying graphic design. [ODE]
(50) I'm a mathematician at Dartmouth College. [WB]
(51) A: I'm at Oxford.
    B: Oh, which college {do you go to/are you at}? ［活］
(52) I've been teaching at a college in London.

(49) はイギリス英語の用法で，「現在，大学生で，グラフィックデザインを勉強している」という意味になる．これと対比して，He was not at college today. という用例もある．ここで at college はアメリカ英語の用法で「彼はきょう大学に来ていなかった」と解される．

他の例も (49) と同じである．at が用いられるのは，物体としての建物ではなく，その施設に特有な機能的属性と関係するときである．

### 5.8.3. 道具的機能の at の用法

(53)　Shall we sit at a table or at the counter?

　この用法にはすでに触れるところがあったが，もう一度述べておきたい．(53) のありそうな場面は，たとえば友人と鮨屋に行ったとする．入ったところで，テーブルにする？それともカウンターにする？といった場面が想像される．複数の選択肢の中からひとつを選びとる用法である．
　テーブルもカウンターも 3 次元的実体つまり立体的なモノだが，それがここではゼロ次元的実体つまり点的なモノとして捉えられている．sit at a table とはそもそも「テーブルが（置いて）あるところに座る」という意味だが，それが「（ある意図をもって）テーブルに向かって座る」という意味合いが慣習化している．at the counter も同じである．いずれにせよ，握り寿司を食べるという目的が背景にあるので，テーブルもカウンターもその機能的特性が焦点化されているのだといえる．その文法的標識こそが at である．
　さらに次の用例を観察すれば，意図された目的が透けて見える．

(54)　She sat typing away at the table beside him.
(55)　I saw her sitting at a window table, bathed in sulight.　　[COB]

　(54) をみると，ここでは「テーブルに向かって座りタイプを打っている」というのだから，タイプライターは間違いなくテーブルの上に置いてある．ここではテーブルに向かって座る意図（目的）がはっきりしている．タイプライターを打つためである．
　(55) でも「彼女が窓際のテーブルに向かって座った」のは日向ぼっこをするためだったことがわかる．at にはこのように何か意図があってそこにいるという意味合いを帯びる．そしてその意図は談話場面によって含意されるだけかもしれない．

# 第6章 in the street と on the street
## ──前置詞選択は英米語用法の差か──

## 6.1. はじめに

　日本の英語参考書や英和辞典によると，イギリス英語（British English, BE）では in the street というのに対し，アメリカ英語（American English, AE）では on the street というとある．この in と on の使い分けはほんとうに BE と AE の違いといってよいのだろうか．普段，実例に出くわすたびに，こうした疑問が浮かんでは消え浮かんでは消えしていたが，この機に改めて本気で英米の英英辞典を繰ってみることにした．その結果，どうも単純に BE と AE の慣習的傾向の差に還元してしまうわけにはゆかない数多くの実例に遭遇した．

　ここでは原点に立ち戻り，用例の状況分析に基づいて BE と AE の共通点と相違点を見極め，さらにはそれが何に起因するものかを突き詰める努力をしたい．参照辞書は，イギリス英語では ODE と COB を用い，そこに所収の用例を吟味する一方，アメリカ英語では LAAD からの用例を調べてみたい．さらにもうひとつ OSD のコーパスを用いるが，ここには実例の出典および，とりわけ BE と AE の区別も明記されているので，適宜，関連した実例を選別して例示することにする．他に参考までに『活

用大辞典』や ACT からの用例も引用することがあるが，これは BE と AE の明確な区別を主張するためではない．

## 6.2. 英英辞典の語義解説

　順序として，まず第一に，BE と AE の辞典が street という語をどのような意味を込めて用いるのか，その語義解説からみておきたい．
　BE の ODE で street の語義を見ると，次のように書いてある．

(1) a public road in a city, town, or village, typically with houses and buildings on one or both sides　　　　　　　　[ODE]
（市町村にある公共の道路．典型的には片側または両側に住宅や建物がある）

次はやはり BE の COB からである．ODE の (1) とほぼ同じ語義に加えて，次の用法が挙がっている．

(2) You can use street or streets when talking about activities that happen out of doors in a town rather than inside a building.

　　　　　　　　　　　　　　　　　　　　　　　　　　　　　　　[COB]
（屋内での活動ではなくむしろ，町での屋外活動を話題とするときに street(s) を用いることができる）

そして，この用法では「通常 on / off」を用いる，とある．しかし先回りして言うが，この注は，用例と突き合わせてみると，必ずしも真実ではない．このわたしの所見をも念頭に置いて以下の用例を吟味されたい．
　さて，(1) は ODE の解説だが，COB でも同じである．この共通部分に加えて，COB には (2) で示した語義内容が注目される．(1) と (2) は補完的な内容で，(1) は street の純粋に物理的空間の特性を述べているのに対し，(2) は street の社会的役割の側面を述べている．

そして一方，次は AE の代表として LAAD の語義解説である．これをみると (3) が上記の語義 (1) と共通している．また (4) が COB の (2) と共通しているが，(2) よりも解説が具体的な内容になっている．

(3) a public road in a city or town that has houses, stores etc. on one or both sides　　　　　　　　　　　　　　　[LAAD]
（片側または両側に住宅や店舗などが並ぶ公道）

(4) the street also the streets: the busy public parts of a city where there is a lot of activity, excitement, and crime, or where people without homes live　　　　　　　　　　　　　[LAAD]
（市街地，街中，またそこでいろいろな活動，騒動，犯罪が起きたり，ホームレスの人たちが住んでいたりする繁華街）

以上の観察から明らかなように，英米語で実質的な概念的落差はないと推論できる．おおよそ大きく二つの語義に分けられる．ひとつは①「道路，街路」そのものである．もうひとつは②「市街地，街中，繁華街」である．

見込みを立てると，①の意味では on the street(s) が予想される．これは「路面」「路上」「路肩」「道路沿い」「街角」など道路とじかに接触した側面が前景化される．

一方，②の意味では in the street(s) が予想される．これは道路との直接接触という一次元・二次元空間の側面よりはむしろ，街中といった三次元空間の側面が喚起されるからである．

この見込みが妥当かどうか，妥当だとしたらどの程度あてはまるか，そしてまたそれは英米語ともに等しくあてはまるか，といった疑問を念頭に置いて，用例を観察したい．

調べてみると実際，英米語ともに等しく in the street も on the street も用いられている．ただ，この結論だけで済ますわけにはゆかない．原点に立ち戻って，二つの用法が①実際どのような状況を切り取り，②その状況内のどのような空間関係を強調し前景化しているか，といった観点から

吟味してゆきたい．

　もちろん，前置詞の選択の違いは常に明確な客観的場面の違いに対応するわけではない．突き詰めていえば，話し手は場面をどのように切り取るか，そしてその場面のどこに照準を合わせるか，それは結局，場面によって話し手の主たる関心がどこにあるか，といった主観的な心理過程の問題に帰着すると考えられる．

　次に便宜上，状況タイプを大雑把に分類し，タイプごとに状況分析を試みることにしたい．

## 6.3. 用例の状況分析

### 6.3.1. 通りの臭気・音・暑さ

　これらは包囲空間を漂い，また空間に充満するものであって，平面空間に付着するものではない．おのずと思い浮かぶのは in the street(s) であって on the street(s) ではない．一般に AE は on the street(s) という通説に反し，(5) は AE の LAAD からの引用であるが，見込みどおり，in the street(s) である．(6) から (8) は別の辞典からの引用であるが，参考までに一応ここに並べておく．

(5) The smell <u>in the streets</u> was almost unbearable.　　　[LAAD]
　　（街中の悪臭はほとんど我慢できなかった）

(6) I was distracted by the sound of a car alarm <u>in the street</u>. [ACT]
　　（街中での車の警告音で心が乱された）

(7) The heat <u>in the narrow packed streets</u> was stifling.　　　[ACT]
　　（狭くごみごみした街中の暑さは息苦しい）

(8) The smell of cooking wafted out <u>into the street</u>.
　　（料理のにおいが外の通りまで漂っていった）　　　　　　　［活］

　また〈居住空間〉としての street(s) はどうか．住民は居住地域が安全

でないと安心感は得られない．住民の安心感が空気のように居住空間を満たすものでなければならない．(9) が示すように，in the streets が最適なことが納得できる．これもアメリカ英語である．

(9) People have a right to feel safe in their streets.　　　　[LAAD]
（住民には自分たちの居住地区で安心して住む権利がある）

### 6.3.2. 街中で起こる活動・事件・事故など

この種の出来事は英米語ともに in the street(s) が際立つ．いやむしろ，on the street(s) は見当たらない，というのが正しい．米語でもやはり in the street(s) が慣習的に優位に立つ心理的動機が働いていると推測される．というのも，キャッチボールなど屋外活動は動きが伴うので，三次元的な広がりを必要とするからである．

(10) The neighbor kids were playing catch in the street.
（近隣の子供たちが通りでキャッチボールをしていた）　　　[LAAD]

(11) In the documentary, he dances a rhumba in the streets of his native Cuba.　　　　[OSD: AE]
（そのドキュメンタリーで彼は，故国キューバの市街地でルンバを踊っている）

(12) People dance in the streets during the carnival.
（カーニバルの期間中，街中でダンスが行われる）　　　　［活］

### 6.3.3. 隣接空間としての「街路上」「街路沿い」

家やレストランは街路沿いに建っている．そして車は路上を走り，街路沿いに止まる．次は見込みどおり，道路と車の静止した位置関係を捉えている．

(13) Trucks may not stop on city streets to load or unload between

11 and 6.　　　　　　　　　　　　　　　　　　　　[LAAD]

「荷物の積み下ろしでトラックは11時から6時の間，市街地の道路上に停車することはできない」という．そういえば，Herskovits (1986: 154) によると，the truck in the road といえば，そのトラックは障害物とみられるという．

　次の例ではモノが通り（道路）と空間的な隣接関係にある．「モノが通り沿いにある」という純粋な位置関係である．通りにいる人，街路沿いの住宅，4番通りにあるレストラン，本通りにある駐車場など，静止した位置関係を表している．こうした二つのモノの隣接関係は英米語を問わず，on the street(s) が用いられている．最初の2例は AE，また最後の2例は BE である．

(14)　Most houses on the street boast fresh paint.　　[LAAD]
(15)　Have you tried that new restaurant on Fourth Street?　[LAAD]
　　　（四番街のあの新しいレストランで食事をしたことがありますか）
(16)　He has made friends with the kids on the street.　[COB]
(17)　Being a cop means building up trust with people on the streets.
　　　　　　　　　　　　　　　　　　　　　　　　　　[PHV]
　　　（警察官には住民との間に信頼関係が必要だ）

　次は「街路上で駐車スペースがある」かどうかに関係する．COB によると，parking という語は「駐車場」の意味では用いない．つまり「駐車施設」の意味では a car park (BE) あるいは a parking lot (AE) という．parking は「駐車行為」あるいは「駐車した状態」をいうとある．しかし一方，LAAD によると，「駐車行為」は共通するとしても，「駐車可能なスペース (spaces in which you can leave a car or vehicle)」という意味でも用いるという．いずれにせよ，イギリス英語の用例 (18) では in が用いられ，アメリカ英語の用例 (19) (20) では on が用いられている．

通説どおりである.

(18) I am a driver myself and I know how difficult it is to park in these streets but surely lives must come first. [OSD: BE]
(私自身が車を運転するのでよく知っているが，この市街地内で駐車できるスペースを見つけるのはとても難しい．しかし間違いなく人の命は最優先でなければならない)

(19) Finding parking on Main Street is impossible. [LAAD]
(メインストリートで駐車スペースを見つけるのは不可能だ)

(20) There's plenty of parking on the street. [LAAD]
(その通りには駐車スペースがたくさんある)

次の用例のように，street が住民が住む街を指すとき，イギリス英語では in the street なのに対し，アメリカ英語では on the street である．そういえば，street の英米語用法の差が言及されるとき，決まって，この種の例が挙がっている．(21)(22) はイギリス英語なのに対し，(23) はアメリカ英語である．

(21) I used to live in this street. [GRAM]
(22) Mr Arman lived in Osbourne Street. [OSD: BE]
(23) They live on Clay Street. [LAAD]

### 6.3.4. これまでのまとめ

これまでをまとめると，①参与者が路面に静止して動かない状況であれば，on the street(s) がなじむように見受けられる．というのも on は，二つのモノの隣接した空間的位置関係を焦点化するからである．一方，②活動や出来事など，参与者に動きがあって，三次元的な広がりが必要な事例では，in the street(s) のほうが好まれる．とはいえ，③動きがあっても，何か別に二次元的平面に照準を合わせる理由があれば，on the street(s) も選択肢となる．どちらの側面を前景化し強調するか，最終的には話し手の意識によるところが大きいように見受けられる．

　ちなみに，Lee (2001: 4) も基本的考えは同じである．

(24)　I'm standing on the street.
(25)　I'm standing in the street.

　この二文を比べて，(24) で the street は「道路 (a roadway)」ひいては「モノを支える上面 (a supporting surface)」として概念化されている，という．一方，(25) の the street には「両側に建物がある (include the buildings on either side)」ので，「容器」として把握されている，という．この概念的区別はそれぞれ on と in の形に反映されている．

　以上は認知言語学で広く共有されている基本的理解である．しかし，すでに観察したように，これだけでは実際の用例の多様性を説明し切れないと実感される．実際の用法の多様性は大きく状況の多様性に依存する．すでに見てきたとおりである．話し手はどのように状況を切り取り，それをどのように言い表しているか，話し手はどのような問題意識ひいては発話意図を持っているか，話し手は何を強調しようとしているか——そういった話し手の心理状態と状況要因との相互作用を見極めて初めて理解が行き届くものと思われる．

　あえて意識するかしないかといえば，話し手は自身の習慣で無意識的選択をしているのかもしれない．それはちょうど日本語でも「街路」というか「街中」というか，大半の日本語話者にとって，意識しないかぎり，明確な使い分けをしないのと同じである．所詮は用法の問題である．それはそうだとしても，それでおしまいにしてしまえば元も子もない．用法以前に，英米語話者の意識下には共通した状況把握の仕方があるのではないか，という問題意識のもとで，さらに続けて，多様な状況の用例分析を続けたい．

### 6.3.5. 屋内と対比される屋外

COB の定義 (2) が言うように，on the street(s) が屋外の意味合いを強調する事例がある．屋内との対照性が読み取れる．

(26) Changing money on the street is illegal—always use a bank.
　　　　　　　　　　　　　　　　　　　　　　　　　　　　[COB]
　　　（路上で換金するのは違法行為．銀行を利用すること）

ここで「路上」は「銀行」と対比されている．やはり「屋外」と「屋内」の対照性がある．

以下の用例もやはり同じ路線上で解釈するのが自然である．いずれの例でも〈「職場」から路上へ，また「ナイトクラブ」から路上への異常な動き〉が屋内と屋外との対照性を際立たせている．

(27) Smokers are being pushed out onto the streets as the vast majority cannot smoke at work. 　　　　　　　　　[ODE: BE]
　　　（喫煙者はたいがい職場では吸えないので路上に追い出されている）

(28) Angry residents who live next to a nightclub claim they are enduring sleepless nights as noisy clubbers spill out on to the streets. 　　　　　　　　　　　　　　　　　　　　　[OSD: BE]
　　　（ナイトクラブに隣接して住む住民たちは騒々しいクラブの客が大挙して街路にあふれ出てくるとき眠れない夜を耐え忍んでいるんだと腹を立てて訴えている）

### 6.3.6. （動きの後の）静止した状況

次の用例は〈静止した状況〉を描写している．注目すべきことに，いずれもイギリス英語の用例だが，on と in で対照をなす．

(29) With thousands of bodies lying on streets there was a risk of malaria and dengue fever. 　　　　　　　　　　　[OSD: BE]

(30) Garbage piled up in the streets and the place became a byword for dirt and danger. [OSD: BE]

(29)では「何千という死体が路上に放置されていたので，マラリアやデング熱のおそれがあった」という．イギリス英語なのに on が選ばれたからには，死体の山に注意の焦点が置かれている．一方，(30)では「街中のあちこちにゴミの山が積み上げられていて，その場所は汚れと危険の代名詞になった」という．その状況が市街地全体に及んでいる情景が想像される．ここでは in が選ばれている．

その一方，アメリカ英語の LAAD にも，同じく静止した状況で in the street の用例がある．これもやはり単純な位置関係の描写ではないことが推測される．

(31) She lay in the street, screaming with pain. [LAAD]
(32) One day he just dropped dead in the street. [LAAD]
　　（ある日，彼は間違いなく街の中で急死したのだった）

いずれの用例でも in the street は while (she/he was (walking)) in the street と解される．街の中を歩いていたか何かしていて突然，狭心症か心臓発作に襲われ「苦痛でうめき声を上げていた」のだし，また「急死した」のである．

このように通りで倒れたり急死したりするのは突発的事故である．おそらく通りを歩いていたときの出来事である．であればこそ，in the street によって広い空間が想像される．しかしそれが on the street だと，現場の狭い空間——つまり，二つのモノの静止した隣接関係——しか喚起しない．

まとめると，以上みてきた用例は英米語用法の差に還元するには無理がある．やはり状況をどう捉えるか，話し手の意識の置きどころが違うのだと言わなければならない．単純な通説の公式どおりの見方では処理しきれない．

### 6.3.7. 街中で知り合いと出会う状況

〈街中の路上で偶然，知り合いと出会う〉といった状況はどうか．イギリス英語では in the street が普通の用法かもしれないが，アメリカ語でもやはり in the street の用例しか見つからない．まず，次の用例はイギリス英語である．

(33) Every week, fans stop me in the street. [OED]

(34) A week later I met him in the street. [ODE]

(35) People are stopping me in the street to congratulate me on the win. [WB: UK]

(36) You met him in Newgate Street; Which way was he going? [OSD: BE]

どれも街中での出会いを描いている．出会ったとき通りを歩いていたのである．ただ，通りが固有名詞のときは，BE では in が，AE では on が普通である．

一方，次はアメリカ英語の実例である．アメリカ英語でもやはり in the street である．

(37) Someone stopped me in the street and asked for directions. [LAAD]

(38) I met him in the street, and we decided to go out for lunch. [LAAD]

ここで stop も meet も，たまたま道で出会った場面でのことである．LAAD は米語用法のはずだが，on ではなく in である．「街中で」の意味合いが強い．単に「路上で」というのではない．「街中」であれば「路上」を含む．「街中」のほうが広い範囲を指すが，「路上」だと隣接した狭い範囲だけに限定されるのではないか．

しかし一方，同じアメリカ英語でも，次のは meet on the street(s) で

ある．対照的である．アメリカ英語だから，という紋切り型の理由で片づけるわけにはゆかない．何か特別な心理的要因が背景にあるのではないか．用例を吟味してみると，どうやら「路上生活者」を想起させる状況が描かれている．

(39) I was taken to Calgary and distributed other handbills to homeless people I met on the street. [OSD: AE]

(40) His heros were based on the kind of kids he met as orphaned and impoverished newsboys on the streets of New York City.
[OSD: AE]
(彼はニューヨーク市の市街地で貧窮した孤児の新聞少年たちに出会ったが，そうした子供たちこそが彼のヒーローだった)

実際，(39) ではホームレスの人たちだし，(40) では困窮した新聞孤児たちである．背景には，彼らが路上で生活する状況がある．その背景を踏まえればこそ meet in the street(s) よりもむしろ meet on the street(s) と表現することに比重がかかったのではないか．以上の推測は次に示す路上生活者の状況を描写した用例からも裏づけられるといえるかもしれない．live on the street(s) という言い回しが象徴的である．

## 6.3.8. 路上生活者とホームレス

〈路上生活者〉についても英米語差があるように言われているが，どうやらアメリカ英語だけでなくイギリス英語でも on the street(s) の用例のほうが目立つ．頻度の差はわからないが，通説とは違い，イギリス英語でも on the street(s) が優勢である．ここでの目標からすれば，この事実を指摘するだけで十分であるが，あと一歩踏み込んでその根を洗ってみると，やはり「路上生活」といえば，何よりもまず，地べたに横になって寝る姿が想像される．はたして live on the street は，(41) の用例のような sleep rough on the street（路上で所構わず寝る）を，必ず，含意するのだろ

うか.この点も念頭に置いて,以下の用例を観察されたい.

(41) It makes me sad when I see young people begging or sleeping rough on the streets. [COB]
(若者が路上で物乞いをしたり所構わず寝ていたりするのを見ると悲しくなる)

次に live on the street(s) の実例を挙げる.最初の2例はアメリカ英語資料から,また後の2例はイギリス英語資料からである.イギリス英語でも実際,live on the street(s) が慣用法であることがわかる.

(42) The day I met him, his dirty t-shirt and soiled pants revealed that he was living on the streets. [OSD: AE]
(私が彼と会った日,彼が汚れたTシャツと泥まみれのズボンを身に付けているのを見て路上生活者だとわかった)

(43) A friend told me that it was better living on the street, because there you could beg for money and food. [OSD:AE]
(ある友人が言うには,路上生活をしているとお金も食べ物も恵んでもらえるので,そのほうがいいんだということだった)

(44) He lived on the street as a vagrant. [COB]
(彼は浮浪者で,路上生活をしていた)

(45) If you are a bag lady living on the streets, it's an advantage.
[OSD: BE]
(路上生活者が女性ホームレスであれば何かと得をするものだ)

ODE によると,(45) の a bag lady とは口語体 (informal) で「買い物袋に身の回りの品を入れて持ち歩く女性ホームレス (a homeless woman who carries her possessions around in shopping bags)」とある.

なかには in the streets と on the streets の用例が並んで出てくる辞書もある.次の2例は ACT からの引用である.これを見ると,「路上生活

をする」という言い回しに関するかぎり，in と on の前置詞の差は米英語の差というのはほとんど意味がない．それでもなお，in the streets を用いているとすれば，「市街地で路上生活をする」という意味合いが伝わる．路上生活自体を焦点化すれば live on the streets になる一方，路上生活の包囲空間つまり市街地域を焦点化すれば live in the streets になるといえるかもしれない．

(46) We cannot ignore the misery of the people in this country who are forced to live on the streets.　　　　　　　　　　[ACT]
（この国の路上生活者の窮乏を見て見ぬふりはできない）

(47) Society's attitude towards children who live in the streets is not always protective.（路上生活の子供たちに対する社会の反応は必ずしも救援の手を差し伸べるものではない）　　　　　　　　　　　　[ACT]

次の子供たちは路上生活者でないかもしれない．繁華街を歩き回って物乞いをしている情景が思い浮かぶ．英米語ともに in the streets の例である．前述の路上生活者の事例と比べてみたい．

(48) Children were begging in the streets.　　　　　　　[LAAD]
（市街地で（繁華街で）子供たちが物乞いをしていた）

(49) You might see two parents working hard for a living, and yet their children would beg for food in the streets.　　[OSD: BE]
（両親が生計を立てるために懸命に働いていても子供たちが市街地で食べ物をねだる情景が見られるかもしれない）

物乞いをしたり食べ物をねだったりする子供たちは，路上でじっと座っているわけではないだろう．たぶん街中を歩き回っているに違いない．in the streets はそういう情景を呼び起こす．しかし，用例の中には，この説明があてはまらないものもある．初めにも述べたように，これは大方の傾向のことであって，動かぬ原理のことをいうのではない．実際の多様な用

法は一筋縄ではゆかない．これが実情である．

## 6.4. むすび

　総括のつもりで付け加えるが，あるUNICEFの資料（小早川暁氏提供）によると，① children of/in the street と② children on the street には用法上の傾向があって，根底には「夜寝るために戻る家と家族の支え」があるかどうかが分岐点のようである．①は文字どおり「路上生活者」としての子供たちを指し，結局はホームレスである．一方，②はお金や食べ物を乞い求める場所としての街に出かけて行く子供たちのことである．

　用例を振り返ってみると，live in the street か live on the street あるいはまた beg in the street か beg on the street かなどの背後にはホームレスかどうかの無意識的な概念的区別が張りついているのだといえるかもしれない．

　本論の問題意識は，冒頭でも述べたように，in the street と on the street に見る前置詞選択の差は，通常，英米語の用法上の差として片づけられているが，本当にそれでよいか，という点にあった．多様な実例の状況分析を通して，この通説の間違いが指摘できたと思う．実際，英米語母語話者が，通説に反し，共通した前置詞の選択をする事例が多数あることから，必ずしも見かけだけの用法上の差では説明できず，〈英米語母語話者に共有された状況把握の仕方が根底にあればこそ，共通した前置詞の選択が成立しているのだ〉と考えるのが自然な結論であると思う．

# 第7章 〈道具〉はいつ主語になれるか

## 7.1. 道具主語と背景的状況

　日本語に比べ，英語には，無生物が主語となる構文が際立って多い．英語で無生物を主語とする構文でも，日本語では通常，主に人間を主語に立てて表現する．学校文法などで通称，無生物主語構文としておなじみのものである．

　われわれにとって問題なのは，英語では，どういう条件が整えば，無生物主語を用いてもよいのか，それがよくわからないことである．つまり，無生物主語の成立条件はいったい何か，という疑問が解けないままである．なるほど，英文法の参考書には例文だけはたくさん挙がっているが，納得のゆく説明はどこにも見当たらないのである．

　一口に無生物主語といっても，実例は多種多様なので，十把一絡げに論ずるわけにはゆかない．割合はっきりしているものに，通常〈道具〉と解される実体が主語に立つ場合がある．ここでは，この〈道具主語〉に話題を絞ってその成立事情を探ってみることにしよう．

　手はじめに，次の一連の文を比べてみよう．中心課題は，もちろん，(1b) の道具主語構文である．その根っこを掘り起こすために，次の三つ

の文がどういう背景と場面を喚起するかを押さえておくことが大事である．（次の用例はじめ，以下の用例の多くは Schlesinger (1989) から借用．ただし解説は別である．）

(1) a. Carol hit the horse with the stick.
    b. The stick hit the horse.
    c. After being thrown into the air, the stick fell and hit the horse.

まず，(1a) と (1b) を比べてみると，述語動詞はいずれも hit である．しかし構文型は異なる．ひとつの違いは，道具の項があるかないかである．つまり，the stick が (1a) では with の目的語なのに対し，(1b) では hit の主語である．それと連動して (1a) の主語 Carol はもはや (1b) には生じていない．

日本語でなら，さしずめ，(1a) の状況を捉えて「キャロルが棒で馬をたたいた」という．それに対し，(1b) の状況なら「棒が馬にあたった」という．あるいは「棒が馬を直撃した」ともいえる．しかしこの状況で「棒が馬をたたいた」とはいわない．これは日本語の語法にそぐわない．典型的には人が行為者でないと「たたく」とはいわない．

これをみると日本語は，(1a) と (1b) の状況をまったく別個の動詞を用いて言い表している．どうやら日本語は，二つの状況をまったくつながりのない別個の状況として捉えているようにみえる．

一方，英語では，(1a) と (1b) の状況はともに，述語動詞 hit に織り込まれた概念内容の枠内に収まり，どこかでつながっているように感じられる．発話者は全体としては同じ状況を思い描く一方，その中から異なる部分状況に注意を注ぎ，そこを切り取って前面に押し立てているようにみえる．述語に同じ動詞を選択したからには，その背景に共通の状況があるように感じられる．

この見通しがあてはまるかどうか，具体的に吟味してみよう．問題はこ

うなる．(1a) と (1b) の指し示す状況の間には，仮にあるとしたら，どのようなつながりがあるといえるだろうか．あらためて，(1a) と (1b) の成り立ち具合を子細にたどってみることにしよう．

(1a) でキャロルは〈行為者〉である．棒を手にして馬を「たたく」という行為を遂行しているからである．この状況下で棒は，あくまでも〈道具〉である．文字どおり〈行為者の片腕〉として働いているからである．その結果，馬とじかに物理的接触を引き起こすのは，棒であって，キャロルではない．キャロルは物理的接触を指向する運動エネルギーの〈起動要因〉であるのに対し，棒は馬とじかに物理的接触を起こす〈最終要因〉である．

一方，(1b) をみると，話し手の視野には，もはやキャロルの姿はない．主語に立っているのは，キャロルではなく，棒である．いまや棒は〈道具〉ではなく，むしろ〈行為者〉の役割を担っているようにみえる．あたかも，キャロルが表舞台から楽屋裏に退いたあとをうけて，こんどは棒がその役割を演じているようにみえる．

このような見方を裏づける明確な根拠が現にある．(1a) と同じく (1b) でも，馬とじかに物理的接触を起こすのは，もちろん棒である．しかしここで大事なのは，接触の仕方が違うことである．〈棒が行為者の手に握られた状態で〉接触が起こる解釈は通常 (1a) にはあてはまるが，(1b) にはあてはまらない．(1b) では実際〈棒が行為者の手を離れて飛んでいくことによって〉接触が起こるのである．そうすると，さきの見込みどおり，(1b) で主語の位置にある棒はもはや〈道具〉ではなく，まぎれもなく〈自立した行為者〉である，とする見方が成り立つ．

もう一度，その経緯をまとめると，(1b) で元の行為者キャロルはもはや発話者の視野にはない．元の行為者は棒をコントロールし棒が飛んでゆく〈きっかけ〉を作っただけで，行為者の役割を全うしたことになる．その一方，そのあと棒は自立した存在となり，〈自己推進力〉によって飛んでいく．いまや棒を〈行為者〉と見立てるのは自然である．かくして (1b) の文は，〈元の人間行為者〉が降板したあとに続く〈新しい行為者〉の展開

局面に照準を合わせたものだといえる.

　その間の事情は（1c）をみると鮮明に浮かび上がってくる．ここには出来事連鎖がある．まず，①棒が空中に投げ上げられる．棒を投げた人物は，確かに，現場にいたにはちがいないが，それがだれであるか，不明である．その手を離れてしまえば，棒は自動作用で飛んでいく．棒は自力で弧を描き，ついには②落下の軌跡をたどる．そしてまさしくその落下の過程で，③馬を直撃したのである．

　この出来事連鎖の最終段階③こそが，ほかならぬ，(1b) の指し示す状況である．(1c) のような全体状況を背景にしてはじめて，(1b) の部分状況としての輪郭が鮮明になる．

　たとえば (1b) に代えて The falling stick hit the horse. とすればどうなるか．ここには (1b) よりも多くの情報が含まれている．falling を加えただけで (1c) の②の段階が組み込まれたことになる．それ以上の背景が不明であったとしても，この文だけで棒の自動運動が含意されるので，棒の行為者としての役割も鮮明になる．

　以上をまとめると，英語では，同じ hit という述語動詞を用いるかぎり，無生物であっても，いったん主語として立てば，人間主語の場合と同等の資格を有するのだといえる．さきの例でいえば，〈元の人間行為者〉が舞台にいるかぎり，〈道具〉としての役割を分担し，〈行為者の片腕〉つまり〈道具〉として働くのだが，〈元の行為者〉が舞台を降りれば，〈自立した行為者〉としてふるまう，という道筋がたつ．

　hit の道具主語は，もちろん，人間主語と同じことをするわけではない．実際，(1a) では人間主語のキャロルが手に持った棒を最後まで操って馬に打撃を与えたのだが，(1b) では道具主語の棒が自動運動の果てに馬に命中したのである．

　注目すべきことに，(1a) と (1b) の状況には相違点とともに共通点がある．棒が人のコントロール下にあって操作されるか ((1a))，それとも自己推進力によって自動運動するか ((1b))，この違いがあるにもかかわらず，

なお決定的に重要なのは，状況全体の展開局面で，棒が目標物と直接接触し打撃行為を引き起こす最終参与者であるという共通性である．

このようにみてくると，(1b) の棒のように，もともと〈道具〉であるものも〈展開局面の最終参与者〉であれば，道具主語の資格を有するのだと推論される．

果たして，この推論は間違いないか，一般的に妥当であるといえるか，という疑問が湧く．この疑問を解消するためには，さらに道具主語の用例を観察し検証してみなければならない．

## 7.2. 一対の道具から道具主語へ

次の文例の観察から始めよう．述語動詞 wound は状態変化動詞である．つまり行為者は対象に傷を負わせる行為を遂行する．その結果，対象は状態変化を被り，無傷の状態から負傷した状態に変化する．ここでの着眼点は，弓矢という二つ一組みの道具が関与することである．さらにもう一歩，議論を推し進めることができる．

(2) a. The hunter wounded the deer with a bow and arrows.
　　b. The hunter wounded the deer with a bow.
　　c. The hunter wounded the deer with arrows.

(2a) は「猟師が弓矢で鹿に傷を負わせた」という．ここで弓矢は確かに，直観的には，猟師が用いる〈道具〉と解される．しかも，重要なことに，弓と矢は二つ一組みで用いる道具である．どちらか一方だけでは，その本来の機能は果たせない．

(2a) の場面を具体的に想像してみよう．弓と矢は一対の道具であればこそ，それぞれに役割分担がある．なかんずく猟師は，矢を弓に据え，弦を張り，弓を引き，矢を放つ，といった一連の動作をおこなう．矢を放ったあと，弓はなお猟師の手の中にあって，その役割を終える．

しかし重要なのは矢の役割である．弓で矢が引かれたあとの局面こそが矢の出番である．矢はいまや〈自己推進力〉を備え，その力で飛行し，鹿に命中して傷を負わせる，という道筋をたどる．

以上の道筋は，次のような〈行為連鎖〉として図式化できる．運動エネルギー源はもちろん行為者の「猟師」である．それを一連の道具連鎖「手」「弓」「矢」が引き受け，そのうち最終道具3の「矢」が，最前線への突撃隊として，目標物の「鹿」を直撃し負傷させる．その結果，行為者の所期の目的は達成される．

| 猟師 ⇒ | 手 ⇒ | 弓 ⇒ | 矢 | ⇒ | 鹿：無傷→負傷 |
|---|---|---|---|---|---|
| 行為者 | 道具1 | 道具2 | 道具3 | | 対象：状態変化 |

さらにまた，弓と矢は一対の道具とはいえ，別個に with の項となることもできる．(2b) と (2c) はいずれも申し分のない文である．そしていずれの文も (2a) の状況と同じ線上で自然に解釈できる．すなわち，(2b) では，弓は〈矢を射る道具〉と解されるし，また (2c) では，矢は〈弓で射る道具〉と解される．これは弓矢の本来の用途に沿った解釈である．しかし実際には一方のみが言語的に顕在化している．これは場面的に対比的強調を促す何らかの理由があって，一方のみが前景化されているのだと想定される．とはいえ，背景化された片割れの存在もまた必ず含意される．

（本筋からはそれるが，注釈がひとつある．すなわち，場面によって別の解釈が可能な場合がある．弓矢を本来の用途とは別に，ただの物体として用いた場合である．たとえば，(2b) では，石を投げるように弓を投げるなどして鹿に傷を負わせたり，また (2c) では，棒のように矢を手に握った状態で鹿に傷を負わせたりする状況である．こうした解釈は，一対の弓矢の本来的機能とは別である．弓や矢を，たぶん，たまたま手元にそれしかなかったという理由だけで，臨時に道具として用いただけのことである．これを臨時用法と呼ぶことができる．もちろんこの解釈は本筋とは別の話である．）

## 第7章 〈道具〉はいつ主語になれるか

　さて，いまや以上の観察を踏まえて，道具主語構文に話を進めることができる．(2)の二つの道具を別個に主語に立ててみると，(3)でみるとおり，その結果は対照的である．

(3) a.　Arrows wounded the deer.
　　b.　*A bow wounded the deer.

(3a)のように，矢が主語のときは申し分のない文なのに，(3b)のように，弓が主語のときはだめな文になる．この差はいったい，どこから出てくるのだろうか．その理由はすでに明らかなはずである．

　棒が道具主語の(2b)の場合と同じ説明があてはまる．実際に飛んでゆくのは，矢であって弓ではないから，矢が主語に立つ(3a)のほうだけが〈損傷行為の直接の責任主体〉となることができる．猟師は弓を射ることによって，矢が飛んでゆく〈きっかけ〉を作っただけだから，背景に退くこともできる．そしてその場面で代役が務まるのは，もちろん，矢以外にはない．矢にはすでに自動運動のエネルギーが備わっている．その結果，矢は鹿を負傷させる損傷行為の直接的な責任主体となる．一般的に定義すれば，矢（道具3）は〈行為者・道具連鎖の最終参与者〉である．まさにこの最終参与者に照準を合わせ，その展開局面だけを切り取って前景化したのが(3a)であると解される．

　以上の議論からも明らかなように，行為者と道具の連鎖のなかで最終参与者としての矢の役割は別格である．その別格の役割こそが「矢」に自立した行為者として主語に立つ資格を認可する．ここまでの観察をまとめて，次に暫定的な結論を示す．

(4) a.　いわゆる道具主語の実体は〈自立した行為者〉の資格を有するものでなければならない．
　　b.　「自立した行為者」の資格とは，目標物とじかに物理的接触を引き起こす——つまり目標物を直撃する——ことである．

c.　そのためには，道具主語の実体は〈行為者・道具連鎖の最
　　　　　終参与者〉でなければならない．

　この最終参与者こそが目標物との直接的接触によって目標物に影響を及ぼす——つまり状態変化を引き起こす——責任主体だからである．その事情は実際，先の例文でみたとおりである．(1b) では「棒 (the stick)」であり，また (3a) では「矢 (arrows)」である．

　（念のために言い添えるが，(3b) の文も，猟師が弓そのものを投げたり，弓が何かのはずみで飛んでいったりなどして，鹿と接触を起こした場面なら，立派に成り立つのである．この状況は，(3b) でみたように，本来の用途に沿わない臨時の解釈である．）

　弓矢と同じく，対をなす道具はほかにもある．同じ論理が働いていることが確認できる．さらに次の2文を対比し吟味したい．

(5) a.　John made a hole in the wall with a hammer and a chisel.
　　 b.　Max wounded the president with a rifle and two bullets.

　(5a) ではカナヅチとノミが，また (5b) ではライフルと2発の銃弾が，それぞれ，〈一対の道具〉と解される．カナヅチとライフルは手の補助道具である．手に持ったカナヅチでノミの頭を叩くと，ノミが壁に傷をつけ，壁に穴があく．同じく，手に持ったライフルに銃弾を詰め，引き金を引けば，銃弾が発射し，標的に命中し，傷を負わせる．

　ここで目標物と直接接触を起こすのは，やはり〈行為者・道具連鎖の最終参与者〉である．つまり (5a) では，カナヅチではなくノミであり，また (5b) では，ライフルではなく銃弾である．だからこそ，ノミと銃弾だけが立派に主語の位置に生じ，元の行為者に代わって主語にたつことができるはずである．実際，見込みどおり，目標物とじかに物理的接触する最後の道具だけが道具主語となり，行為主体の役割を担うことができる．(6) で見るとおりである．

(6) a.　{A chisel / *A hammer} made a hole in the wall.
　　b.　{Two bullets / *A rifle} wounded the president.

　しかし (6a) には新たに注目すべき点がある．ここでノミは，(6b) の銃弾のように，元の人間行為者の手を離れて飛んでいくわけではない．元の人間行為者は実際，依然としてその現場にいて，最終局面までノミをコントロールし操作しなければならない．このようにノミは，銃弾とは違い，〈自己推進力〉を備えてはいないが，それでも立派に道具主語となることができる．そうであれば，道具主語の成立要件はノミと銃弾の共通性に絞られる．つまるところ，〈行為者・道具連鎖の最終参与者〉としての役割である．それが最終参与者であっても，実際，(6a) のノミのように，行為者のコントロール下で動くか，それとも，(6b) の銃弾のように，自己推進力によって動くか，その違いは確かにある．にもかかわらず，〈最終参与者〉という役割こそが道具主語成立の必須要件であると結論される．

　それでは，ノミが道具主語のとき，話し手は状況全体をどう捉えているとみればよいだろうか．話し手は元の人間行為者が行為展開局面で現にノミをコントロールする様子を目撃しているはずである．そうだとしてもなお，心理的には状況の最終局面に視野を絞り，損傷行為の直接的な責任主体として作用するノミの役割に注意を集中したのだといえる．

　そもそもノミは実際，壁や材木を削り落としたり穴を開けたりする〈機能的特性〉を備えた道具である．であればこそ，このように損傷行為の最終局面に決定的に関与し，直接的な行為主体としてふるまう資格を有するものとして把握されている．この〈機能的特性〉こそが道具主語の成立を根底から支える要因であるといえる．

　まとめなおすと，道具主語の実体は，述語動詞の行為の性質に応じて〈行為・道具連鎖の最終参与者〉として関与するが，それというのも，もとをただせば，その道具が本来，その行為の最終参与者としての役割を担いうる〈機能的特性〉を備えているからである．たとえ道具が行為者のコ

ントロール下にあり続ける状況でも，目標達成にふさわしい〈機能的特性〉を備えていれば，道具主語になることができる．

## 7.3. 道具主語と機能的特性

この説明の道筋が妥当かどうか，さらに別種の実例によって検証を加えたい．

(7) a. John opened the door with the master key.
b. The master key opened the door.
c. The door opened with the master key.

(7a) では「ジョンが親鍵を用いてドアを開けた」という．ジョンは行為者であり，親鍵は道具である．実際，親鍵は最後までジョンのコントロール下にあって，その本来的機能を発揮している．一方，(7b) では，その道具が主語の位置に生じている．すでにみたように，親鍵は現にドアと直接接触の状態にある．直接接触の条件を満たした道具主語は確かに〈元の人間行為者の代役〉が務まる．とはいえ，現実の状況で行為者がその場を離れたわけではない．行為者が最後まで親鍵をコントロールしたことは間違いない．にもかかわらず，(7b) で話し手は，人間行為者をただ，視野の外に置き，親鍵とドアの直接的な相互作用だけに照準を合わせ，その部分状況を前景化したのだと解される．この解釈は (6a) のノミの用例と完全に平行的で，これまでのところ何も新しいところはない．

ここで問題は，(7b) ではなぜ親鍵を主語に立て，道具主語として〈行為者扱い〉できたかである．明らかに親鍵は，ある一定のドアの鍵穴だけに適合するそれ固有の〈機能的特性〉を備えた道具である．この固有の属性があればこそ，ドアを開ける行為の最終参与者として直接的な責任主体となる資格が保証されるというものである．このように機能的属性の力にあずかって道具主語としての役割が認可されるのだといえる．

最後に（7c）の例文である．この構文はめったに見ない独自の文法構造を備えている．（7a, b）で目的語の the door が，ここでは主語の位置に生じている．しかも道具が with 前置詞句で生じている．にもかかわらず，行為者の姿はない．ここで述語動詞 open は意味上は他動詞のようにみえるが，形態的には自動詞である．確かに行為者の姿は見当たらない．にもかかわらず，実際，行為者の存在は必ず含意される．何よりも道具の項が生じ，道具の役割が前面に押し出されている．であれば，道具をコントロールする行為者の存在は疑いようがない．行為者はただ背景化されているだけである．

しかしこれではまだ，この文の全容が把握できた気には到底ならない．何よりもまず，どう解釈すればよいのか，見極めがつかない．実際（7c）は独特の構文型を備えていて，ごくまれにしか類例に遭遇しない．ましてや，明確な解説などどこにも見当たらない．この構文型にふさわしい現実の状況のもとでは，母語話者は無意識的・直観的理解が働くので，この構文の特異性に意識が及ぶことはないのだと推察される．（7）の用例は実際，Huddleston and Pullum（2002: 673, 674）から借用したが，肝心な説明は何もないのである．

しかし，もしやと思い，Chafe（1970）のページを繰ってみると，幸いにも（7c）の類例が見つかった．パラフレーズも添えられていて，解説もある．次にその趣旨を要約し，かみ砕いて提示したい．（8a）は（8b）のように解釈される，と Chafe（1970: 154）はいう．

(8) a. The rope cut with a knife.
　　b. The rope was successfully cut with a knife.

要するに「ロープはナイフでうまく切れたよ」というのである．パラフレーズで着目すべきは，was successfully cut である．ここで動詞 cut は受動態である．それゆえ行為者の存在が含意される．が，その正体は不明で，不問に付されている．実際，過去の出来事が記述されているのだから

特定の人物が行為者として関与したには違いないが，そこには何の関心もない．いってしまえば，だれであっても構わないのである．

むしろ大事なのは，わざわざ successfully という副詞を挿入したことである．その意図は何か．容易に察せられるように，場面的背景に何らかの〈困難〉があったのだと想像される．問題のロープはどうしたら切れるか，という難題に直面し，あれこれ試してみたがうまくゆかず，結局のところ，ナイフを用いたらうまくいった，というのである．

この構文に織り込まれた意味合いは，ただ単に受動態に由来するというよりはむしろ，「可能の受動態」，それも言ってしまえば「中間態」と酷似したものである．「ナイフでうまく切られた」というよりは「ナイフでうまく切れた」というのがしっくりした感覚である．

以上の説明が前置きである．いまや本題の (7c) に戻ることができる．(7c) は次のようにパラフレーズできることになる．

(7) c. The door opened with the master key.
(9) The door was successfully opened with the master key.

これによれば，(7c) は「(そのドアを開けるのにいろいろと試してみたがうまくゆかず，結局) 親鍵でうまくいった」といっているのである．なるほど，親鍵は特別な存在である．それが最後の切り札になったというのには得心がゆく．

この構文は実際，「中間態」ではない．しかし中間態に酷似している．中間態の典型例に The book sells well.（この本はよく売れる）や This meat cuts easily.（この肉は楽に切れる）がある．典型的な中間態は，形は自動詞なのに，意味は「可能の受動態」である．動詞は通常，単純現在形で生じる．行為者（あるいは動作主）は明示的に指定できないが，人一般が含意される．日本語では中間態は形態的にも「可能態」の下位類型とみる証拠がある（中右 1991a）．中間態の研究は広範かつ多岐にわたり，異論もあるが，いまはこれ以上深入りしない．ここではただ，(7c) の構文との違

いを指摘できれば十分である．

　(7c) の構文は，中間態とは違い，①道具の前置詞句が必須要素である．かつまた②動詞は過去形で，文は特定の過去の出来事を指し示す．以上は中間態との顕著な違いである．さらにまた，さきにみたように，③行為者（ひいては動作主）はそもそも表示不可能だが，そればかりか，むしろ，特定の行為者の〈没主体化〉が起こっていて，正体不明として不問に付されている．最後に，何よりも特異な性質はこの構文型の使用条件である．④ある一定の背景的状況が想定される．目標の達成には困難が伴い，あれこれ試してみたが不首尾に終わり，最後にある種の道具を用いたらうまくいった，という背景である．目標──困難──努力──成就という経緯が背景に張りついている．やはり，中間態とは根本的に異質の構文であるといわなければならない．

　脇道にそれて少し長い道草になったようにみえるが，以上の考察は本筋につながっている．どの特定の構文も，背景として想定される全体的状況の中から特定の部分状況を切り取って前景化（焦点化）する働きを担う．そしてそれ以外の状況は背景化する．問題は，場面全体の中からどの特定部分をどう切り取って提示するかである．たとえ同じ部分状況を切り取ったとしても，把握の仕方が違えば概念化も異なる．同じ参与者でも異なる役割を担えば，異なる構文として実現する．この基本線上に (7) の一連の構文も位置づけられることになる．

　まさしく上述の (7b, c) は同じ部分状況を指し示すが，把握の仕方が異なる．それは取りも直さず，部分状況内の参与者役割が違うからである．(7b) で親鍵は行為者の役割なのに対し，(7c) では道具の役割である．さらにいえば，(7b) では親鍵に固有の本来的機能に照準を合わせ，親鍵は行為者として把握されている．一方，(7c) は道具扱いの標識からも明らかなように，背後に行為者の姿が透けて見える．背景化されているとはいえ，行為者はいわば黒子として舞台に上っている．

　道具はもともと人が便宜に適うように作った目的的人工物である．つま

り道具には本来の機能が備わっていて，人は目的に合わせて最適な道具を作り，それを用いて目的を達成する．それゆえ，道具は結局，個別行為の特質に応じて，その行為の展開局面に寄与しうる機能的属性を備えていれば，〈人間行為者の片腕〉として働く（道具扱い）だけでなく，〈人間行為者の代役〉としても働く（行為者扱い）．その選択肢の決定は，いつに①述語動詞の表す行為の特質と②道具の機能的属性との整合性にかかっている．

　次の例を比べてみると，この論点がはっきり確認される．

(10) a. The pen makes lines on the paper.
　　 b. A pen makes marks on paper with ink.
　　 c. *The pen writes a letter.

ペンの本来の機能を考えてみればわかるとおり，ペンの機能は紙に線を引いたり文字を書いたりして，インクで染み跡を作ることである．その機能的特性は確かにペンに特有な属性であるとしても，手紙を書くという機能までは備わっていない．ほかでもなく，手紙を書くという行為は，何よりも知的な精神的営みである．とうていペンがなしうることではない．手紙を書くとは人間固有の行為である．であればこそ，手紙を書く行為においてペンは書き手の補助道具でしかありえない．

　次の例を比べてみると，同じ論点がさらに確かめられる．

(11) a. Bob {picks up / eats} beans with chopsticks.
　　 b. Chopsticks (can) {pick up / *eat} beans.

人なら箸で豆をつまみ上げるだけでなく，食べることもできる．しかし箸は豆をつまみ上げることはできても，食べることまではできない．箸は人がごはんを食べる補助道具としては用を足せるが，ごはんを食べる行為の主体そのものにはなれない．しかし，豆だけでなく一般に食べ物をつまみ上げる能力は箸本来の機能的特性に属するものだから，その行為主体となることができる．〈道具〉が主語に立つとは，このように，もはや〈道

具〉ではなく，むしろ〈行為者〉として把握されていることを意味する．

　本来道具であるものも述語動詞の表す行為の展開過程にどのように関与するかによって道は二つに分かれる．①〈道具扱い〉され道具前置詞句で実現することもできれば，②〈行為者扱い〉され道具主語として実現することもできる．

　さらに補強証拠を挙げたい．次の例でも，道具主語の指し示す実体は当該行為の展開過程に決定的に関与する本来的な機能特性を備えている，とする自然な理解が得られる．また，とくに属性や能力を強調するとき，will や can を用いてそれを明示することもできる．さきの (11b) とともに次の (12) (13) がその例である．

(12) This electric mower cuts the lawn very quickly.　　　　　　［活］
　　　 (この電動芝刈り機はとても手早く芝が刈れる)

(13) The change key will open only that specific lock, while the master key will open that lock and several others in a group.
　　　　　　　　　　　　　　　　　　　　　　　　　　　　　　　　［OSD］
　　　 (この子鍵はその特定の錠前しか開けられないが，親鍵のほうはその錠前はもちろん，同じタイプの別の錠前も開けられる)

最後に，Taylor (2002: 421) に次の例があって，その解説をみておきたい．

(14) a.　This key will open the door.
　　　 b.　The door will open with this key.

この二つの文には微妙な差があるという．(14a) はエネルギー源と被動者の相互作用を前景化し，The success of the operation is due to the properties of the key. という．つまり，うまくドアが開いたのは「この鍵の特質」のおかげだという．鍵が文字どおり成否の鍵を握っている．一方，(14b) ではむしろ，その成否は「ドアの特質 (the properties of the door)」に帰属すべき (attributable) ものという．成否の責任主体は常に主語にあるということになる．さらにまた「参与者がひとつの事象 (oneparticipant event)」だという．with 前置詞句は義務項ではないので，参与者とは見ていない．

　主語の特質こそが事態の成否を決める責任主体である，という所見は本節での道具主語論と整合的である．拙論のことばで言い替えれば，道具主語の特質は①自己推進力であるか，あるいは，②本来の機能的属性である．さらにいえば，③自然の力（natural force）がある．台風，嵐，雷雨，雷鳴など，それ自体が自然の力であり，自然の力はまた自己推進力でもある．自然の力が主語に立つことは周知の事実である．

　しかしテイラーの一部の考え方には異議を唱える余地がある．それは(14b) の道具の with 句にかかわるもので，テイラーは道具の with 句は義務項ではないので参与者でない，という論を立てている．(14b) の文は「参与者がひとつの事象」を表すと言っているからである．この発想は道を誤る．注目すべきポイントは（14b）の構文型である．これは先にみた(7c) (8a) と同じ構文型である．ここで道具句を文法的に義務項と呼ぶかどうかは別にしても，道具句を削除すると，この文は成立しない．これはすなわち，概念的には義務項であるということを意味する．間違いなく構文全体が指し示す状況の直接参与者である．以上をまとめると，道具句は〈述語 open の義務項〉ではないかもしれないが，〈この構文型の義務項〉であるといわなければならない．この区別は決定的に重要である．

## 7.4. 意図的行為のどこが偶然的か

　本章の締めくくりに，応用問題として，次の文を考えてみたい．これはおもしろい用例である．ポイントは，意図的行為のどこが偶然的か，というところにある．

(15)　A policeman accidentally killed his two best friends with a single bullet. [COB]

## 第7章 〈道具〉はいつ主語になれるか　135

　ここで問題は，accidentally と with a single bullet が共起していることである．素朴な疑問は，道具の使用者は意図的行為者であるはずなのに，その行為が偶然であるとはいったいどういう意味か，ということである．もっといえば，この文には〈意図性〉と〈偶然性〉の衝突が起こっているようにみえるのに何の支障もない，というところが不思議なのである．納得のゆく説明はどこにも見当たらない．それどころか，この種の用例が注目されたこともない．

　日本語でうまく言い表せるかどうか，やってみると，だいたい次のようになる．「警官が一発の銃弾で二人の親友を偶然にも殺してしまった」といったあたりか．読んでみると，何も自己矛盾はなく，すんなりと理解できるように思われるが，しかしこれは，しょせん，日本語であって，英語ではない．そもそも英語の意味の構造はいったいどうなっているのか，これこそが根っこの疑問である．

　私見では，次のような分析を穏当とみている．まず，kill は状態変化を引き起こす使役動詞である．その意味構造の根幹部分は，わかりやすく，cause to die で表すことができる．上位の cause は原因事象の骨格を作り，また下位の die は結果事象の骨格を作る．

　これを踏まえると，道具の with a single bullet は行為者の使役行為つまり cause を限定するのに対し，accidentally は，その結果，被動者に及んだ影響つまり die を限定するといえる．具体的にいえば，警官は意図的な道具の使用者であることは間違いないが，しかし二人の親友を死に至らしめるつもりはなかったということになる．銃の狙いが狂ったのか，銃が暴発したのか，ともかく何かのはずみで，偶然にも死なせてしまう，という予期せぬ結果を招いたのである．

　この解釈の仕方はこれまでの議論と整合的である．道具は行為者のコントロール下で動くので，使役行為の cause を限定することはできても，被動者の状態変化の過程つまり die を限定することは原理的にできないからである．

# 第8章　自動詞＋前置詞は他動詞か
―― 目標指向動詞を中心に ――

## 8.1. 問題設定

　英和辞典を引いてみると，自動詞＋前置詞の語連鎖を他動詞扱いする例が散見される．わけても look at / listen to / wait for などがすぐに思い浮かぶ．日本語ではその意味を「を見る」「を聞く」「を待つ」といったふうに，動詞の目的語を「を」格助詞で表示する傾向が強いので，それだけいっそう他動詞性を印象づける格好になる．というのも，自動詞と前置詞が融合一体化し，もはや不可分な，全体でひとつの文法的単位を形づくっているようにみえるからである．

　これに伴う実利的な側面は確かにあるのだが，それと同時に，これによってことの本質が隠れてしまうおそれもまたある．こういった前置詞付き動詞の実態を丹念に洗い直してみると，①動詞と前置詞の間には切れ目があり，②動詞はそれだけで自己充足的な動作を指し示し，③前置詞の項は動詞に対し間接的な意味関係しかもたない，といったことが明らかとなる．つまり，前置詞付き動詞は，基本はあくまでも自動詞なのであって，前置詞と一緒になって他動詞になるわけではないのである．

　この間の事情を濁りなく理解するための格好の材料として，自動詞にも

他動詞にも用いられる一群の動詞がある．この種の動詞の自他用法を比べてみると，前置詞が介在するかしないかで，解釈に無視しえない違いがあることに気づかされる．そしてその解釈の差も，個別例を超えた一般的な原理によって統率されていることがわかる．

主たる題材は，上述の look at / listen to / wait for など，何らかの意味で活動が〈目標物〉に向かって進展する内容の動詞類に求められる．ここで前置詞 at / to / for こそが〈目標〉を合図する．もちろん一口に目標といっても，その内容に違いがある．前置詞の違いは概念的区別を反映する．以下，いろいろな用例を通して以上の論点を細部まで突き詰め，その妥当性を検証したい．

## 8.2. at がかかわる自他用法

まずはじめに，snatch と snatch at の対照例を観察して，そこから何がいえるかを考えてみよう．

(1) a. John snatched the letter out of my hand.
    b. John snatched at the letter but he was not quick enough.

ひとまず直観的にいってしまえば，(1a) ではいまや手紙がジョンの手の中にある．しかし一方，(1b) では結局，手紙はジョンの手の中にはない．その証拠に，(1b) では実際，but 節の中身を言い添えてみても，矛盾は起こらない．ジョンは確かに，ひったくるという動作はやったのだが，手の動きがそれほど敏捷ではなかったので，ひったくり損ねたのである．ここで重要な区別は，〈行為の遂行〉と〈行為の成就〉である．(1a) では，ひったくりの行為が遂行されたばかりか，成就したのに対し，(1b) ではどうやら，その行為が遂行されたが，成就しなかったのである．

かくして snatch の他動詞用法は，その意味領分に，行為の〈遂行〉のみならず〈成就〉をも含む．他動詞の目的語 the letter は，その行為の影

響をじかに受けた結果，現に私の手からジョンの手に移動し，位置変化を被っている．行為がじかに及ぶ実体の位置変化（つまり持ち主の交替）こそが成就の証しである．

しかし一方，自動詞の snatch は本来，行為の〈遂行〉だけがその意味領分である．そしてその行為の向かう対象は，前置詞 at の力によって，あくまでも〈標的〉として捉えられている．結局，「ひったくり取ろうとした」だけのことだから，「ひったくりおおせた」という保証は何もない．それだからこそ，自動詞用法では，その行為が成就したかどうか，それを確定しようと思えば，特定のコンテクストや場面の助けを借りなければならない．(1b) ではまさしく but 節がその役目を果たしている．

自動詞用法では，このように，行為の遂行の局面がその本分であり，行為の成就の局面はその射程外にあるといえるのだが，snatch at の類例をさらに調べてみると，この一般化が広くあてはまることがはっきりする．

(2) a. He hit at me, but missed.
b. He grabbed at the boy, but could not save him from falling.
c. Mary waved at her father, but he didn't even see her.

(2a) で彼は私になぐりかかっただけで，その動作は私には及ばなかった．at なしで He hit me. ともいえるが，もちろん，同じ意味ではない．なぐりかかっただけでなく，実際にコブシが当たったのである．だから *He hit me, but missed. とすると矛盾文になる．

(2b) で彼は少年が倒れるところを助けようとしたが，少年の体をつかまえ損ねたのである．ここでも同じく，He grabbed the boy. とすると，but 以下は続かない．続けると矛盾文になる．

(2c) では (wave at の代わりに wave to も自然だが)，メアリーが父親を見かけて手を振ったのに，父親にはメアリーの姿が目に止まらなかったのである．

どの文でも，後半部からわかるように，努力はするにはしたが，不首尾

に終わったという成り行きである．このように，前置詞 at があると，行為の遂行は保証されるが，行為の成就は保証されないことが明らかである．

英語には動詞派生の名詞がある．たとえば hit を名詞扱いすると，make a hit at のように at が出てくる．ここでも at は，原義どおりに，標的を合図するので，行為の成就への方向性は示唆されても，成就そのものは保証されない．

(3) a. He made a hit at the man's face, but missed.
   b. One of the guards took a couple of shots at me but luckily he missed.

(3a) では「その男の顔を狙って一撃を加えようとした」だけのことだから，失敗に終わったとしてもおかしくない．(3b) では，動詞 shoot の名詞形が take a shot at の連語で用いられている．「守衛の一人が私を狙って数発撃つには撃ったが，幸いにもはずれた」というわけである．at が標的を合図こそすれ，行為の成就の局面までは保証しないことがよくわかる．

## 8.3. at と to で違った活動

広く目標を合図する前置詞の類に to がある．どこに違いがあるかをみるために，at と to の両方を許す動詞，たとえば throw の例を比べてみよう．場面の違いから意味の違いが推測される．

(4) Janet was so angry that she threw the saucepan at her husband (and only narrowly missed).
(5) a. The boys were throwing the ball to one another.
   b. We stood on the bank and threw bread to the ducks.

(4) は throw — at のフレームからなる．「ジャネットが腹を立てて，夫めがけてソースパンを投げつけた（そして危うく当たるところだった）」

という．夫は明らかに妻の怒りの標的である．妻の側に夫をこらしめようとする意図がある．ここで〈標的〉は〈攻撃目標〉である．

それに対し，(5) は throw — to のフレームからなる．(5a) では「少年たちがボールを投げ合ってキャッチボールをしていた」という．また (5b) では「土手に立ってアヒルにパンを投げてやった」という．ここで to は，ただボールやパンを〈相手がいるところ〉さらにいえば〈相手の手や口が届くところ〉に投げるだけである．at のように相手をこらしめようとする意図は少しもない．to はただ〈移動先〉あるいは〈到達目標〉を合図するだけである．

ほかにも shout at と shout to などの例がある．shout at は通例，腹を立てて大声でどなる行為を指すに対し，shout to は遠くの人に大声で呼びかける行為を指す．つまり to は，コミュニケーションの相手を合図している．そういえば，犬が見知らぬ人を見て吠えるときは，bark at という．しかし *bark to とはいわない．同じく，犬がくんくんと臭いをかぐのも，sniff at であって *sniff to ではない．見知らぬ人，見知らぬものは犬にとってその正体を知るまでは警戒すべき対象なのである．

## 8.4. for は at/to とどう違うか

さて次は，for をとる動詞である．代表的な例に search がある．これは自動詞でも他動詞でも用いられる．探すという行為には〈だれが，何を，どこで〉探すか，といった側面がとくに重要である．

手始めに，日本語で考えてみよう．だれかが何かを探している様子を見て「どうしたの？」ときくと，「鍵を探してるんだ」という答えが返ってくる．あるいはまた，鍵が見つからないと嘆いている人に向かって「車（の中）を探してみたら」と言ってやることもできる．この 2 例の対比からわかるように，日本語で「探す」という動詞は目的語に①〈探し物〉（鍵）と②〈探す場所〉（車）のいずれをも許容するという点である．

第 8 章　自動詞＋前置詞は他動詞か　　　141

しかし英語では事情が違う．次の例を比べてみよう．

(6) a.　John searched his car for his keys.
　　b.　John searched in his car for his keys.

　自他いずれの用法でも，〈探し物〉そのものは for の目的語になっている．そして他動詞用法で目的語になれるのは，(6a) でみるように，〈場所〉の項である．つまり，肝心な点は，search for his keys とはいえるが，*search his keys とはいえないことである．日本語の感覚で英語を見てしまうと過ちを犯してしまう．注意を要する点である．

　(6) の例をさらに詳しく吟味してみよう．(6a) と (6b) は最小対立例である．his car が search の目的語か in の目的語かで違うだけである．通例は，どちらの発話も同じ場面で用いることができる．しかし，だからといって，意味も同じであるというわけではない．なるほど，対応する外的現実は同じかもしれないが，その同じ現実を話し手がどのように捉えるか，つまり，話し手の意識や力点の置きどころといった点では違うのである．

　(6a) では his car が search の目的語なので，車は探す行為そのものがじかに及ぶ対象として把握されている．一般に動詞と目的語の間には直接的な意味関係がある．ここでは，探す行為が車全体に及ぶという，いってみれば〈全体接触〉の含意が出てくる．車を〈すみずみまで〉探したという意味合いである．

　それに対し，(6b) の場合はどうだろうか．車の一部分，たとえば運転席とその周辺だけを探したとしても，その状況は無理なくあてはまる．というのも，his car が今度は in の目的語になっているからである．in はそもそも場所の〈範囲〉を指定するものだから，探す行為が〈車の全体〉に及ばなくても〈車の中のどこか〉で起こりさえすれば，それで十分なのである．

　それでは，なぜ，his keys は search の目的語になることができないのだろうか．いまや答えは明らかである．探し物は，そもそも，探す行為を

通して見つけ出す対象である．はじめから手元にはないのだから，探す行為そのものがじかに影響を及ぼす対象とはなりえない．むしろ，探す行為が首尾よく成就したあかつきに入手可能となる実体である．だからこれを〈獲得目標〉と名づけるのは自然である．獲得目標を合図するのは，ほかでもなく，前置詞 for である．

このように his keys の search に対する意味関係は間接的である．それだから，*search his keys とはいえず，search for his keys というほかない．同類に look for がある．look や search は探す行為の遂行の局面だけを分担し，成就の可能性は for に託されているといえるのである．

自他動詞の差異をもっとも顕著に浮き立たせる動詞に reach がある．見込みどおり，自動詞用法は行為の遂行どまりだが，他動詞用法は行為の遂行から成就までを含み込む．

(7) a. He reached into his inside pocket for a pen (and produced it).
　　b. I can't reach that shelf unless I stand on a chair.

自動詞用法では通例 for が続き，for が同じく獲得目標を合図する．reach for は「～にさわろうとして (for)，手を伸ばす (reach)」「～を手に取ろうとして (for)，手を伸ばす (reach)」という意味である．一方，他動詞の reach は「手を伸ばして～にさわる」「手を伸ばして～を手に取る」という意味になる．

具体例で確認したい．(7a) では「ペンを取り出そうとして手を内ポケットに突っ込んだ（そしてうまく取り出した）」という．注目すべきことに，into と for には役割分担がある．into は手を伸ばして至りつく〈移動先〉——つまりここでいう〈到達目標〉——を合図しているのに対し，for はうまくゆけば手に入る〈獲得目標〉を合図している．二つの異なる目標は行為の遂行局面と成就局面に矛盾なく振り分けられている．

一方，(7b) は他動詞の例である．「椅子の上に立たなければ，その棚に

は手が届かない」というのである．ここでは「手を伸ばす」だけでなく，その結果「手が届く」という局面をも含めて考えなければ，自然な解釈は得られない．かくして，行為の遂行から成就までの全局面が他動詞用法の意味領分であることが，これではっきりと確かめられる．

　前置詞 for は獲得目標を合図するので，行為の成就局面までは保証しない．だから結果は不首尾に終わる可能性もある．次の例はさらなる確証である．

(8) a. I felt for my purse and found it gone.
　　b. He aimed for MIT but didn't make it.
　　c. Rain was wished for, but to no avail.
　　d. He shouted loudly for help, but nobody came.
　　e. I asked John for some money but he hadn't any.

(8a) では，たぶん暗闇のなかを「手探りで財布を探したが，なくなっていた」のである．(8b) では「MIT を目指したが，うまくゆかなかった」し，(8c) では「雨乞いをしたが，だめだった」といっている．(8d) では「大声を張り上げて助けを求めたが，だれも助けには来てくれなかった」のだし，(8e) では「ジョンにお金を無心したが，持っていなかった」という．後半部から明らかなように，いずれの事例でも，獲得目標は達成されなかったことになる．自動詞はどれも行為の遂行局面だけを分担し，成就の可能性は前置詞 for に委ねられている．

　以上の観察から前置詞 to/at/for の共通点を求めるとしたら，いずれの前置詞も，動詞の表す行為によってじかに影響を被る対象ではなく，むしろ行為がうまくゆけば達成できるはずの目標を合図している．そのうえで，区別すべき違いがある．切り分けていえば，to は〈到達目標（移動先）〉，at は〈攻撃目標（標的）〉，そして for は〈獲得目標（目的）〉を合図する．

## 8.5. listen to と listen for はどう違うか

以上の観察の延長線上に自然に位置づけられる複雑な事例がある．たとえば，listen には listen to と listen for で最小対立をなす用法がある．listen to とは対照的に，listen for は〈存在すらもわからない対象物〉に耳を傾けるのである．存在すらもわからないのだから，ましてや，それが聞こえたという保証もない．次の対比例を吟味してみると，その差がはっきりする．

(9) a. We listened to the band playing in the park.
b. He kept still, listening for the sound to come again.

(9a) をみると，listen to の後には -ing の現在分詞句が生じている．それに対し，(9b) では listen for の後に to 不定詞句が生じている．わかりやすく訳し分けてみると，前者では「バンドが公園で演奏しているのに耳を傾けた」というのに対し，後者では「彼はじっと動かないで，その音がまた聞こえてくるのではないかと耳を澄ました」という．公園のバンド演奏は現に存在しているのに対し，耳をそば立てている音はまだ聞こえてこない．現に発生するかどうかさえもわからない．〈実現済みの事象〉つまり〈既然の事象〉は現在分詞の効果なのに対し，〈いまだ実現していない事象〉つまり〈未然の事象〉は for と to 不定詞の相互補完的な組み合わせの効果である．鮮やかな対照をなす．

さらなる確証のために，異なる動詞の類例を挙げる．for-to 不定詞表現の指し示す事象はいまだ実現していないし，実現するかどうかも不明である，という事実に着目したい．

(10) a. I watched for the postman to bring me a letter.
b. Wait for her anger to calm down.
c. I vainly hoped for him to wait for me.

(10a) では「郵便屋さんが手紙を届けてくれるのを期待して待った」というのだが，期待どおり手紙が来たかもしれないし，また何も来なかったかもしれない．また (10b) では「彼女の怒りが収まるのを待ちなさい」という．いつかは収まるだろうが，いつ収まるか知る由もない．しかし一方，(10c) をみると，「彼が私のことを待ってくれるのを望んだが，だめだった」という．vainly ひとつで，希望がかなわなかったことが読み取れる．いずれにせよ，for と to 不定詞はいずれも「未来志向的」であって，相性がいい．それが watch/wait/hope が for-to と一体化し，〈未来に起こりうる事態の推移を期して待つ〉といった共通の概念内容を踏まえた異なる実現形態を形づくっている．

## 8.6. 自他用法の違いは他の前置詞にも当てはまる

最後に，動詞の自他用法の違いは，at/to/for 以外の前置詞についても，一般的に当てはまることを例証しておきたい．たとえば know という動詞がある．次の会話をみると，know と know of が対照的に用いられていて，その差異が際立っている．

(11) 　A: 　Do you know Prof. Noam Chomsky?
　　　　B: 　No. I know of him, but I've never met him.

日本語でも最小対立の形で訳し分けてみると，さしずめ，「を知っている」か「のことを知っている」かになる．A が「ノアム・チョムスキー教授をご存じですか」とたずねたのに対し B は「いいえ，存じません．教授のことは聞いた（り読んだりした）ことはありますが，お会いしたことはありません」と応じている．実際の発話では B の of のところに対照的強勢が落ちるので，know と know of との対照性は音声的にも際立っている．

B の発話の後半からもわかるように，know は結局，本人と実際に会っ

たり話をしたりなどして「面識がある」という意味なのに対し，know of は当人について読んだり聞いたりなどして「情報をもっている」という意味である．つまり，〈面識〉とは直接的な知覚経験なのに対し，〈情報〉とは間接的な概念的知識である．

　前置詞 of がなければ，know は他動詞だから，目的語と直接的な意味関係を結び，人が目的語の場合には，〈面識〉という意味を表すのである．一方，前置詞 of があれば，know は自動詞なので，of の目的語に対しては間接的な意味関係しか結びえず，〈情報〉の意味を表すのである．

　knock と knock on にも同じように違いがある．

(12)　a.　John knocked the door down.
　　　b.　John knocked on the door (but there was no answer).

　(12a)でジョンは「ドアを殴り倒した」のに対し，(12b)では「ドアをノックした（が返事がなかった）」といっている．(12a)ではジョンの殴打する行為がじかにドア全体に及んでいる．その証拠に，ドアは倒れるという結果的状態を被っている．ドアはいわば被害者である．

　しかし(12b)では，ドアは少しも被害者ではない．ドアはノックされた後も，もとの状態のままである．むしろ，前置詞 on が合図しているように，ドアは場所扱いである．ジョンのノックする手が表面接触する場所であるにすぎない．それも通例，ドアの一箇所で表面接触が起こるだけである．

　これは(12a)と著しく対照的である．(12a)ではドアが殴打の直接対象であればこそ，全体にわたって影響を被るという意味合いが出てくるのである．他動詞の場合には，その主語の項と目的語の項との間に何らかの意味で全体接触が起こるのだといえる．これが直接的な意味関係である．

# 第9章　空間前置詞の時間用法

## 9.1.　at / on / in は時間をどのように切り分けるか

　英語話者はいったい時間用法の前置詞，とくに at と on と in をどのように使い分けているのだろうか．

　なんとなく〈物理的な時間の長さ〉が使い分けの基準になっているのではないかと感じられることがある．たとえば，次の三つは典型的な用例だが，これを見比べてみると，その実感はあながち間違いではないように思われる．

(1)　He got up <u>at 7 o'clock</u>.
(2)　He was born <u>on April 1st</u>.
(3)　He first visited U.S.A. <u>in 1968</u>.

　確かに時刻（時・分・秒）は日よりも短いし，また日は年よりも短い．いちばん長い単位は in で，次に長いのは on で，最後にいちばん短いのは at である．なるほど，時間の単位としては，year ＞ day ＞ hour の順に短くなっている．われわれは確かに，1 年は 365 日（あるいは 366 日）からなり，1 日は 24 時間からなる，という．in と on と at の使い分けは

年と日と時刻の長短の差に対応している.

しかし,時間表現はこれだけではない.気づいてみると,同じ at を用いても,たとえば at noon と at night では,物理的な時間量に大きな差がある.少なくとも,noon は〈瞬間〉を指すのに対し,night は〈幅のある時間〉を指すと直感される.

さらに困ったことに,たとえば night は,次の例のように,どの前置詞とも自然に結びつく.

(4) a. These animals only come out at night.
　　b. The owl sees best at night.
(5)　 The fire started on Saturday night.
(6) a. She was ill in the night.
　　b. His father had died in the night.　　　　[COB]
　　　((その日の前の)夜のうちに亡くなっていた)

ここまでくると,物理的な時間の長さという基準ではどうにもならない.同じ night にしても,at と on と in のいずれとも結びつく.そして注目すべきことに,連語の仕方に違いがある.たとえば冠詞が付くか付かないかなど.こうした連語の違いは英語話者が night をどう把握し概念化しているか,その違いを反映しているように思われる.その概念的区別こそが前置詞を使い分ける判断基準になっていると推測される.何よりもまず,用例を子細に吟味することから始めよう.

(4a) は「これらの動物は夜にしか姿を見せない」という.この文は動物の習性を述べている.(4b) も同じで,「フクロウは目が夜にいちばんよく見える」という.at night はこの種の総称文と相性がいい.「夜になると」「夜が来れば」という意味合いである.だから,ここでの夜は特定個別の夜を指しているわけではない.どの日の夜であってもよいのである.

このことは at night の night が無冠詞であることからわかる.普通の状況では,*at a night とも *at the night とも *at nights ともいわない.

night が at と結びつくとき at night しかない．

　これ自体，特定の日の夜を指してはいない．むしろ「夜というもの」つまり夜という類を指している．別のことばでいえば，これは総称的 (generic) 概念であって，特定的 (specific) 概念ではない．

　とはいえ，夜という自然現象は〈観察可能〉なものである．日々繰り返し夜が訪れてくるので，特定個別の夜の経験を通して，夜とはどういうものか，われわれは夜という範疇的概念を身につけている．

　(5) は「土曜日の夜に火事があった」といっている．カレンダーの曜日を用いて火事の起こった時点を指定している．

　「その火事はいつあったの？」と聞かれて答えている場面が想定される．ここで「土曜日」とは「先週の土曜日」のことである．英語の慣習では，一週は日曜日に始まり土曜日で終わる．週明けにでも，火事のことが話題になったのだろう．先週のことだったので，曜日だけで答えたのである．

　先週のことなら，何月何日で答えるよりはむしろ，何曜日で答えるほうがわかりやすい．なぜそういえるのだろうか．曜日を使うとき話し手は，自らの発話時を基準としている．発話時現在からみて比較的近い過去か未来の日を指定する．これは相対的基準である．しかし一方，月日を用いるとき話し手は，普遍的なカレンダー時間を用いる．これは絶対的基準である．

　話を本筋に戻すと，曜日は発話時現在が基準だから，出来事が起こったのが今週であれば曜日で指定するのがわかりやすい．さらにまた，過去であれ未来であれ，発話時現在から見た一週間という期間内であれば，曜日で指定することができる．いずれにせよ，聞き手にとっても，発話時現在が基準だから，過去にさかのぼるにせよ，未来に向かうにせよ，その時点を確認しやすいのだといえる．

　最後に，(6a) の状況は「彼女が，夜通し，病気だった」といっているわけではない．彼女の病気は夜の時間帯の一部分にあてはまるだけである．事象時点が大きな時間枠内のどこに位置づけられるか，その特定時点は指定されていない．かくして in the night の the night は部分部分に区

別可能な広がりのある時間として概念化されている．

(1) から (3) についても同じようにみてゆくことができるが，ここまでのところでまとめてみると次のようになる．

(7) at は独立して観察可能な時計時間，自然現象や，確定済みの行事予定時間 (7 o'clock, lunchtime, night, noon, sunrise) を用いて問題の事象時点を指定する．

(8) on は，あらかじめ決まった期間が同一の構成単位の連続体である場合，その構成単位の何番目かを特定することで問題の事象時点を指定する (April 1st, Saturday night, the opening night, the third week)．つまり事象時点は一定の期間内の特定の一点として捉えられる．

(9) in はただ，より大きな時間枠 (1968, the night) を用意するだけで，事象時点はその時間枠内に位置づけられる．

以下ではこの概要の妥当性を確かめ，もっと理解を深めるために，さらなる用例観察によって細部を詰めてゆくことにしたい．

## 9.2. at は観察可能な確定した時点をコード化する

at はいってみれば at the same time as である．as のあとには基準となる時間や事象がくる．この事象や時間で主節の事象時点を同定するのだから，そこに同時性が含意される．

at が同時性を含意する証拠として，たとえば次のことが考えられる．二つの出来事が on Sunday に起こったとか in September に起こったといえば，同時に起こったという含意はない．が一方，二つの出来事が at ten o'clock や at midnight に起こったといえば，多少とも同時に起こったという含意がある．このように at は，on や in とは違って，広がりのないひとまとまりの時点として概念化されているので，同時性の意味合い

第 9 章　空間前置詞の時間用法　　　　　　　　　　151

が出てくるのである．

　どの英英辞書にも，だいたい，at は an exact or a particular time を指すとある．この定義にかなう最適の場合が〈時計時間つまり時刻〉である．時刻は定義上，特定の精密な時点を指し示すので，これ以上 at にふさわしい事例はない．(10) では，時計の針が 2 時 30 分を指す時点を会合の開催時点として指定している．時計時間はだれにも等しく観察可能な安定した判別基準となる．

(10)　The meeting is at 2:30 this afternoon.

とはいえ，時計時間は文化的産物である．かつて時計のなかった時代があったし，いまも時計を用いない文化もある．さらにまた，時計文化の中に生きていても，常に時計時間を用いるとはかぎらない．時計時間に頼らないとき，われわれはいったい何を拠りどころとして時の流れを推測するのだろうか．

　われわれは自然とともに生き，太陽の恵みのもとにある．人の一日の営みは〈日の出〉に始まり〈日の入り〉で終わる．こうした〈自然現象〉はじかに観察可能なものだし，自然の営みのなかで繰り返し規則的に起こるものだから，時間の流れを推し量る信頼しうる基準となる．こうした自然現象もまた at にふさわしい．

　(11) では，おんどりの鳴いた時点を指定するために日の出の時点を用いている．(12) でも同じく，閉園時間を指定するのに日没の時点を用いている．

(11)　The rooster crowed at sunrise.
(12)　This park closes at sunset.

ほかにもある．noon や midday は真昼を指す．日がいちばん高く昇った時点だから，これも観察可能な特定の時点である．at noon / at midday となるゆえんである．夜明けもまた at dawn である．

考えてみると，日の出，日の入り，夜明けなど，どれもみな，実際には，その様相が時々刻々変化し，かつ境界がそれほど明確ではない時間帯である．つまり，こうした自然現象は瞬間的ではなく，推移的であり連続的である．

　それにもかかわらず，その表現が at と結びつくのは，人がそこに特有な均質性を見ているからである．であればこそ，概念的には輪郭の明確な理念的モデルを心に描いているのだと想定できる．

　ほかにもまた，日常生活のなかに時間を推し量る基準がある．われわれは起きている時間帯にいろいろなことをする．そのなかには〈習慣的な基本日課〉がある．その最たるものが食事である．食事は規則的に繰り返される観察可能な人間活動である．それゆえ，(13) のように，食事の時間は at の要件にかなう．

(13)　I'm free at lunchtime—shall we meet then?
　　　（昼食時はあいてるよ．そのとき会おうか）

　また (14) のように，確定した出来事（予定）もまた，その役割を十分に果たすことができる．「明日の会議」が何時にあるかは了解済みである．「明日の会議」はその開催時間の代役を務めている．

(14)　Who will be in the chair at tomorrow's meeting?
　　　（明日の会議は誰が司会をするのですか）

　まとめると，at と相性がよいのは，規則的に繰り返される自然現象（日の出，真昼，夜），基本日課（食事の時間など），それに時計時間（時刻），確定した行事予定など．共通しているのは〈独立して観察可能な確定した時間〉を指し示すことである．

## 9.3. at と in の使い分け

われわれは時間の中に生きている．人間の視点からいえば，われわれは未来に向かって前進している．つまり，未来はわれわれの顔の側にある一方，過去は背中の側にある．そうすると，時間は未来から現在を通り過ぎて過去に向かって動いている．通り過ぎていった過去は人の背中の側にあって背中の後方にのびている．それに対し，われわれが向かってゆく未来は顔の側にあって顔の前方にのびている．これがわれわれの素朴な時間観である．

ためしに past と present と future という語はどのように前置詞と接点を結ぶだろうか．まず，次の例を見てみよう．

(15) I'm busy {at the moment/at present}.

moment はそれ自体「瞬間」の意味なので at がふさわしい．しかし，それだけでは「現在」を意味しない．at the moment が現在時制とともに生じたときはじめて現在時を指し示すことができる．一方，at the present moment や at this moment とすれば「今」「現在」の意味になる．

一方，present はそれ自体が「現在」の意味である．現在は話し手がいま現に発話している時点によって同定される明確な時点なので at present となる．at night と同じように冠詞はつかない．

対照的に，past と future は present を基準として相対的に捉えるほかない．past は present よりも前に通り過ぎていった時間である．一方，future は present よりも後にやってくる時間である．past も future も幅のある時間である．in the past や in the future とは言っても，*at past や *at future とは決して言わない．

ところが，present だけは at present のほかに in the present という言い方もある．現在といえば〈瞬時的な現在〉だけでなく〈幅のある現在〉としても把握可能だからである．実際，次の例でみるように，幅のある過

去の時間と対比されている．幅のある現在の時間を指すものと解される．

(16) a　The past lives in the present.
　　　　（過去は現在の中に生きている）　　　　　　　　　　［活］
　　 b　Forget about the past and live in the present.
　　　　（過去のことは忘れて今を生きなさい）　　　　　　　［活］

出来事は，瞬間的でないかぎり，〈始めと中間と終わり〉がある．始めと終わりは文字どおり瞬間的なので，点として理解され，at the beginning や at the end となる．それに対し，中間は始めと終わりをつなぐ幅のある時間帯と解されるので，in the middle となる．ここでもまた，明確な概念的区別が at と in の使い分けに反映されている．

(17) a.　Frank joined the navy at the beginning of the war.
　　 b.　We pay our rent at the beginning of the month.　　［ACT］
(18) a.　At the end of the movie, Liz began to cry despite herself.
　　 b.　At the end of the story, the villain is caught and punished.
　　　　　　　　　　　　　　　　　　　　　　　　　　　　［LAAD］
(19) a.　She burst out laughing in the middle of our discussion.
　　　　（彼女は話し合っている最中に急に笑い出した）　　　［活］
　　 b.　She woke me up in the middle of the night.
　　　　（真夜中に私を起こした）　　　　　　　　　　　　　［活］

ついでに次の例は空間用法で，やはり in the middle of the highway である．ただし，the highway は単独では on the highway となることに注意したい．

(20)　The engine died on me in the middle of the highway.
　　　（幹線道路の真ん中でエンジンが止まってひどい目にあった）　［活］

ちなみに，on は「被害」の on といわれるもの．エンジンが止まってわ

たしが被害を被ったという〈被害者意識〉を含意する．日本語で「エンジンに止まられた」といった迷惑受身がこれにあたる．

## 9.4. at night というのに，なぜ *at day とはいわないか

　day と night は一見，対称的なことばのようにみえるが，実際の用法を比べてみると，むしろ非対称的なところが目立つ．まず第一に，at night というのに，*at day とはいわない．これはなぜか．そのかわり，day は in the day や during the day という．ひるがえって night は，すでに (6) でみたように，in the night ともいう．この day と night の用法上の落差はいったい何に起因するのだろうか．

　英語話者は，まず第一に，day と night を同じ尺度で把握しているのではないようにみえる．英英辞典を調べてみると，day は何よりもまず〈起きている時間帯〉を指す．その間，いろいろなことが起こる．実際，この時間帯は多くの部分部分に分割可能なものとみられている．そもそも日課やスケジュールはこの昼間に起こる活動の手順を整えたものである．

　さらに day は morning, afternoon, evening という三つの部分からなる．それも〈連続した三つの部分〉である．しかも各部分は異質の時間帯と考えられている．その証拠に，各部分は別個の名前をもち，異なる概念が張りついている．しかも朝昼晩は，どの部分部分でもいろいろなことが起こりうるので，day とともにダイナミックな時間である．in the day や in the morning とはいっても，*at day や *at morning とはいわないゆえんである．

　day に対し night は，何よりもまず，〈眠るための時間〉として把握されている．眠っているとき，時の流れは止まる．ほかには何も起こらない．静止した均質的な時間があるだけである．その証拠に night は，day とは違って，分割可能な部分部分をもたない．静止した均質的な時間とみられていればこそ，at night がふさわしいゆえんである．

しかし，すでに (6) でみたように，night はときに in the night ともいえる．これは present の基本用法が at present なのに，in the present ともいえるのと同じ事情である．だから in the night といえば，夜の時間帯が幅のある分割可能な時間で，いろいろなことが起こりうるものとみられている．つまりこれは night の二次的用法である．

次の文はわれわれの日常生活の一面をよく反映した用例である．day (daytime) と night の使い方が普段の生活断面を反映していることに注目したい．

(21) Bats are active at night and sleep during the day.
(22) Most people work during the day and sleep at night.
(23) Biological clocks encourage most people to be awake in the daytime and to sleep at night.　　　　　　　　　　　　　[OSD]

まず (22) と (23) を見ると，その前半部からは，昼間に人が起きて動いたり働いたりすることは連続して起こる一連の活動の中のひとつである，という含みが伝わる．が一方，後半部からは，睡眠は夜にふさわしい典型的な活動である，という意味合いが伝わる．at night の night を，異質な部分部分に分けられない均質的な時間と見ていればこそ，この意味合いが出てくる．しかし一方，(21) を見ると，コウモリである．コウモリは人とは正反対である．夜こそが飛び回って捕食活動をする典型的な時間帯なので，at night がふさわしいゆえんである．

at night に対し，*at day とはいえない．day は night のような均質的な時間帯ではなく，種々雑多な局面が次々と展開する時間帯として把握されている．この把握の仕方は根源的なものなので，*at day という連語を生みだす概念的基盤がそもそも存在しないのだと推論される．

*at day とはいわないが，in the day をはじめ，in the daytime や during the day とはいう．われわれは昼間いろいろな活動をする．いわゆる日課が次々と展開する．部分部分をその連続相においてみるとき，in the day よりもむしろ during the day のほうがふさわしいとされる．COB には，during を用いると，事態が連続して起こったり繰り返し起こったりする事実を強調するとある．

これは何も day に限らず，night にもあてはまる．状況次第で，in the night も during the night も最も自然な言い回しとなる．次は格好の例である．(24)では「夜中に三度も目が覚めた」のだし，また(25)では「その都市には夜間に何百もの爆弾が投下された」のである．確かに，同じ事態の繰り返し，同じ事態の連続性が強調されている．

(24) I awoke three times in the night. ［活］
(25) Hundreds of bombs were dropped on the city during the night.
［活］

ここで改めて原点に立ち戻り，COB の day を調べてみることにしよう．調べてみると，大きく二つの用法がある．まず，次の(26)は〈1 日 24 時間〉の day の意味である．

(26) A day is one of the seven twenty-four hour periods of time in a week.

そして一方，次の(27)はすでにみた night と対比される day の用法である．この用法で day と night は〈明るい時間帯〉と〈暗い時間帯〉で対比される意味合いである．

(27) Day is the time when it is light, or the time when you are up and doing things.

(27)をみると，明るい時間帯とは〈日の出から日没までの時間〉のことで，〈起きて何かをしている時間帯〉である．

COB で night の説明も見ておきたい．

(28) The night is the part of each day when the sun has set and it is dark outside, especially the time when people are sleeping.

(29) The night is the period of time between the end of the afternoon and the time that you go to bed, especially the time when you relax before going to bed.

(28) によると，night は〈日が沈み，外は暗く，とくに寝ている時間帯〉である．一方，(29) によると night は〈午後の終わりから寝床につくまでのゆったりした時間帯〉である．この時間は暗い時間帯である．それだから，この意味で evening の代わりに night を用いることもある．次の例はいずれもこの用法である．

(30) The plane leaves at 7:30 {in the evening / at night}.

(31) It was six o'clock in the evening. I was still in my pajamas. [IDM]

(32) This took place at eleven o'clock at night on our second day of travel. [COB]

## 9.5. 1日24時間の day の用法

さて，ここでの主題は 24 時間の day の用法である．昼間の day は感覚運動経験に基づく自然な時間概念である．対照的に，24 時間の day は科学文明の生みだした時間概念である．

日常生活の時間の流れは，何よりも，この 24 時間の day を基本単位としている．day の繰り返し，day の積み重ねとして出来事の時間は把握されている．逆にいえば，day は日常の時間の流れに規則的な区切りをつける最も基本的な循環的単位である．

その証拠に，week / month / year など，より大きな時間的単位は，day を基本の構成要素として成り立っている．「1週間は7日からなる」とい

うから，週の構成単位は明らかに日である．

では月はどうか．「月は4週からなる」といえるだろうか．残念ながらそうはいえない．正確に4週という月はまれにしか起こらない．普通はどの月も5週か6週からなる．しかも第1週か最終週（第5週か第6週）が不完全である．やはり月の構成単位は日である．何よりも月によって日数が違う．日数によってしか月の長さの違いを捉えることはできない．

最後に，年はどうか．「1年は12カ月からなる」というか，「1年は365日（ただし閏年は366日）からなる」ともいう．年の長さの違いはやはり日数の違いでしか捉えられない．

かくして，week も month も year も，その構成単位は day であるといえる．しかし1年以上の時間になると，day ではもはや実用にかなわない．煩わしいばかりか，役に立たない．たとえば，人の生涯は年数で数える．正確な日数までも数える意味も必要もない．そして最後に，何百年といったより長い時間になると，century という時間単位を用いる．century は100年からなる期間を指す．year こそが century の構成単位である．

特定の日を指定したいとき，われわれは何を用いるかといえば，〈カレンダー時間〉を用いる．週のシステムを用いて何曜日ということもできれば，月のシステムを下敷きにして何月何日ということもできる．

一年のカレンダーを見てみよう．週と月の接点において一日一日が別個の名前を付与されている．11月3日（土）といった具合だ．そしてこの日は日本語文化圏では特別な日で「文化の日」とも別称される．カレンダー・システムによる日付のことをここでは〈カレンダー時間〉と呼ぶ．

このカレンダー時間にこそ，on がふさわしい．なぜ，on がふさわしいのか，その理由は判明していない．であればこそ，その理由を究明したい．確実なことを出発点として一歩一歩，推論を積み重ねてゆくほかない．

何が最も確実な出発点となるか．ほかでもなく，on の空間用法である．そして，その空間用法の自然な延長線上に on の時間用法がある，と仮定したい．さらにいえば，空間用法と時間用法が相関関係にあれば，そこに

は相同性があるといえるので，経験的には最も穏当な仮説であるということになる．空間用法の on は次の 2 例で最も明確に示すことができる．

(33)　Cars piled up on the highway.
(34)　He was lying on the floor.

(33) の on は一次元空間を合図している．車が高速道路上に折り重なっている様子を記述している．高速道路は細長いモノなので〈線〉と見立てられている．ここで重要なことは，高速道路上のどの特定の位置で事故が起こったか，それは無指定である．比喩的には〈線上での接触点〉という視覚的輪郭が浮かび上がる．(34) についても同じである．(34) の事例では床が二次元空間を合図する．平面のイメージが働く．床に横たわった人は，床のどの位置かはわからない．やはり無指定である．この事例では〈平面上での接触点〉という視覚的輪郭が描ける．

以上みてきたように，もとより空間用法の on は〈線上あるいは面上の一点〉を合図する．それが時間用法になると，〈線上の一点〉だけに限定される．それは取りも直さず，時間は線として把握されるからである．「時は流れる」というし，Time flies like an arrow. という．時は未来から過去に向かって動いてゆくというか，人は過去から未来に向かって歩いていくというか，いずれにせよ，過去――現在――未来が一線上に位置づけられた時間軸が想定されている．かくして時間は線として理念化される言語的証拠は多いが，面として理念化される言語的証拠は見つからない．

カレンダー時間の最小単位は day である．week / month / year はカレンダー時間であり，day を循環的な構成単位とする．一方，day の構成単位は何か．もちろん day は 24 時間からなるので，時計時間の hour (minute, second) が day の構成単位ある．

以上をまとめると，われわれは (35a) のような精密な時間系列と時間単位を想定し，(35b) のように，前置詞の使い分けをしていることになる．

(35) a. century＞year＞month＞week＞day＞hour＞minute＞second
    b.  in      in    in     in    on   at      at      at

## 9.6. 循環的単位 day の用例分析

　まずはじめに on Saturday, on Sunday morning など，on が曜日とつながるとき．もうひとつは on May 1, on the morning of May 1 など月日が来るとき．ここには特定の週か特定の月が背景にあって，その期間の特定の日が指定されている．だから on Saturday といえば七曜日からなる週の最終日（七日目）が指定されている．また on May 1 といえば，五月が 31 日からなる期間なので，その期間の第一日目を指定している．

　おもしろいことに，朝昼晩など，day の明確な部分を指すことばもまた on の候補になる．たとえば on Saturday morning という．day が繰り返されれば，day の適正部分（朝昼晩など）もまた必ず繰り返し起こる．

　しかしカレンダー時間がいつでも明確なわけではない．とはいえ，場面的には，day の連続体が前提とされていることは確かである．

　たとえば次の例をみると day はカレンダー時間ではない．特定の曜日でもなければ特定の月日でもない．しかし確かに on を用いる理由がある．

(36) On the last day of the tornament I fell sick.
(37) We spent two days in the mountains—on one day we went hiking and on the other we went fishing.
(38) There were long lines outside the theater on the opening night.

　まず (36) がある．どのスポーツでもトーナメントは一定の期間に及ぶ．そしてその期間は日の連続体からなる．トーナメントの期間中のどの特定日にわたしが病気になったかというと，最終日のことだ，といっている．つまり，トーナメントの日程が背景的前提としてある．そしてその日程の中から特定の日が指定されているのである．

(37) では，2日間にわたる山登りの日程が背景にある．one と the other は二者択一の取り立てだから十分に限定的である．これも限定された期間を背景に特定の日が指定されている．

一見おかしなことに，*on the day とはいえない．その理由は何か．定冠詞 the に問題がある．定冠詞 the だけでは，聞き手にも了解済みの情報しか含まない．これでは，可能な選択肢の中から「どれ (which)」を指定したか，その意味合いが何も出てこないからである．

その証拠に，on that day, on the same day, on the second day などとすればよくなる．こうすると，日を単位とする一定の期間の中から特定の日を指定したという意味合いが出てくる．それ以外の日と暗に対比されていると感じられる．

同じく，in the morning とはいうが，*on the morning とはいわない．しかし on Sunday morning ならよい．そしてまた，*on the night はよくないが，(38) の on the opening night なら十分に選別的である．「開演初日の夜」は〈一定の興行日程〉を前提とし，その日程から選びとられたものだからである．

以下も類例である．多様な実例を列挙したが，どの例にも①想定される一定の期間があり，②その期間の構成単位は day あるいはその適正部分の朝，昼，夕，晩である．③その期間内から特定の日 (の適正部分) が指定されている．

(39) On New Year's Day in 1974, I started keeping a journal.

(40) On the night of the Fourth of July, I was driving home when another car ran a red light. [OSD]

(41) The box was delivered on the afternoon before my departure. [OSD]

(42) On the evening after the party, Dick went to see Roy. [COB]

(43) As usual, a number of visiting choirs will perform at church

services on Sunday—the final day of the festival. [OSD]
(44) On the final day in hospital, before they departed for home, a lone old woman arrived with a farewell gift of a bunch of bluebells. [OSD]

しかし一方，特定の日とはいえない事例がある．そのとき背景的な期間が必ずしも明確に限定できない場合である．次のように，この種の用例が数多く観察される．

(45) On a clear day you can see the mountains from here.
(46) The course ended on a windy Friday night when some adventurous sailors ventured out for a 'plane' across the bay. [OSD]

(45) の場面では，ただ「晴れた日」だけが選別されている．暗に曇り日や雨の日が対比され，除外されている．ここで晴れた日というのは〈特定個別の日〉ではなく，〈特定種類の日〉である．晴れた日なら，どの晴れた日でもよい．つまり〈任意の晴れた日〉を指している．

それでは，ここで前提とされる背景は何か，と問わなければならない．確かに，ここには明確な限定的期間がない．あるのはただ，〈日常生活は日の連続体からなる〉というわれわれの最も一般的な認識だけである．期間が限定されていないわけだから，日を指定するといっても，特定個別の日を指定することはできず，ただ特定の種類の日を指定することができるだけである．

あらためて (45) の中身を吟味してみると，これは一般的陳述である．ここに当てはまるのは特定個別の状況ではなく，一般的状況である．一般的状況であれば，そのかぎりで特定の日の連続体としての期間が限定されていなくてもよいという理屈になる．もうひとつの例も同じである．

繰り返される循環的単位は day だけかと思ったら，おもしろいことに，week もまた繰り返される単位になることがある．たとえば給料は毎月第

3週に支払われる，というような場合である．次の2例を比べてみよう．

(47) We always get our salary <u>on the 10th day of the month</u>.

(48) Your salary will be paid <u>on the third week of each calendar month</u>.

(47) では毎月の10日が給料日であるのに対し，(48) では各月の第3週が給料日である．いずれの場合も特定の日あるいは特定の週を指定している．背景となる期間はそれぞれの月である．とくに (48) では週を構成単位とみている．月はたいてい4週か5週から成るが，まれに6週から成ることもある．いずれであれ，特定の月が決まれば，その月の第3週も自動的に決まる．

## 9.7. on Christmas と at Christmas

前置詞 at/on/in の時間用法は一筋縄ではゆかない．以上はほんの表面をかすめた程度で，裾野は広い．もっと明確な輪郭を描くには，なお何倍もの時間がかかる．次に数例，紛らわしい用例を見つけたので，吟味しておきたい．

(49) An early service was held at the church <u>on Christmas</u>.

(50) Do you send cards <u>at Christmas</u>?

(51) Everyone spends more <u>at Christmas</u>—it's an important time for business. [ACT]

(52) We get five days off <u>at Christmas</u>. [活]
    （クリスマスには5日間休みがある）

(53) A lot of people get lonely <u>at Christmas</u>. [LAAD]

Christmas という語は on と at のいずれとも結びつく．そして当然なことに，その用法には違いがある．まず，(49) の Christmas は Christ-

第 9 章　空間前置詞の時間用法　　　　　　　　　165

mas Day のことである．通例は on Christmas よりはむしろ on Christmas Day という．on と結びついて 12 月 25 日すなわちキリスト生誕の日を指す．

　が一方，at Christmas は明らかにクリスマスの日ではない．(50) では「いつもクリスマスにはカードを出しますか」というのだから，クリスマスの日にカードを出していては間に合わない．実際，何週間も前からカードを出す習慣がある．

　そういうわけだから，at Christmas といえば，at Christmas time のことで，さしずめクリスマス・シーズンのことである．クリスマスの時節（時季）を指している．「クリスマス商戦（the Christmas shopping season）が始まった」などというのを聞くが，それはだいたい 11 月末である．そのころになれば，at Christmas といってよいようである．だから，クリストマスのカードを書き送るのは，クリスマスツリーの飾り立てをしたり，ミサに参列したりするのと同じくらい立派なクリスマス行事である．そしてこれは観察可能な現象でもある．at sunrise などと同じように，at の要件を満たしている．

　本章を締めくくるにあたり，ひとこと書き記しておきたいことがある．本論考執筆に駆り立てた論文に Anna Wierzbicka (1993) の "Why do we say IN April, ON Thursday, AT 10 o'clock? In Search of an Explanation" がある．斬新な着想と鋭敏な問題意識など多くの点で刺激を受けたが，内容はもちろん別で，本章はわたし流儀の論理展開と実証的用例から成り立っている．

# 第10章　乗り物をめぐる見立ての論理

## 10.1.　なぜ in a car なのに on a bus なのか

　これは基本の積み木を組み合わせないと解けない応用問題である．問題を絞り込んで端的にいえばこうなる．
　「車に乗る」のはふつう get in a car というのに，「バスに乗る」のはなぜ get on a bus というのだろうか．
　素朴な直観では，自動車一般と同じく，バスもまた，乗る人をその内部に含み込む位置空間にちがいないのだから，get on a bus よりはむしろ get in a bus を期待するのが自然な道理である．
　しかし実際，そうはなっていないのだから，その根底には何か特別な論理が働いているとみるほかない．
　この見通しのもとにデータを漁ってみると，実際，ほかにも on を選り好みする乗り物がいくつもあって，これがバスだけの例外現象でないことが明らかになる．
　まず，次の対比例に注目したい．

　　(1)　I rode home in a taxi last night.

## 第10章　乗り物をめぐる見立ての論理

(2)　I love traveling <u>on buses</u>.
(3)　We rowed across the lake <u>in a boat</u>.
(4)　We went to France <u>on the ferry</u>.

　同じ自動車の類でも，タクシーは in なのに，バスはなぜ on になるのか．また同じ船の類でも，漕ぎボートは in なのに，フェリー・ボートなら on になるのはなぜか．
　まだほかにも on を選択する乗り物がある．

(5)　She will be arriving <u>on the five-thirty train</u>.
(6)　I got <u>on the subway</u> at 42nd Street.
(7)　You can go to Paris <u>on the morning shuttle</u>.
(8)　We can't afford to travel first class <u>on the plane</u>.

　列車，地下鉄，飛行機などはみな on である．このように並べてみると，そこに何か共通性があるのではないか．なお，shuttle（シャトル）とは通例，短距離の定期往復便のことで，飛行機かバスか列車のいずれかである．その選択は場面的知識によって決まる．
　これらの乗り物はみな，何よりもまず，公共の交通機関である．言われてみればそのとおりだが，それでよいだろうか．
　すぐに反例とおぼしき乗り物が思い浮かぶ．それはタクシーである．タクシーは確かに公共の交通機関ではあるが，すでに (1) の用例が端的に示すように，タクシーの慣用法は in a taxi であって，*on a taxi ではない．
　ただ公共の交通機関というだけでは，明らかに，タクシーが反例になる．タクシーだけは何か有意味な違いがあるのだろうか．それだけでなく，ほかの乗り物についても，なぜ on なのか，真に説明がつかない．
　肝心なのは，この公共の交通機関という捉え方で on の選択を真に説明できるかどうかである．仮にこの着想がまちがいでないとしても，その論理は決して自明ではない．公共の交通機関から on の選択に至る道筋はど

うなっているか，その自然な論理のつながりを解き明かさないかぎり，ただの思いつきにとどまり，真の説明にはならない．

## 10.2. 英語母語話者の言語学者はどう見ているか

　Herskovits (1986: 88) によれば，母語話者の直観では，(9) の on の用法は「通常 (regular)」だが，(10) は「慣用的 (idiomatic)」である．(9) も (10) も生産的なパターンだが，(10) のほうが選択制限が厳しい．「大きな」乗り物 ("large" vehicles) に限るという．

　(9)　the book on the table
　(10)　the man on the bus

どちらも〈支え (support)〉と〈隣接性 (contiguity)〉を含意する．とくに (10) のほうは「バスの床との接触 (contiguity with the floor of the bus)」ということと，もうひとつ「バスで旅行中 (traveling on the bus)」という含意を伴うという．
　というのも，次の文は大方の話者には奇妙であるという．

　(11)　*?The family is living <u>on a converted bus</u>.

その奇妙さの理由は何か，残念ながら，その具体的な記述はまったく見当たらない．その論旨をわたしなりに推論すると，こうなる．① on a converted bus といえば「<u>改装バスに乗って</u>目的地に移動する」という状況が想定されるのに，実際にはどうやら「<u>改装バスで生活している</u>」という状況が意図されている．これでは on a bus の使用条件が満たされない．②それなら，どうすれば自然な発話になるか．もちろん，in a converted bus にしなければならない．

　(12)　The family is living <u>in a converted bus</u>.

こうすれば，改装バスはもはや路線バスのような乗り物という次元では把握されず，いまや「容器」の次元で（ここでは住居として）把握されている．on the bus か in the bus か——その差は英語文化的背景に裏打ちされている．

類例を見つけたが，次の例でもトレーラーは乗り物としての役割よりはむしろ，建物つまり住居としての役割が前景化されている．つまり trailer は house trailer のことである．trailer house, mobile home ともいわれる．

(13)　They lived in a one-room trailer with no running water.
　　　（彼らは水道のないワン・ルームトレーラーに住んでいる）

もうひとつ，言語学者の言い分を聞きたい．on the bus について Evans (2010: 241) は次のように述べている．Herskovits (1988) が指摘しているように，たとえば，すでに廃棄された動かないバスに乗って子供たちが遊んでいた (playing on a stationary bus, for instance, that had been abandoned) としたら，たぶんに on the bus というのは適切ではなく，むしろ in the bus のほうが自然である．

この指摘自体は間違いでないとしても，これでおしまいにするのではわれわれの目標には届かない．われわれの中心的関心は，その先にあって，その分類の妥当性をどう説明するかである．輸送手段なら，なぜ on でコード化されるのか，その自然な説明こそが知りたい．さらに具体的にいえば，子供がバスで遊んでいるときは in the bus のほうが自然であるという事実観察と照らし合わせて，on the bus と in the bus の対照的用法の根っこがどこにあるかを知りたいのである．

そして最後に，Lee (2001) も見落とせない．Lee (2001: 25-26) によると，列車，バス，飛行機，船 (boats) は〈容器 (containers)〉としても〈モノを支える表面 (supporting surfaces)〉としても把握される．どうしてか．これらは典型的な容器であり，人は一般に「その内部にいて腰をかけている (sit inside them)」のだから，in と同じくらい on が自然である

という．

 in の使用が好まれるのは，乗り物が静止状態にある (stationary) ときで，静止していれば家，小屋 (shed)，車庫 (ガレージ) など典型的な容器と類似しているからである．

 (14) のようにいえば，たとえば，列車の止まっているホームでジョンを探している人にジョンの居場所を教える場面があてはまる．

 (14)　John is in the train.

 しかし一方，駅でジョンの乗った列車が到着するのを待っている場面でなら，むしろ (15) のようにいう．

 (15)　He's on the next train.

そのわけは，この場面では輸送手段としての役割のほうが容器としての役割よりも際立つからだという．

 列車を輸送手段として把握するとき，列車は「人をある場所から別の場所に運ぶためのかなり抽象的な装置」として概念化されているという．「人が列車の内部に (inside) いる」いう事実は，「列車に密着し (attached to) かつ列車によって支えられている」いう事実ほど重要ではないともいう．

 この意味で on は in よりも抽象度が高い．その差は次の例にも見られる．(16a) よりはむしろ (16b) のようにいう．

 (16)　a.　*John is in the 8:45.
 　　　b.　John is on the 8:45.

このように特定の列車を指すとき，物体 (a material object) としてよりはむしろ輸送車 (a transporter) として概念化されている．

 それにもかかわらず，次の (17) がそれほど不自然でない場合があるとしたら，車が何台も次々と所定の場所に人を運んで来るような状況である．

(17) He'll be on the next car.
　　　（彼は次の車に乗っているだろう）

列車や飛行機は乗客をあるところから別のところまで運ぶ〈定期的な輸送手段〉とみられているので，(17) でもタクシーを列車や飛行機と同じように見立てていることになる．それができる場面的状況が整っていればいるほど，自然な見立てになり，普段とは違う臨時の用法が成り立つことにもなる．

## 10.3.　軌道運行の乗り物

### 10.3.1.　乗客を目的地まで運ぶ定期路線

　以降はわたしの考えを提示するが，乗り物は大きく二つに分かれる．ひとつは本節〈軌道運行の乗り物〉であり，もうひとつは次の 10.4 節〈自由走行の乗り物〉である．

　まず第一に，わたしのみるところ，英語話者の百科事典的知識の中に乗り物をめぐる共通のフレーム知識があり，それを下敷きに前置詞 on の選択が決まっているとみたい．それはおおむね次のようにまとめられる．これを「軌道運行（trajectory movement）の制約」と名づける．

(18)　軌道運行の制約
　　　　乗り物の中でも列車，バス，飛行機，フェリー，地下鉄，路面電車などはどれも公共の交通機関で，乗客を目的地点まで運ぶ輸送手段である．これを図式化すると次のようになる．

　　　　　　　　　輸送手段（乗り物）
　　始発地点 ───────────▶ 目的地点
　　　　　　　　　輸送経路（軌道）

ここで①輸送経路と②輸送手段は不可分な関係にあって，二つにしてひ

とつの機能を担う．鉄道がなければ列車は走れない，列車が走るためには鉄道は必要不可欠である．輸送経路だけでなく，経路上を走る輸送手段もまた，始発地点と目的地点をつなぐ媒体である．

　しかし決定的に重要な側面は，どれも共通して〈あらかじめ決められた一定の軌道上を走行する〉という特異性である．

　つまり，on が当てはまる乗り物は〈既定路線上を運行（ないしは運航）する〉という認知図式によって統率されている．

　この〈軌道運行〉の認知図式こそが英語文化圏で伝統的に慣習化された典型的なフレーム知識として英語母語話者が身につけているのだと想定される．

　それでは，なぜ，軌道運行の乗り物は前置詞 on を選択するのか．これが次に問うべき問題である．その答えは，ほかでもなく，このフレーム知識から自然に派生する．

　何よりもまず，〈軌道〉や〈路線〉といった実体は〈線〉として把握され概念化される．〈線〉のイメージで捉えられるモノは，文法的には，前置詞 on で合図される．典型例には糸，ひも，なわ，柱，竿，河川，道路，国境線などが思い浮かぶ．線路，航路，路線もまた，この類に自然に収まる．

　以上の説明の道筋を，もう一度，整理して示すと，次のようになる．

　　① 　乗り物の中には前置詞 on を好む部類のものがある（経験的事実 1：乗り物の下位類）．
　　② 　on を好む乗り物①はそれぞれに特有な一定の軌道を運行する（経験的事実 2：①の乗り物に特有な共通性）．
　　③ 　乗り物と軌道とは切っても切れない緊密な関係——隣接関係——にある．何よりもまず〈二つ一組で単一の機能を担う〉ものである．実際にも，片方だけでは本来の機能が果たせない．つまりは〈機能単一体〉である（経験的事実 3）．

　以上の三つの経験的事実を考え合わせると，次のように，なぜ on でな

ければならないか，その心理的動機を掘り起こすことができる．

④　〈軌道〉それ自体は紛れもなく〈線〉として概念化され，乗り物との関係は on で表示される．これはひも，竿，川，道，線（直線，点線，曲線，稜線，境界線など），平たくいって〈細長いモノ〉の類の自然な一例にほかならない．

⑤　次に〈軌道上を走る乗り物〉である．これもまた〈線〉として捉えられ，on で合図されるのはなぜか．③でみたように，乗り物と軌道とは緊密な隣接関係にある，つまり機能単一体である．

であればこそ，一方は他方を必ず含意する．on the train といえば必ず on the railroad on which the train runs/travels が含意されるし，on the railroad といえば必ず on a train which runs/travels on the railroad が含意される．

列車と軌道と乗客の関係を言い表そうとすると，(19) のような四つの組み合わせの構文型になる．

(19) a.　The train runs on the railroad.
　　 b.　We travel on the train.
　　 c.　We travel on the railroad.
　　 d.　We travel <u>on the train</u> <u>on the railroad</u>.

(19d) のように，乗り物と軌道とを並置した言い方もできる．これには類例がある．

(20)　He appears <u>on the news program</u> <u>on television/on the radio</u>.
(21)　He lives <u>on a houseboat</u> <u>on the lake</u>.
(22)　He sails <u>on a yacht</u> <u>on the sea</u>.

それぞれ二つの実体の間には次のような意味関係が畳み込まれている．

(23)　The train runs / travels on the railroad.
(24)　The news program is broadcasted on television / the radio.
(25)　A houseboat is floating on the lake / water.
(26)　A yacht is floating on the sea / water.

　次に〈乗り物の軌道運行〉ひいては〈乗客の旅行〉はどうか．これらは活動の部類に入る．こうした活動もまた，on the railroad ひいては on the train の自然な延長線上で説明される．乗り物は軌道を走行する．そのとき軌道は乗り物の移動経路である．乗り物の移動経路は乗客の移動経路でもある．乗客は軌道運行の乗り物に乗って目的地まで移動する．軌道運行の乗り物は乗客を目的地まで運ぶ輸送手段 (means of transportation) である．

　簡略に図示すれば次のようになる．移動経路すなわち軌道は乗客の始発地点と目的地点を結ぶ媒体 (medium) である．軌道を走行する輸送手段もまた同じく始発地点と目的地点を結ぶ媒体である．繰り返すが，乗り物だけでなく軌道（経路）もまた乗客を輸送する媒体として把握される．乗り物と軌道とは不可分な機能単一体であればこそ，いずれも等しく〈輸送媒体〉として概念化される自然な根拠づけができる．

(27)　

　以上の議論は認知論的かつ機能論的考察によって得られた俯瞰的見取り図である．以下では「軌道運行の制約」およびそれが成立する経緯を検証したい．広範囲に用例を求め，具体的な考察を通して，この制約の妥当性を明らかにしたい．

## 10.3.2. 列車の旅は鉄道の旅

　典型例は列車旅行である．列車は鉄道線路上を走る．鉄道は列車の軌道（移動経路）である．物理的にも鉄道は列車を支える土台である．かくして鉄道と列車は切っても切れない関係にある．不可分な隣接 (contiguity) 関係にある．

　わかりやすくいえば，鉄道と列車は二つ一組で，ひとつの役割を担う．すなわち，〈輸送〉という本来の機能を果たすためには，片方だけでは役に立たない．機能的にも相即不離の関係にある．

　英語で railroad や railway は多義である．元をただせば，字義どおり物理的な実体「鉄道（線路）」のことである．その意味を基本として「鉄道機関，鉄道組織」さらには「鉄道会社」の意味にまで拡張が起こっている．

　派生された意味も，〈鉄道〉を中核概念とした同心円的な自然な拡張用法である．根っこの〈鉄道〉が〈線〉として把握されるのと平行的に，鉄道施設も鉄道会社もまた，〈線〉として把握される．実際，以下でみるように，railroad は，どの用法でも，前置詞 on でコード化されるのである．railway も同じである．

　だから，たとえば Trains run on the railroad / on the railway. といえば，railroad / railway は列車が走る線路つまり鉄道を指し示す．しかしそれだけでは終わらない．

　いちばん不思議なのは，なぜ，on the train というかである．冒頭で概要を示したように，〈鉄道〉と〈列車〉は不可分な関係にある．一方だけでは不完全で，二つ一組でひとつの機能を担うからにほかならない．

　それはちょうどヤカンと水の関係に似ている．ヤカンは水を入れて湯を沸かす容器であると同じく，鉄道は列車が走る軌道である．ヤカンが水ないしは湯のメトニミー（換喩）になると同じく，鉄道は列車のメトニミーとなる．

　すなわち，人が「鉄道で旅をする」といえば「列車で旅をする」ことになる．鉄道旅行は必然的に列車旅行を含意する．かくして on the train は

on the railroad のメトニミーとして機能する．travel on the train の根底には travel on the railroad がある．

これを端的に示せば，We travel on the railroad on which the train travels. から We travel on the train. へのメトニミー転換があると推論される．これが，鉄道と同じく，列車が〈線〉として把握される道筋であると推論される．

### 10.3.3. 航空機は目に見えない軌道を運航する

列車の類には目に見える軌道（a real line）がある．一方，航空機の類では，軌道は目に見えない（an imaginary line）．目には見えなくても，概念的モデルがある．そしてそれは何よりもレーダーで可視化される．あらかじめ決められた運航路線があればこそ，航路をはずれて飛行する航空機はレーダーでとらえられ，注意や警告を発せられる．

そしてまた，バスになると，軌道は公道である．公道なら，どの道路でもよいというわけではない．バス路線図を見れば，バスの運行経路がわかる．夜遅くなって乗客がいないというので，運転手が近道をしてバスターミナルに直行するといったズルは許されない．バスは公道を走るか，そこにはあらかじめ決められた運行路線がある．

このように航空路やバス路線は目に見えないが，ないわけではない．精密に仕組まれた運行経路の概念的モデルがある．

### 10.3.4. line / route の基本用法

以下は以上の論点を例証する事例である．まず，line や route といった語がある．これは線のイメージを喚起する最も典型的な表現である．そのため，①バス路線や航空路を指し示すだけでなく，②そこでの活動つまり軌道運行を指し示すためにも用いられる．

まずはじめに，基本用法①の例をみておきたい．route は運行路線を指し示している．

(28) The airline flies Concordes on its Atlantic route.
（その航空会社はその大西洋航空路にコンコルドを就航させている）

(29) The new buses will be put into service on the company's busiest routes.
（新しいバスは会社の最も混む路線に使用されることになっている）　　［活］

(30) The group is drawing up plans to run trains on key routes.
［ODE］
（そのグループは主要路線に列車を走らせる企画を立てている）

いずれの例からも「輸送手段が一定の路線を移動する」という基本活動を抽出することができる．順次，次の英語で示される意味関係が含まれている．

(31) Concordoes fly on its Atlantic routes.

(32) The new buses run on the company's busiest routes.

(33) Trains run on key routes.

これを見れば明らかなように，(31)では「大西洋航路」はコンコルドの飛行経路を指し示している．航路を線として捉え，それを on で合図するのはまったく自然な英語の論理である．この意味関係が (28) の文には隠れている．次に (32) では run（あるいは go や travel）が (29) の文には隠れていて表面化していないが，この意味関係は確実に存在する．(33) も同じである．

## 10.3.5. 「高速に乗る」のは get on the freeway か

日本語では「高速に乗る」などという．もちろん「高速」とは「高速道路」を指している．ここでおもしろいのは，「車に乗る」というのと同じように，「高速に乗る」という言い方をすることである．車だけでなく，その車が走る道路もまた，旅行者が目的地に着くための交通媒体として捉

えていることに着目したい．これは日本語の語法だが，どうやら英語でも同じ発想をするようにみえる．次の用例がある．ここで get on の用法が端的な例証である．類例も併せて観察されたい．

(34) Once we got on the freeway, we made good time.　　[LAAD]
（いったん高速に乗ってしまうと，予想どおり速く進んだ）

(35) We'll make better speed once we get on the interstate highway.
（いったん州間自動車道に入ればもっとスピードが出せる）　　［活］

(36) Stay on this road for three miles (and) then turn right.
（この道路を 3 マイル進んで右折しなさい）　　［活］

(37) They got on the wrong trail and lost their way.　　[LAAD]
（間違った小道に入り込んで道に迷った）

### 10.3.6. on the roller coaster の on は何者か

紛らわしい用例がある．素朴な直感でははっきりしたことはいえない．たとえば，メリーゴーラウンド（回転木馬）やジェットコースターがその例である．これらの乗り物はいずれも多くの人が一緒に乗って楽しむ機械仕掛けの遊具である．①一人ひとりは，箱のベンチに座ったり動物の背中にまたがったりしている．が一方，②全体をみると，一定の軌道上を動く乗り物である．そこで用例を吟味してみると，次に例示するように，この種の遊具は on と結びついている．ここで問題は，on を選ぶ動機がいったいどこにあるかという点である．①なのか，それとも②なのか，判然としない．いずれの場合も，on が予想されるのだが，真の動機はいずれにあるか，見極めておきたい．

まず，on the merry-go-round の on の正体を問う．次の例にみるように，{ride / get / be} on the merry-go-round の連語が目立つ．「回転木馬に乗る／乗っている」という意味である．

(38) Let's have another ride on the merry-go-round.

第 10 章　乗り物をめぐる見立ての論理　　　　　　　　　179

　　　　（回転木馬にもう一度，乗ろうよ）
(39) 　Don't get off/on the merry-go-round until it has stopped.
　　　　（回転木馬が止まるまで降りない／乗らないこと）　　　　［活］
(40) 　It seemed as if I was on a merry-go-round.
　　　　（回転木馬に乗っているような気がした）　　　　　　　　［活］
(41) 　She rode bareback on the merry-go-round.
　　　　（彼女は回転木馬の裸馬に乗った）　　　　　　　　　　　［OSD］

これは大きなヒントになる．ride on the merry-go-round の on が sit on a model horse の on でない証拠．なぜなら bareback は結局，(sitting) on a model horse の意味だからである．

次はジェットコースターの場合である．

(42) 　He is waiting in line to get on a roller coaster.
　　　　（ジェットコースターに乗るために並んで待っている）
(43) 　She threw up after riding on a roller coaster five times.　［OSD］
(44) 　It's great to go on the roller coaster five times and not be sick.
　　　　　　　　　　　　　　　　　　　　　　　　　　　　　　［COB］
　　　　（ジェットコースターに 5 回も乗って気分が悪くならないのはすごい）
(45) 　I felt somewhat sick after riding on the roller coaster.
　　　　（ジェットコースターに乗って少し気分が悪くなった）　　［活］

最後の切り札は英英辞典の説明である．さっそく COB などを調べてみると，次のように書いてある．

(46) 　A roller coaster is a railway at a fair that goes up and down
　　　 steep slopes fast and that people ride on for pleasure or excite-
　　　 ment.　　　　　　　　　　　　　　　　　　　　　　　　［COB］
(47) 　a track at a fairground that goes up and down very steep slopes
　　　 and that people ride on in a small train for fun and excitement.

(48) an amusement park attraction that consists of <u>a light railroad track</u> with many tight turns and steep slopes, <u>on which</u> people <u>ride</u> <u>in small fast open cars</u>. [NOAD]

文法関係を吟味してみると，people ride on {a railway／a track／a light railroad track} の連語が読みとれる．ジェットコースターは一定の軌道上を走行するものとみられている．on は軌道（経路）の on であるといえる．一方，個人個人は (sitting) in a small train／in small fast open cars の状態にある．正確には腰をかけているのであるが，この情報は語用論的知識から出てくる．

一方，merry-go-round はどうか．これも目ぼしい英英辞典を繰ってみると，次のように書いてある．

(49) A merry-go-round is <u>a large circular platform</u> at a fairground <u>on which</u> there are model animals or vehicles for people to sit on or in as it turns round. [COB]
(50) <u>a round platform</u> with model horses, cars, etc. that turns around and around and <u>that</u> children <u>ride on</u> at a fairground [OALD]
(51) <u>a revolving machine</u> with model horses or cars <u>on</u> <u>which</u> people <u>ride</u> for amusement [ODE]
(52) <u>a large revolving device</u> in a playground, for children to <u>ride</u> <u>on</u> [NOAD]

これも同じく，一定の中心軸上を回転する装置で，people ride on {a round platform／a revolving machine／a large revolving device} の連語が見て取れる．結局は，機械仕掛けの軌道上を回転する遊具である．ここでもやはり on the merry-go-round の on は「軌道」の on である．一方，ひとりひとりは sitting on a model horse や sitting in a model car など

の状態にある．

## 10.3.7. ケーブルカーも on

(53) For decades visitors have chugged up Nob Hill <u>on the California Street cable car</u> to this 91-year-old hotel. [OSD]
（何十年このかた，観光客はカリフォルニア通りのケーブルカーに乗ってノブヒルを上り，この創業 91 年のホテルを訪れている）

(54) Go and have your obligatory seafood chowder, but <u>jump on a cable car</u> for a more scenic view of San Francisco's neighborhoods. [OSD]
（ケーブルカーに飛び乗って，サンフランシスコ近郊のもっとすばらしい景観を楽しんでください）

以上の観察から，公共の交通機関ではないが，ある種の公共の乗り物もまた，軌道運行の原則に沿って把握されていることが明らかである．軌道運行という捉え方は英語文化圏で必要不可欠な概念構成要素である．

## 10.3.8. on this line の拡張用法

次は拡張用法である．ただ単に〈軌道〉を指し示すだけでなく，むしろ，軌道を拠点とした活動，すなわち〈乗り物の軌道運行〉や〈乗客の旅行〉といった活動を指し示す．この用法は基本用法からの自然な延長線上にある．

(55) Your pass is not good <u>on this line</u>.
（その乗車券はこの路線では使えません）

(56) Discounts are offered <u>on certain ferry and bus routes</u>. [WB]
（一部のフェリー航路とバス路線では割引があります）

(57) <u>On this bus route</u> there is a uniform fare of 200 yen regardless of distance.

（このバス路線では，どこまで乗っても，乗車賃は200円均一です）〔活〕

　ここで on this line や on this bus route は「特定の路線」を指すという解釈だけでよいだろうか．それだけでは済まない．なぜなら，主節のどこにも「乗り物が特定経路を走行する」という意味関係を表す移動動詞が生じていないからである．

　前置詞句は一般に副詞的修飾語として働くときは，文のどの部分を修飾するかを見極めなければならない．しかもそれを統語論的に問うのではなく，意味論的に問うことが必要不可欠である．それゆえここでの問いを的確に言い表すなら，次のようになる．すなわち，問題の経路を表す前置詞句は，主節発話全体の中でどのような役割を果たしているかである．さらにいえば，主節の命題内容の一部なのだろうか，それとも，主節の命題内容に対し外在的な意味関係を結んでいるのだろうか．

　字義どおり「特定の路線」を指すというだけで済むだろうか．意味を取ってみればすぐにわかるように，それだけでは済まない．主節の命題内容の一部というよりはむしろ，on が付いていることで，「このバス路線上で起こること」が喚起される．バス路線上で何が起こるかといえば，何よりもまず，「（このバス路線を）バスが走行する」，そして「そのバス路線で乗客が目的地まで行く」，こうした典型的な一連の活動が喚起される．そしてさらには，そうした活動に付随した事柄，たとえば「（この路線の）乗車賃はいくらか」，「この路線は何時ごろなら混まないか」といった疑問もまた喚起される．

　別の視点で説明する道も開かれている．一般に活動，出来事，事象などは時間軸上に位置づけられる．つまり，こうした状況は時間的局面によって特徴づけられる．

　(55) から具体的にみてゆくと，問題の on this line は，文法的には位置の on 前置詞句だが，意味関係を突き詰めると，これは時間的位置を表す時間節に相当する．

十全に言い替えてみると，on this line は when you go/travel on this line のような when 節になる．注目すべき点は when 節内に on this line が含まれ，動詞 go/travel が表す移動の経路の役割を担っていることである．

(56) も同じである．on の前置詞句は意味論的には簡略表現である．元をただせば，やはり，時間節にたどり着く．when you go/travel on certain ferry and bus routes（一部のフェリー航路とバス路線で旅行するときは（割引があります））というわけである．

(57) でも同じく，on this bus route は when you go/travel on this bus route と解される．これで発話全体の中で残りの命題部分と自然な意味関係を結ぶ．

いずれの場合も，部分が全体の代役を務めるメトニミー用法である．もともと位置の前置詞句が時間節に解釈されるのは，空間的位置から時間的位置への比喩的転換がある．

そのカラクリはこうである．①発話の状況から，空間的位置をその一部として含む出来事が喚起される．そして一般に②出来事は時間的広がりをもつ．かくして③モノの空間的位置は出来事の時間的位置として自然に拡大解釈されるのである．

railroad/railway は「鉄道線路」を指すときは〈線〉として捉えるのは自然だが，「鉄道機関（会社）」もまた同じ論理で捉えられる．しかも両方とも乗り物の代役として機能する．同じく airline も「航空路」から「航空機関（会社）」への拡張があり，かつまた「飛行機」の代役として用いられる．

(58) I traveled from St. Louis to Chicago on a railroad.

(59) Mary rode on the local railway from Long Island to Manhattan.

(60) I would be able to stay on the Piccadilly Line and get off the tube at South Kensington. [COB]

（このまま地下鉄のピカデリー線に乗っていれば南ケンジントンで下車できるだろう）

(61) Which airline are you flying on?　　　　　　　　　　［活］
(どの航空会社の飛行機に乗るのですか)

(62) You can go almost anywhere in the US on this airline.

(63) She is very choosy about what airline she travels on.　　［ACT］

はじめの 2 例ではいずれも〈鉄道システム〉が〈その鉄道を走る列車〉の代役を務めている．travel on や ride on は「人が（乗り物）に乗って（どこそこに）行く」の意味だから，「ローカル鉄道で」とは「ローカル鉄道の列車に乗って」のことである．だから，「鉄道システム」（全体）が「列車」（部分）の代役を務めている．

とはいえ，この場面で話者の関心は，鉄道という交通手段にある．というのも，飛行機やバスの選択肢もある中で鉄道を選択した，という意味合いが読み取れる．すなわち，どの交通手段を選ぶかというレベルでの暗黙の対比があったのである．

次の 3 例も同じである．(61) は「どの航空会社で行く？ JAL にする？ それとも ANA にする？」といった場面を指す．この airline はもちろん航空会社の意味である．しかし実際には，その航空会社の飛行機を指す．というのも，人が fly on するときは「飛行機に乗って飛ぶ」のである．fly on an airplane が期待されるのに，なぜ，fly on this airline か．airline はもちろん「航空路」の意味ではなく「航空会社」の意味である．それが実際には「その航空会社の航空機」を指し示している．

(63) でも同じく，travel on の対象はあくまでも乗り物であるが，どうして航空会社が話題になっているのだろうか．容易に想像しうるように，ここで話者の関心は，アメリカ合衆国の全土に航空路を張り巡らす航空会社にある．それがどの航空会社かを話者は知りたがっている．その航空会社がわかれば，その航空会社の飛行機に乗ってアメリカ全土を旅行したい

と思っているのである．

　以上いずれの事例も，航空会社はその航空会社の飛行機の代役を務めている．全体が部分を指し示しているのだが，それにはそれなりの状況的背景が想定される．話し手の中心的関心事こそがこのようなメトニミー的転換を許容している．

### 10.3.9. on the train は「乗客が列車で旅行中」を喚起

　この種の乗り物は，おもしろいことに，乗客がその乗り物の内部で旅客としてはまったく無関係なことをするとしても，依然として on を用いるのが慣習的用法である．便宜的に用例を状況ごとに分けて示す．

　まず，輸送手段の側に関する内容の用例である．

(64)　There is dining-car service on the train.

(65)　There are delays on all flights. ［活］

(66)　Smithers worked on the railroad for more than 50 years.
　　　（スミザーズはその鉄道で 50 年以上も働いた）

次に，乗客の側に関する内容の用例である．

(67)　I'd like to reserve a seat on the next train to Atlanta. ［ACT］

(68)　Instead of taking me to the departure lounge they took me right to my seat on the plane. ［COB］

(69)　My feet swell on long flights.
　　　（長く乗っていると足がむくむ） ［活］

(70)　I fell asleep on the train and missed my stop.

(71)　I read the book while I was on the plane.

(72)　We had a light supper on the flight to Chicago. ［活］

(73)　We had two nights on the train and one on the ship.

(74)　Smoking is not permitted on this flight.

(75)　There is no smoking on domestic flights. ［活］

(64) では，食堂車の営業サービスは列車の内部で起こるのだから，常識的には in the train が期待されるのに，慣習的にはやはり on the train が自然である．そこには「運行中の列車」「旅行中の列車」といった意味合いがある．

実際，(70) をみると，on the train は列車で旅行中に寝込んでしまって乗り越したのである．列車旅行中であれば当然，列車の内部にいたにはちがいないが，だからといって in the train とはいわない．英語話者にとって慣習的に定着したイメージは，まさしく〈列車に乗った状態で〉つまり〈列車旅行中に〉という見立てである．

裏づけ証拠は (71) の例である．on the plane で済むところが敷衍的に while I was on the plane で表現されている．このように時間節にしなくても，(70) の例と同じく，on the plane という前置詞句だけでも，同じ状況を喚起することができる．

むしろ対照的に，(71) で on the plane を in the plane にしたらどうだろう．ひょっとすると，その飛行機はもはや本来の機能を担う旅客機でなく，いまや博物館の展示物なのかもしれない．そうなると，それは静止物体であり，容器のイメージが優勢になる．こういう場面でこそ in the plane が好まれるというわけである．

次の母語話者の証言は裏づけ証拠になる．on the bus について Evans (2010: 241) は次のように述べている．Herskovits (1988) が指摘しているように，たとえば「すでに廃棄された動かないバスに乗って子供たちが遊んでいた (playing on a stationary bus, for instance, that had been abandoned)」としたら，それはたぶんに，on the bus というのは適切ではなく，むしろ in the bus というのが自然である」という．引用した原文の英語をよく観察したい．

要するに，play on a (stationary) bus というのは不自然で，むしろ play in a bus というのが自然であるというのである．その心は何か．on a bus といえば，そこには必ず「バスに乗って移動する（旅行する）」とい

う活動が含意され，それにふさわしい背景が想定されるのである．だから，それ以外のコンテクストで用いるのは不自然に感じられるという結果になる．

## 10.3.10.　しかし in a bus という母語話者もいる！

繰り返すが，乗車中の出来事などは on the bus が普通である．

(76) My advice to anyone who finds anything on a bus is to hand it in to the police. [COB]

(77) I left my bag on the bus. [USAGE]

(78) Two hours on a bus is no joke, is it. [COB]

(79) I never go on the bus into the town. [COB]

(80) Every time she travels on the bus it's delayed by at least three hours. [COB]

(81) I took a sightseeing trip on one of those tourist buses. [USAGE]

(82) They will also be given half-price fares on trains, buses and the Tube to travel to interviews. [WB]

しかし以下は〈乗車中，旅行中〉とは無関係な状況だから，in も許容される．

(83) Some people are abusive in shops, in buses and on trains. They think it is smart. For the victim it leaves a nasty taste in the mouth. [IDM]
(店舗，バス，列車の中で口汚い人がいる．彼らはそれが頭のいいことだと思っている．犠牲者には後味が悪いものだ)

(84) Young men climbed on buses and fences to get a better view. [COB]

(85) The sign on the bus read 'Private: Not In Service'. [COB]

(86) It was terribly cold in the trucks.  [GRAM]

　(83) には in と on が混在している．in buses にするなら，in trains にするのが筋が通る．(84) では「バスの屋根や塀に上る」ことだから，「乗客としてバスに乗り込む」こととは別である．この後者の意味で実際，climb on (to) the bus を用いることができる．(85) もバスに貼ってある掲示「私有物・非営業」のことだから，これも別である．最後に (86) でもトラックの中がひどく寒い状態のことを言っているのだから，トラックの容器扱いは当然である．

### 10.3.11. 真の例外事例

　以上のような事例とは別に，bus, train, plane などでも in, into, out of が用いられることがある．端的にいって，乗客の尋常でない動作や動きに注意が向くときである．

　まず次の2例は本来の乗客の役割が前景化されている．たとえ，乗客の〈物理的な動き〉が描写されている場面でも，本来の乗客の役割が保持されている．

(87) He jumped back onto the old bus, now nearly empty.
(88) Mr Bixby stepped off the train and walked quickly to the exit.

　一方，次の例は乗車中の出来事であっても，乗り物の物理的空間としての側面が焦点化されている．目に見える物理的現象が際立っている．

(89) A 15-year-old girl was attacked at knifepoint in a subway. [COB]
　　（15歳の女の子が地下鉄でナイフを突きつけられて襲われた）
(90) They expect men to give their seats up to them in buses. [PHV]
(91) The passengers in the plane were beginning to panic.
(92) He got back into the train quickly, before Batt could stop him.
(93) He jumped out of the bus and ran into the nearest shop.

第 10 章　乗り物をめぐる見立ての論理　　　　　　　　　　　189

　(90) ではバスという動く空間内で年配の人に席を譲るという行動が焦点化されている．席を譲る場面でも，もちろん，本来の on the bus のように on を用いることもできる．
　(91) では「乗客がパニックになりかけた」という．察するに，何か異常事態が発生し，乗客が機内に閉じ込められていたからであるにちがいない．in the plane の in からは，密閉空間としての飛行機の側面が浮かび上がる．
　(92) では，「彼は制止する間もなく列車内に戻ってしまった」というのだから，その場の突発的な彼の動きこそが強調されている．
　(93) では切迫した空間移動が喚起される．jump out of と run into の対比から，「バスを飛び降りて最寄りの店舗に駆け込んだ」その様子が容易に想像される．
　いずれの事例でも，乗客と乗り物という役割関係は背景化されている．乗客はもはや乗客のレベルではなく，普通の個人のレベルで捉えられているし，乗り物はもはや乗り物のレベルではなく，閉ざされた物理的空間のレベルで捉えられている．その人の〈物理的な空間移動〉の側面にこそ視線が注がれている．
　COB の fly の語義・解説はおもしろい．When you fly somewhere, you travel there in an aircraft. とある．この解説では on an aircraft ではなく，in an aircraft が目を引く．in an aircraft は飛行機の純粋に物理的空間だけを指し示す．慣用法の on an aircraft に織り込まれた文化的慣習の側面はそぎ落とされた格好になっている．注意を要する点である．


## 10.4.　自由走行の乗り物

### 10.4.1.　乗り物と乗る人の空間的配置
　以上 10.3 節では，軌道運行の乗り物は物質文化の背景的知識に強く制約された概念化が起こっていて，それと整合的に in ではなく on が選択

される根拠を跡づけたことになる．

　一方，そうした例外的部類の乗り物を除外すれば，典型的には，どの乗り物についても，乗る人と乗り物との空間的配置関係こそが決定要因である．

　基本原則は，①乗る人が乗り物の内部にいる構図が際立つとき，乗り物は容器としての見立てになるので，前置詞 in が選ばれる．一方，②乗る人が乗り物の上部表面に接触する――典型的には座席に座る――構図が際立つとき，前置詞 on が選ばれる．

　順次，具体例で見てゆくことにしよう．まず，ボートや自動車は容器のイメージだから in である．(94) のボートはもちろん漕ぎボートである．モーターボートも同じである．in のほかに into さらには out of の用例も同類である．

(94) We rowed across the lake in a boat.
(95) He spends a lot of time driving around in his car.
(96) Tom drove to work in a new automobile.
(97) Mr Ward happened to be getting into his lorry.
(98) She was carried out of the ambulance and up the steps. [GRAM]

　また一方，ソリや自転車やバイクなどは上部接触面が際立つので on である．ただ，接触の仕方は違う．ソリなら，その上に座る．自転車やバイクなら，そのサドルの上にまたがる．

(99) I'm going to slide downhill on a sled.
(100) The road's too steep to ride up on a bike / a bicycle.

　エスカレーターとエレベーターを比べてみよう．英語話者は同じとみるか違うとみるか．それぞれ，見た目はどうか．そして人はそれをどう利用するか．ひとまず，英英辞典に記載された標準型を示すと，次のように対照的である．

第 10 章　乗り物をめぐる見立ての論理　　　　　　　　191

(101)　She got on the escalator to go topside.
(102)　I took her up in the elevator to the top floor.

　いずれも同じような場面である．とにかく，最上階まで行くのにエスカレーターあるいはエレベーターに乗ったというのである．
　エスカレーターにはベルトのついた両側の囲いがあるからといって，容器のイメージが際立つかというと，実際そうではない．それよりもむしろ，エスカレーターに乗る人はステップの上に立つ，というかかわり方をする．それこそが機能的に有意味であるばかりか，視覚的にも際立つ．それが on the escalator となるゆえんである．
　動く歩道というのがある．エスカレーターは動く歩道と同じ機能を担う．それゆえ，動く歩道の用例をみれば納得できる．

(103)　Keep right as you stand on the moving walkway.　　[LAAD]
　　　（動く歩道に乗るときは右側に立つこと）

　動く歩道に乗るときはじっと立っているのが普通である．それをせっかちにどんどん歩く人もいる．そういうこともあるから，わざわざ立つ側を指定したりする．この状況はそっくりそのままエスカレーターにも当てはまる．肝心な点は，X stands on Y. の捉え方である．エスカレーターに乗る人はやはり立った状態にあることこそが on the escalator となるゆえんである．
　それに対し，エレベーターは箱そのものである．典型的な容器のイメージが際立つ．乗る人は完全にその内部空間に包含される．in the elevator が自然な道理である．
　以下はさらなる例証である．紛らわしい要素が含まれている．まず，タクシーである．そしてついでにリムジンである．

(104)　I rode home in a taxi last night.
(105)　Bill and Mary went to the prom in a rented limousine.

(106) He prefers travelling on the Tube to riding in a limousine.

[USAGE]

　すでにみたように，タクシーはバスとは違い in である．確かにタクシーは公共の交通機関ではあるが，走行道路があらかじめ決まっているわけではない．乗客が主導権を握っている．いってみれば，乗客がいっとき私用のためにタクシーを借り切っているようなものだから，運転手に頼んで，目的地まで近道をとって裏通りを走ってもらうこともできる．同じように，運転手つきで借りたリムジンも in である．いずれの場合も，軌道運行の制約を受けないことは明らかである．

　ヘリコプターはどうか．確かに航路の決まった定期便があって，それなら on である．しかし次の例は「無理やり乗り込む」といった動作そのものに注意の焦点があるようにもみえる．それでも on to (onto) であって into ではないという点をこそ，慣習的思考法がしっかり根づいている証拠とみることができる．

(107) His troops pushed themselves on to the helicopters.
　　　（彼の部隊はそのヘリコプターに無理に乗ろうとした）　　　　　［活］

　しかし一方，警察，救急隊，新聞社などのヘリコプターなら in である．急きょ事故現場に直行しなければならない．どこで事故があるかわからない．当然のことに，私用・公用を問わず，軌道運行の制約はあてはまらない．それだから，通常どおり，乗り物と乗る人の空間的配置のイメージが優先する．ヘリコプターは容器の見立てになる．飛行機も同じである．

(108) A cameraman in a helicopter followed the chase until the police caught him.
　　　（警察が獲物（犯人）を捕えるまでヘリコプターに乗ったカメラマンがそれを追った）　　　　　［活］

(109) He now has a Private Helicopter licence and flies around in his

own helicopter. [Google]

(110) There are few things that scream luxury like traveling <u>in a privately chartered plane</u>. [Google]

　もうひとつ，こんどはバスはバスでも，貸し切りバスの場合はどうか．やはり on か．それとも in か．すでに明らかなはずだが，貸し切りバスには通常，あらかじめ決められた運行路線はない．いまや私用の部類に属する．次の実例は見込みどおり in である．これはアメリカのある大学の夏季英語講習の案内パンフレットに書かれた英文である．少し長くなるが，そのまま引用する．

(111) We meet your plane on arrival on the date specified on your I-20. We will meet you at the gate at the Memphis International Airport, transport you to campus <u>in a chartered bus</u> free of charge, and help you settle into your dormitory.
(I-20 に記載の指定日の飛行機到着時にお出迎えします．メンフィス国際空港のゲートでお出迎えし，無料の貸切バスでキャンパスまでお送りし，寮に入るお手伝いをします)

## 10.4.2. トラクターと運転手の空間的配置

　トラクターやブルドーザーは in か on か．次の例が示すように，on が選択されるのがおもしろい．その根拠はどこにあるだろうか．

(112) a. The farmer drove to town <u>on his tractor</u>.
(その農夫は自分のトラクターを運転して町に出かけた)
　　 b. Antonio de la Maza sits <u>on his bulldozer</u> plowing a field on his family farm in Moca.
(アントニオ・デ・ラ・マザはブルドーザーに乗ってモカにある家族農園の畑を耕している)

まず (a) からはじめよう．on his tractor と言ったからといって，乗っている人はまさかトラクターのボンネットや屋根に腰をかけているわけではない．「トラクターに乗って」という意味合いである．

この種の乗り物に特異な点は，乗る人が運転手であること．運転手ひとりが乗って自分で操縦するわけだから，運転手はもとより運転席に座っている．この空間的配置こそが知覚的に特異な情景である．on his tractor と表現する背景には sitting on the driver's seat の視覚イメージが張りついている．

以上の推論を全面的に裏づける証拠に (b) の用例がある．これはブルドーザーの例だが，ブルドーザーもトラクターと同様，乗る人は運転手ひとりで，その人がブルドーザーに乗れば，当然，運転席に座る．運転席に座るとは運転席に座って操縦するという意味合いである．

注目すべきことに，現に sit を用いて sit on his bulldozer という言い方をしている．だからといって，もちろん，ブルドーザーのボンネットや屋根に腰をかけているわけではない．現に畑を耕している．農作業をするために運転席に座ってブルドーザーを操縦していることは間違いない．

改めて英語に戻っていえば，sit on his bulldozer とは「ブルドーザーの運転席に座っている」状態を指し示している．ひるがえって，(112) でも，on his tractor には「トラクターの運転席に座って」の意味が畳み込まれていることが納得できる．

以上2例は乗る人が運転手であって，乗客ではない．トラクターやブルドーザーは公共の交通手段ではない．ましてや，あらかじめ決められた軌道上を走るわけでもない．それゆえ，乗り物と乗る人の空間的位置関係こそが重要である．しかも乗る人が運転手であるという点にこそ決定的な手がかりがある．運転手が運転席に座って運転するという空間的位置関係こそが際立った特異性であればこそ，そこに on が選ばれる動機があったのだといえる．

同じトラクターやブルドーザーのような乗り物でも〈道具扱い〉される

こともある．次の例は (112) の例と対照的である．どこに〈道具扱い〉の根拠があるか．

(113) a. A farmer was plowing his field with a tractor. ［活］
b. The men widened the road with a bulldozer. [Chafe 1970: 153]

「トラクターで畑を耕したり」「ブルドーザーで道路を拡張したり」するとき，トラクターやブルドーザーは行為者のコントロール下でその活動の展開局面に直接参与する最終的な責任主体の役割を担っている．典型的な道具の見立てがあてはまる．

## 10.5. 結びに代えて

乗り物をめぐる長い考察の旅を締めくくるにあたって，以上の観察で明らかになった見立ての論理を整理して例証しておきたい．最も適切な事例に船舶の部類がある．次のように大きく四つの区別が成り立つ．①軌道運航の制約に従う乗り物の部類．②乗る人と乗り物の空間的位置関係（包囲空間か上部空間か）だけで決まる部類．③①の例外的事例で，乗る人の位置や移動が臨時に焦点化される部類．④②の比喩的拡張事例で，文字どおりの空間的位置関係というよりもむしろ，乗り物に特有な機能的属性によって float on the water などの比喩的空間関係が焦点化される部類．

第一は，①軌道運行の制約を受ける部類の乗り物．この制約は英語文化圏に特有のもので，英語の見立てのなかでも例外的である．船舶については，一定の航路を運航する定期便がその代表格で，その見立てが on で合図される経緯はすでに見たとおりである．

(114) a. We rode across the river on a ferry.
b. We embarked for home on the same ship.
（われわれは同じ船で帰国の途に就いた） ［活］

c. We had two nights <u>on the train</u> and one <u>on the ship</u>.
　　　（車中で 2 泊，船中で 1 泊した）　　　　　　　　　　　　　［活］

　第二は，たとえばボートを「容器」と見立て，その概念を前置詞 in で合図する②の場合である．ボートは典型的に少人数が乗る小型のものである．しかしそれだけではない．大事なのは，船の大きさと乗る人の割合である．

　たとえば，(115d) の例．何千人もの人たちが間に合わせのボートに乗って祖国を捨てて逃げる状況が喚起される．船の大小を問わず，その容量を超える大勢の人が乗っていたら，その物理的空間における包含関係の異様さは格段に際立つ．それを合図する文法的担い手は前置詞 in をおいてほかにない．

(115) a. These islands of the north-east coast can only be reached <u>in small boats</u>.　　　　　　　　　　　　　　　　　　　　［COB］
　　　　（北東沿岸のこれらの島々には小型のボートでしか行けない）
　　b. You can take a trip <u>in a glass-bottomed boat</u>.　　　　　　［COB］
　　　　（船底がガラスのボートでツアーができます）
　　c. We'd seen the storm brewing when we were out <u>in the boat</u>.
　　　　　　　　　　　　　　　　　　　　　　　　　　　　　　　［COB］
　　　　（ボートで沖へ漕ぎ出したときにはすでに暴風が起こりかけていた）
　　d. Thousands have been compelled to flee the country <u>in makeshift boats</u>.　　　　　　　　　　　　　　　　　　　　　　　［COB］
　　　　（何千人もの難民が間に合わせのボートで祖国を捨てて逃げるのを余儀なくされた）

　第三は，何らかの比喩的な理由で前置詞 on が選択される④の場合である（なお，ここでは③は繰り返さない）．しかしこれは第 1 類の軌道の on とは異質のものである．一見，第 2 類の包囲の in の選択肢も可能かと思

えるふしもあるが，やはり on が選ばれる独自の理由がある．以下に挙げる用例が喚起する状況を吟味してみると，そこに特別な事情が働いていることがわかる．

(116) a. We spent this afternoon cruising on his yacht.　　[LAAD]
　　　　（今日の午後は彼のヨットで巡航して過ごした）
　　　b. Yachts are sailing on the water.

(116b) が示すように，ヨットは水面上を帆走する．遊航または競走のために用いられる．快遊艇，快走艇という言い方もある．英英辞典 LAAD をみると，a large expensive boat, used for racing or traveling for pleasure とある．だから (116a) が示すように，ヨット操縦者もまた水面上を航行する．つまり，ヨットによる巡航または競走は水上活動とみられている．それゆえ on the yacht の表現の背後には on the water の概念が張りついている．the water は「水のあるところ」の意味である．

次の類例を見れば，裏づけ証拠になる．

(117) a. They took me ice-skating on a frozen lake.
　　　b. In the summer, we go water skiing on the lake.
　　　c. We are going to row on the Thames this afternoon.

on {a frozen lake / the lake / the Thames} の on はいずれも on the surface of the water を踏まえている．アイススケート，ウォータースキー，漕艇はいずれも氷上活動あるいは水上活動だからである．氷上あるいは水上こそがそれぞれの活動に特有な空間的環境である．

もうひとつ特異な事例がある．次の例を観察したい．

(118) a. While he was in college, Bill lived on a houseboat during the summer.
　　　　（ビルは大学生のころ夏はハウスボートで暮らしていた）

b. They have a houseboat out on the lake.　　　[ACT]
　　（彼らはその湖にハウスボートを所持している）

　「ハウスボートで生活する」のもまた水上での活動である．すなわち「水面に浮かんだ状態」であればこそ on が選ばれる．on a houseboat もまた on top of the water を踏まえている．the water とは「水のあるところ」を指すので，状況次第で，たとえば the pool / lake / sea など，より特定的な名称で置き換えることができる．

　改めて *live in a houseboat でないことに注目したい．さきに live in a trailer の例を見たが，これとは対照的である．いずれも移動可能な家としての特有な機能をもつが，それにもかかわらず，on と in で対照的なのは，ハウスボートが水上生活仕様という特異性を有するからである．on a houseboat を生みだす背景には，in a house や in a boat にみる通常の「容器（囲い）」という側面よりはむしろ，ハウスボートが水面に浮かび続け決して沈まないという〈機能的属性〉の特異性こそが注意の焦点になっているからである．

　もとよりハウスボートは人がその内部で生活する住居であるが，それが水の環境内に位置する特別な住居であるという点で特異な存在である．であればこそ，そこに住む人の安全は不可欠である．視覚的には「水上にある」という意味で通常の on の用法であるとしても，比喩的には「水によって支えられている」という意味で支えの on の用法である，というのは自然な推論であると思う．

　Lee (2001: 26) によれば，John is on that boat over there. について「ボートは人が水中に落ちるのを防ぐ (keep people on top of the water) 機能を担う」ので，このコンテクストでは「支え (support)」がとくに際立つ (prominent) 概念であるという．

　一方，漕ぎボートなら，in のほうがより自然である．おそらく小型でそれほど大きくないので，「包囲 (containment)」の概念がとくに際立つ

からであるという．Lee の指摘はわれわれの考察と整合的である．

　多面的な実証の作業は，その気になれば，まだまだ続けられるのだが，たぶん，これでほぼ十分に異なる種類の乗り物を考察したことになる．もっと緻密な議論が必要なところもあるが，ここでは基本骨格と大筋が理解されれば，それでよしとしたい．

# 第III部

# 応用問題

英語母語話者の〈構文意識〉を査定する

# 第11章　構文意識の揺れ

## 11.1. 前置詞選択に関する意識調査

　ここで提示する分析資料は，杉本崇（2008）「日本人英語学習者の前置詞使用の特徴〜格助詞『で』をどのような前置詞に置き換えるか〜」に全面的に負う．

　著者の主たる関心は，日本人英語学習者の前置詞使用の実態を知ることにあり，その目的達成のために，中右（2004）「言語と認知と文化のインターフェイス──なぜ in a car なのに on a bus なのか──」から英語の用例を選別し，日本人英語学習者が格助詞「で」をどのような前置詞に置き換えるかを調査している．その結果は，わたしのみるところ，想定の範囲内にあり，どこでどう間違うか，それには日本人英語学習者に共通の誤用のパターンが見いだされる．

　杉本（2008）には，実はもうひとつ，貴重な調査資料が含まれている．用意周到にも著者は，英語母語話者についても，同一の英語文例を用い，前置詞をどう使い分けているか，その実態をつぶさに調査している．わたしが真に興味を抱くのは，まさしく，この調査資料であり，これが本章の主題である．

## 第 11 章 構文意識の揺れ

　その調査結果は，わたしにとって衝撃的なものだった．はじめて目にしたとき，正直，ただただ唖然とするばかりだった．まったく想定外の結果で，わたしの先入観を完全に打ち破るものだった．というのも，調査結果に示された英語話者の英語感覚ひいては構文意識には相当なばらつきがあり，その実態をどう受け止めればよいか，この新たな難問を眼前に突きつけられる思いだった．

　本章はこの難問を課題とし，具体的考察を積み重ねて，全体として整合的な説明のモデルの輪郭を描き出そうとする試みである．これがうまくいけば，わたしが当初いだいた主観的反応が相対化され，合理的な説明の道筋がついているものと期待される．

　まずはじめに，杉本（2008）から関連資料だけを抽出し，ひとまとめにして示す．その前に若干の注釈が必要である．

　被験者は英語母語話者40人．国籍はアメリカ，イギリス，カナダ，オーストラリア．性別，年齢，経歴は不明．

　設問は中右（2004）から17の英語文例を選びだし，文中の前置詞の部分を空欄にして提示し，適切な語句を補って文を完成させるという形式である．

　ここでは調査の結果をも併記する．①被験者が補充した語句と②その語句を選んだ被験者の比率である．（なお，比率を合計すると，100％以上または以下になるものがあるが，それは小数点を4捨6入した結果である．そして中間点の0.5はそのまま．原著者の精神は，察するに，半人前は半人前で，一人前としては扱わない，ということか．）

　各組の（a）が規定例文である．そして（b）が調査の結果である．被験者が補充した語句は比率順に並べてある．そのうち下線を施した語句を補充すれば〈慣習的に定着した構文〉ができ上がる．これをその構文の〈標準型〉と呼ぶ一方，それ以外の前置詞を含む構文を〈非標準型〉と呼んで区別する．なお，規定例文は通し番号を角括弧を用いて示す．以降，繰り返し引用する際に，他の実証用例文と区別するためである．

[1] a. There was a big earthquake (　　) Kobe.
　　b. in (92.5%), near (7.5%)

[2] a. The parade was canceled (　　) rain.
　　b. because of (57.5%), due to (25%), for (10%), from (5%), by (2.5%)

[3] a. My brother lost his eyes (　　) the war.
　　b. in (80%), during (10%), due to (5%), because of (2.5%), sight (2.5%)

[4] a. Most Japanese eat rice (　　) chopsticks.
　　b. with (97.5%), using (2.5%)

[5] a. She hid her face (　　) her handkerchief.
　　b. with (52.5%), in (37.5%), behind (5%), inside (5%)

[6] a. I like to skate (　　) roller skates.
　　b. on (68%), with (25%), using (8%)

[7] a. He played a nice tune (　　) the piano.
　　b. on (80%), with (15%), using (3%), in (3%)

[8] a. Charlie watched a show (　　) television.
　　b. on (100%)

[9] a. She is talking (　　) the telephone.
　　b. on (100%)

[10] a. Frieda wiped her mouth (　　) a napkin.
　　b. with (93%), on (5%), using (3%)

[11] a. Frieda wiped her feet (　　) a door mat.

b. on (85%), using (8%), with (5%), at (3%)

[12] a. He rubbed an apple (　　) his trousers.
　　　b. on (88%), with (10%), using (3%)

[13] a. He caught his hand (　　) a nail leaping over a fence.
　　　b. on (100%)

[14] a. "It's all right," Francesca said, wiping her eyes (　　) the towel hanging from the cupboard door.
　　　b. with (83%), on (18%)

[15] a. I'll just go over your room (　　) the vacuum cleaner.
　　　b. with (98%), using (3%)

[16] a. We wash our clothes (　　) the washing machine.
　　　b. in (90%), with (10%)

[17] a. She sewed the dresses (　　) the sewing machine.
　　　b. with (70%), using (14%), on (16%)

## 11.2. 全体的通覧と考察課題

　調査資料の規定例文はこれまでの章で既出であり，基本的な説明も提示済みである．以下の議論はその延長線上でさらに理解を拡大深化する方向に展開する見通しである．

　まず，調査結果を通覧したい．通覧するだけでも，英語母語話者の反応の多様性，すなわち英語感覚の揺れ幅の大きさが直感される．なかでも，規定例文の標準型が常に最多の選択肢とは限らないことに注目すべきである．

　以下，標準型を軸に非標準型の実態を概観し，そこにどのような課題が

潜んでいるか，後の議論のためにその見通しを立てておきたい．

　第一に，全被験者が標準型で一致したのは，17例中3例にすぎない．[8] [9] [13] がその例で，全部が位置扱いの例である．それぞれ on television, on the telephone, on a nail が慣例に適った組み合わせである．一方，道具扱いの例では，ほぼ一致をみたのが [4] と [15] だけで，with chopsticks, with the vacuum cleaner が慣例に適った組み合わせである．

　はじめの2例 on television と on the telephone は頻度の高い組み合わせで，その分，連語意識が固まっている．広くイディオムといわれるものだが，イディオムだからといって少しも例外的ではない．すでに説明したとおり，前置詞 on の見立ての論理を踏まえている．一方，on a nail は事情が少し違う．この組み合わせはイディオムとは呼べない．この〈位置〉の項は述語動詞 catch によって統率されており，切っても切れない関係にある．どのように特定の関係があるか，改めて考察する課題のひとつである．

　最後に，道具扱いの例では，少数の被験者が with の代わりに using を用いている．この using をも含め，道具の見立てで全被験者が一致をみた用例は，[4] と [15] の二つだけである．ここで with と using の交替現象が目を引く．その慣習性の問題は改めて論じる．

　第二に，第1群とは対照的に，非標準型が標準型を上回る規定例文がある．[5] [14] [17] の三つである．それぞれ in her handkerchief, on the towel, on the sewing machine のように，ハンカチ，タオル，ミシンはここでは〈位置扱い〉が期待される．にもかかわらず，調査結果をみると，〈道具扱い〉のほうが優勢である．

　とくに顕著なのがタオルとミシンの例で，被験者の8割以上，つまり圧倒的多数が，予想に反し，これを道具と見立てている．どうしたわけか，ここでは，位置から道具への見立ての転換が起こっている．

　なぜ，このような転換現象が起こったのだろうか．この種の事例こそが最大の謎である．何よりも自然な説明が求められる．

ただうわべの組み合わせを見ているだけでは根っこのところは見えてこない．述語動詞を軸とした構文全体が喚起する状況とその背景を思い描いてみることが何よりも大事である．

いくつかの要因が複雑に絡み合って綱引きが起こっている．しかも実際，英語母語話者によって構文意識に偏りがある．この間の事情を代表的な事例に即して詳しく考察することにしたい．

第三に，ほかにも，慣習的な標準型に比べ，同じように非標準型が際立つ事例がある．

[6] のローラースケートの例である．被験者の3分の2は標準的な on を好み，on roller skates としているが，残りの3分の1はむしろ with を好み，with roller skates としている．

同じく [7] のピアノの例でも，被験者の8割が標準的な on the piano を選んだのに対し，残りの2割近くが非標準的な with the piano を選んでいる．これは正直，意外な結果である．

以上2例にもまた，位置から道具への見立ての転換を引き起こす何らかの事情が絡んでいるものと察せられる．改めてその事情を探り真相を突き止めたい．

最後に，[1] [2] [3] がある．ここでは位置と原因の間に見立てのせめぎ合いがある．

[1] では in Kobe が自然に想起されるが，near Kobe とした被験者が少数いる．これには不思議な気がする．文法的には何の問題もないが，事実関係からみると，むろん，in Kobe がふさわしい．near Kobe だと，神戸は地震発生地域外という含意が出てくる．

一方，[2] では原因の because of rain が標準的である（ちなみに because of the rain も自然である）．全体の状況を因果関係で捉えることには何の無理もない．due to rain も含めると，「正解」は合わせて 82.5% になる．

ほかにも〈原因〉のつもりで for rain, from rain, by rain を用いた被

験者が少なからずいる．合わせると 17.5% にのぼる．気持ちはわからないではないが，この構文にふさわしい慣習的用法とは到底いえない．

そして最後に，[3] では in the war が自然に想起される．in the war は〈時間的位置〉と解される．おおむね during the war の意味である．その一方，全体の状況を因果関係で捉え，because of the war とした被験者も少数いる．あとでみるように，この〈原因〉の捉え方も等しく自然な見立てである．

そこで疑問がわく．時間的位置と原因の交替現象はいつでも起こるのだろうか．それとも，ある一定の状況要因のもとで起こるのだろうか．これもあとで考察する課題のひとつである．

以上が全体の概観である．被験者の出身地，経歴，学歴，年齢，性別などの違いがどう影響しているか，それはわからないが，結果的に言えることは，①英語母語話者が英語の標準的慣習をしっかり身につけているとは到底いえないこと，また②標準的慣習を身につけている程度には，相当の開きがあることである．このばらつきは被験者間についてもいえるし，また個別構文型についてもいえる．

分析結果を先取りしていえば，さしあたり被験者を三つのタイプに分けてみることができる．

最善なのは自然な慣用法をしっかり身につけている母語話者，最悪は慣用をほとんど身につけていない母語話者，そしてその中間は慣用と非慣用に融通性がある母語話者である．最悪の部類は言語使用には全く無関心で，慣習的な言い方には意識が及ばず，ただ意味が通じればよいといった程度に，身勝手なことば遣いをしている．

この英語母語話者三態の捉え方は，本書の主要テーマではないが，あとの議論の総体に照らして確認できるものと期待している．ひるがえって，われわれ日本語母語話者が自身の日本語使用の実態を虚心坦懐に振り返ってみると，すぐに納得できるほど十分に想像可能な結果である．どうやら，どの言語の世界でも，実情はあまり変わらない，というのが穏当な結

論ではないかとわたしには思われる．

　以下では，用例と調査結果に寄り添って具体的考察を積み重ね，全体として整合的な説明の道筋を探ることにする．

# 第 12 章　using を用いる被験者の実態

## 12.1.　using は with の替え玉か

　母語話者のなかには道具を合図するのに，with を用いないで using を用いるのがいる．問題はほとんど大半の事例にわたるが，ここでは二つのグループに分けて，代表的な数例を観察するが，それだけでも十分に全体的な傾向を捉えることができる．

　まず第一に，道具の見立てが自然に成り立つ典型的な事例には，第 11 章に挙げた [4] [10] [15] がある．ここで問題は，道具を合図するのに with と using のいずれが用いられているか，その比率である．

- [4]　Most Japanese eat rice {with 97.5%／using 2.5%} chopsticks.
- [10]　Frieda wiped her mouth {with 93%／using 3%／on 5%} a napkin.
- [15]　I'll just go over your room {with 98%／using 3%} the vacuum cleaner.

　被験者の反応をみると，実際にも期待どおり，圧倒的多数が with を用いている．それに対し，using を用いたのは例外的少数である．それぞれ，

with が 97.5%，93%，98% に及ぶ．対照的に，using は 2.5%，3%，3% にとどまる．これを人数に換算すると，被験者 40 人中，1 人か，せいぜい 2 人である．これで using の使用者が例外中の例外であることがよくわかる．

　次に，もうひとつのグループの代表として [6] と [17] をみるが，これは位置の見立てが最も慣習的な事例である．にもかかわらず，非慣習的ななかでも [17] は，道具の見立てが位置の見立てを大きく上回っている．

[6]　I like to skate {on 68% / with 25% / using 8%} roller skates.

[17]　She sewed the dresses {with 70% / using 14% / on 16%} the sewing machine.

このような非標準的な道具の見立ての事例でも，やはり，with が using を大きく上回っている．with と using の割合は 3 対 1 以下か 4 対 1 以下である．

　ほかに杉本（2008）が被験者の「成績」をまとめた資料があって，ここでの論点だけに絞っていえば，やはり，using を用いた者は例外的少数派である．そればかりか，全体の成績も悪い．被験者 40 名中，using の使用者は 5 名（13% 弱）にとどまる．そしてこの人たちの正解数は，全 17 問中，10 問（うち三つが using），10 問（うち二つが using），10 問（うち三つが using），8 問（うち三つが using），6 問（うち五つが using）である．その正解率はよくても 6 割弱，そして最悪が 3 割 5 分である．この最悪の英語母語話者は，正解の 6 問中 5 問までも using を用いて答えている．どうしたわけか，using を偏愛している．

　それにしても，なぜ，using を用いるのだろうか．一部の母語話者は，道具扱いの意識が強いときに，with よりもむしろ using を選択するのだろうか．いや，それよりもむしろ，using は融通がきくと思い込んでいて，何でも using で済ませるのだろうか．どうも後者のほうが妥当な見方のように思われる．次にその理由をみる．

まず，基本的事実を確認しておきたい．using はそもそも動詞 use の現在分詞形であって，前置詞として確立しているわけではない．そして実際，どの辞書にも前置詞としての記述はない．明らかに，concerning や regarding が完全な前置詞として確立しているのとは対照的である．とはいえ，using という語形式で道具の with の代用機能を果たしていることは間違いない．

原点に戻って，資料を収集し，実際の用法を点検してみよう．調べてみると，確かに，多様な用例が見つかる．しかし実際，using がどれも with と交替可能なわけではない．with と交替可能なものもあれば，with 以外の前置詞と交替可能なものもある．〈慣習的に自然な言い回し〉という判断基準からいえば，using の目的語にどのような実体の項が生じているかに着目しなければならない．

第一に，次の用例は with と置き換えても自然な言い回しになる場合である．

(1) Peel the apples using a sharp knife.　　　　　　　　[LAAD]
　　（よく切れるナイフを使ってリンゴの皮をむきなさい）

(2) Using her bare hands, she smears paint on the canvas.　[LAAD]
　　（彼女は素手でカンバスに絵具を塗る）

(3) The experiment was performed using laboratory rats.
　　（その実験は実験用ラットを使って行われた）　　　　　　［活］

第二に，using を with よりもむしろ，それ以外の前置詞に置き換えるほうが慣習的に自然な用法になる場合である．

(4) Using computers, students are able to integrate text with graphics.　　　　　　　　　　　　　　　　　　　　　　　　　[LAAD]

(5) The author wrote her latest novel using a popular word processor.　　　　　　　　　　　　　　　　　　　　　　　　　[AELD]

(6) They communicate with each other <u>using sign language</u>.

[LAAD]

はじめの 2 例は on computers と on a word processor が，そして最後は in sign language が，慣習的に定着した用法である．次に類例を挙げる．同種の場面で用いられていることに注目したい．

(7) He would often be working away <u>on his computer</u> late into the night.　　　　　　　　　　　　　　　　　　　　　　　　　　[COB]
（彼はしばしば夜遅くまでコンピューターで仕事をし続けたものだ）

(8) I wrote a letter <u>on a word processor</u>.　　　　　　　　　［活］
（ワープロで手紙を書いた）

(9) The videophone is already being used by deaf people to communicate <u>in sign language</u>.　　　　　　　　　　　　　　　[OSD]
（ビデオフォンはすでに聾唖者が手話のコミュニケーションで用いている）

## 12.2. tool と instrument はどう違うか

最後に，英英辞典の語義解説の仕方に注目したい．わけても興味をそそるのは，in / on / with を含む慣用表現を説明するのに using を用いていることである．初めの 2 例は LAAD から，また後の 2 例は COB からの引用である．下線部を比較したい．

(10) My sister lives in Canada, but we talk <u>on the phone</u> ( = using the telephone).　　　　　　　　　　　　　　　　　　　　　[LAAD]

(11) Write your essays <u>in pen</u> ( = using a pen) not pencil.　　[LAAD]

(12) If something is done <u>on an instrument or a machine</u>, it is done using that instrument or machine.　　　　　　　　　　　　　[COB]

(13) If you do something <u>with a tool or object</u>, you do it using that

tool or object. (COB)

　各文内の下線部分を比べてみると，慣用表現内の in / on / with がいずれも using で言い替えられている．しかし〈その言い替えはあくまでも元の慣用表現の微妙な意味合いをそぎ落としたもので，簡潔に分かりやすく注釈的説明を加える便法〉として using が用いられている．動詞 use は実際，融通のきく汎用の便利なことばである．

　とりわけ (12) と (13) の慣用法の違いが目を引く．注目すべきことに，on an instrument or a machine と with a tool or object とが鮮やかな対照をなす．すぐに疑問が湧く．on と with の差異はどこから出てくるのだろうか．その解答を語義解説に求めても不首尾に終わる．解説に当たる二つの主節部分を読み比べてみても，結局は事実上，同じことを言っている．on と with はどちらも using 一語に置き換えられ，その差ははじめから捨象したうえでの中心的部分の解説しかしていないからである．

　疑問に答えるヒントは連語それ自体に求めるほかない．この連語の背後には英語母語話者の無意識的知識が張りついている．それを掘り起こす努力をするほかない．何よりもまず，instrument と tool の対照性に糸口があるのではないか．調べてみると，instrument は machine と同列に扱われているように，〈それ独自の内部構造をもち，複雑な仕組みを備えた機器類つまり器具・機具〉——たとえばミシン，コンピューター，ピアノ，電話——を指すのに対し，tool は〈人が手に持って用いる用具・工具〉——たとえばハサミ，ナイフ，ノミ，ノコギリ——を指すものとみられる．どうやらこれが基本的用法で，ひと言でいえば，instrument はいわば〈自動装置〉なのに対し，tool は〈手の補助道具〉である．

　かくして上記の連語にみる前置詞選択の差異はひとまず次のように理解される．人が手に持って用いるモノは with a tool or thing なのに対し，自動装置の下で自ら動くモノは on an instrument である．この概念的区別を母語話者は無意識的言語知識として身につけているものと推測される．

しかし重要なことは次の点にある．以上は確かに語彙内在的な概念的区別であるとしても，それがそのまま文法的にも有意味な区別として外在化されるとはかぎらない．個別の語の実際の用法——つまり語法——は，わたしのみるところ，構文レベルで文の指し示す状況を分析する中ではっきりする．それぞれの語は個別構文（の事象構造）の中でどのような参与者役割を分担するかによって with とも on とも連語をなす事実がある．具体的例証は以下の多くの章節のテーマである．

ちなみに日本語で「道具」といえば，日常的には，英語の instrument と tool の概念を区別せず，両者合わせた広義に用いられているが，本稿の理論的用語としては，〈道具扱い〉〈道具の見立て〉といった類のことば遣いのもとで〈道具〉は人のコントロール下で動く実体を指していう．たとえば，電気掃除機や洗濯機は正真正銘の instrument であるが，英語の慣習法では，with a vacuum cleaner なのに対し，in a washing machine である（後述）．

以上の用例観察は，using の汎用性をよく示している．using は決して慣習的言い回しを作る前置詞相当語ではない．いまや本題に戻って結論を出すことができる．with の代わりに using を用いた一部の被験者は慣用的な連語意識が希薄で，自然に身につくはずの言語的慣習を身につけていないといえる．

## 12.3. 標準的慣習化に反する道具扱い

一例を引くと，[17] がある．ミシンは位置と道具のいずれの見立ても許容されるように思われるが，慣習的には on the sewing machine が用いられるようである．

[17] She sewed the dresses {with 70%／using 14%／on 16%} the sewing machine.

手持ちの英英辞典で調べたかぎり，with の用例は一件も見つからなかったが，on の用例は次の 2 例が見つかった．（ちなみに，英和辞典では on と with を等しく容認しているものがある．）

(14) You can also use textured-nylon or polyester threads <u>on a conventional sewing machine</u>.　　　　　　　　　　　　　　　[OSD]
（従来型のミシンでもナイロンやポリエステルのテクスチャード加工糸が使用可能）

(15) <u>On a sewing machine</u>, always backstitch before cutting the thread.
（ミシンは必ず返し縫いをして糸を切ること）

　さて，規定例文 [17] に戻って，改めて被験者の実態をみてみよう．慣習的な on の使用者は 16% にすぎない．一方，ミシンを道具扱いした被験者は with と using を合わせて 84% に上り，圧倒的な多数派である．また，総数 17 の規定例文中，using の答えがいちばん多かったのが，この [17] である．道具と見立てたにしても，with を用いないで，using を用いているところが奇妙である．

　ついでに，ミシン以外の家庭の機器類——電気掃除機と洗濯機——についても，with と using の使用比率を調べてみよう．

[15]　I'll just go over your room {<u>with</u> 98%/using 3%} the vacuum cleaner.

[16]　He wash our clothes {<u>in</u> 90%/with 10%} the washing machine.

　using をよしとする被験者は，それでは，[15] の電気掃除機についても，using the vacuum cleaner と言うかというと，17 人の被験者全員が道具扱いし，しかもそのうち 16 人は with を選んでいる．ただ一人だけが using を選んでいる．しかも，ここでは引用しないが，別の原資料をみると，その例外的な 1 人はミシンでも using を用いている．この人だ

けは using を偏愛している．

一方，[16] の洗濯機の場合は，9 割の被験者が標準的な位置の in を選んでいるのに，1 割の被験者は非標準的な道具の見立てをし，with を用いている．using を選んだのが一人もいないのは不思議である．in the washing machine の連語意識がしっかりと根づいているのだと推測される．

もう一つ例を引くことにしたい．まず，[8] [9] の電話やテレビは通信手段である．電話で話をしたり，テレビで野球を見たりするとき，on the telephone, on television という．これら 2 例で被験者は全員が on を選んでいる．道具の with や using を選んだ者は一人もいない．その理由は，容易に察せられるように，電話で話をしたり，テレビを見たりすることが日常生活で繰り返し起こる普通の出来事であることと深く関係している．そのために使用頻度が高く，母語話者が通常そうであるように，個人個人はそれをただ習慣的に身につけ，そしてそれが社会的には言語的慣習として定着したものである．だからといって，そこに何の根拠もないわけではなく，道具と位置の概念的区別の直接的反映として with と on の文法的区別があることは何度も見たとおりである．

それが [7] のピアノになると，ピアノを位置（接触位置）と見立て on the piano とするのが慣用法である．さすがに on が圧倒的多数（80%）を占める．いや，むしろ，正解者が 100% に至っていないのが不思議なくらいである．この連語も母語話者にとっては，日常の生活環境の中で自然に身につく慣用法のはずだからである．

20% の不正解者は，それでは，いったい，どんな前置詞を用いたかというと，with（15%）と using（3%）が目立つ．ピアノを道具と見立てたのである．

もしかしたら，ピアノを弾くこと自体が意図的・意識的行為であるから〈道具〉と見立てたのかもしれない．それは間違いではないが，すでに説明したように，ピアノ演奏で道具と見立てられるのは，演奏者の手であり足であって，ピアノではない．

ピアノを道具視した部類の人たちは英語の自然な慣習的イメージからははるかに遠いところにいるといわなければならない．そしてこのようにピアノを道具扱いするのは，日本人英語学習者にも広く観察される間違いのパターンである．

　どうしたわけか，ほかに in（3%）が一人いる．この被験者は何を勘違いしたか，きっと別のことを考えていたのだろう．

　演奏者はピアノを弾くときピアノに働きかける（act on）．さらに厳密にいえば，手の指を用いてピアノの鍵盤に働きかける．ピアノ本体はそこにあって固定位置をとる．ピアノ（の鍵盤）は演奏者のエネルギーが至り着く終着点ではあっても，そのエネルギーを運ぶ媒体ではない．道具は演奏者とピアノを結びつける媒体であって，その媒体になりうるのは演奏者の手指と足である．かくしてエネルギーの伝わり方を図示すると，〈演奏者⇒手足⇒ピアノ〉となる．一般的にいえば，〈行為者⇒道具⇒接触位置〉の順にエネルギーが伝わる公式が得られる．実際，これが英語の最も慣習的な構文法のひとつである．ここでもピアノを道具扱いし，with を好む被験者が多いのをみると，慣習的イメージが崩れつつあるといえるかもしれない．

# 第13章　事例研究1
―― on roller skates 構文 ――

## 13.1. 被験者の反応と考察課題

　すでに概観したように，英語母語話者のなかには，慣習的には〈位置〉の前置詞 in/on が用いられるところで〈道具〉の with を用いるものが，意外にも，相当数いる．これは説明を要する問題である．そこには何か特別な理由があるように思われる．

　突き詰めると，その場面的状況で本来〈位置〉と目される実体を，〈道具〉と見立ててもおかしくないと感じさせる状況要因が働くのだと考えられる．そして実際，個別の事例を吟味してみると，その種の状況要因が深く関与している．それは結局，〈位置の見立て〉以外に〈道具の見立て〉をも許容する状況要因が現に存在するからである．

　改めて確認しておきたいが，〈道具の見立て〉には次の要件がかかわる．まず，①関連状況が〈行為者の意図的行為〉を表していること．そして次に，②その行為を達成するために行為者が自在に〈制御し操作する (control and manipulate)〉実体が存在することである．その実体こそが〈道具〉と見立てられる．

　かくして，ある実体が慣習的には〈位置〉と見立てられる実体でも，上

述の条件を満たすかぎり，その実体を〈道具〉と見立てる解釈も可能となる．そうした状況では，位置から道具への見立ての転換も慣習的イメージの許容範囲内にあるといえることになる．

まさしくその間の事情を象徴的に示す事例がある．その代表例が規定例文 [6] である．子細に吟味してみることにしたい．

規定例文 [6] で肝心な点は，母語話者が〈ローラースケートで滑る行為〉の身体経験をどう把握し概念化しているかである．改めて，まず，被験者の反応を確認しておくことから始めたい．

    [6]   I like to skate {on 68% / with 25% / using 8%} roller skates.

これをみると，on を用いた被験者は 3 分の 2 に上り，過半数を大きく上回る．この部類の母語話者は，ローラースケートを〈位置扱い〉したことになる．この位置扱いこそが，どの英英辞典にも登載された唯一の用法である．それゆえ母語話者にとって最も自然な見立てである．これを慣習的な標準型とみなすゆえんである．

しかし一方，with と using を用いた被験者も相当数いる．合わせて 33% に上る．つまり，3 分の 1 の母語話者はローラースケートを〈道具扱い〉したことになる．この割合は決して無視できない．これだけ多くの被験者が，この場面でローラースケートを位置よりはむしろ道具と見立てた背景には，いったい，どういう動機があったのだろうか．

そういえば，思い当たるふしがないではない．ほかでもなく，〈ローラースケートで滑走する行為〉は紛れもなく意図的行為である．その過程で行為者はローラースケートを操作し制御する．滑走の速度を緩急自在に操ることもできれば，また滑走を急に中断したり再開したりすることもできる．

さらにいえば，行為者のエネルギーがローラースケートに伝わり，エネルギー量の増減によって，滑走を開始したり，速度を加減したり，中断したり，また再開したりすることができる．

このようにローラースケートは間違いなく完全に行為者のコントロール下にある．行為者の意図に沿って動き，最初から最後まで行為者と一体化している．であれば，これを〈道具〉と見立てることに何の支障もない．道具の見立ての論理に抵触するところは何もない．それどころか，道具の見立ての最も典型的な事例のようにさえみえる．被験者が3分の1もローラースケートを道具扱いしたことには十分な根拠があったとみることができる．

## 13.2. スケートはなぜ〈位置扱い〉か

　しかし，それにもかかわらず，慣習的傾向からいえば，なぜ，on roller skates のほうが確立した用法になっているのだろうか．振り出しに戻って改めてこの疑問に向き合わなければならない．どうやら〈道具の見立て〉の論理だけでは慣習的標準型の優位性を十分に説明することはできない．さらに別の視点から解決策を探らなければならない．

　スケートを位置扱いするからには，スケートとスケーターの空間的配置関係に注目しなければならない．改めてスケートに乗る情景を思い浮かべてみよう．視覚的に際立つのは，〈スケートの上にスケーターの身体が載っかっている姿かたち〉である．この視覚的構図は二つの参与者間の〈物理的な垂直関係〉で成り立っている．それは同時に〈下のモノが上のモノを支える〉という機能的関係を示唆する．すなわち，〈スケートはスケーターの身体を支える土台〉としての機能的役割をも担っていることになる．この〈支え〉——あるいは臨機応変に〈土台〉〈基盤〉とも呼ぶ——の文法的担い手が on にほかならず，これが on roller skates という慣習的語連鎖を生む動機になっているのだと推測される．

　いまや主題に戻ることができる．結局のところ，ローラースケートは〈道具〉よりはむしろ〈位置〉，それもスケーターの身体全体を支える〈土台〉としての見立てが優先されていることになる．

しかし同時に，ここで見落とせないのは，この空間的配置関係こそがローラースケートの道具的機能と直結していることである．ローラースケートで滑るためには，スケーターはあらかじめスケートを装着していなければならない．スケートの上にスケーターの身体が載っかっていなければならない．この空間的配置関係を保持しないかぎり，スケートの道具的機能を十全に発揮することも決してできない．このようにスケートの空間的位置と道具的機能とは相即不離の関係にある．もっと正確にいえば，スケートの道具的機能はスケートの空間的位置――取りも直さず，スケーターとの配置関係――と相互に依存している．この相互依存関係こそが，慣用法に反し，〈位置の見立て〉から〈道具の見立て〉への転換を生む決定的な要因だったと考えられる．

　以上の考察からさらに次の結論が推論される．すなわち，英語話者は〈道具優位〉の見方よりもむしろ〈位置優位〉の見方を好む．

　位置優位の見方とは知覚的な〈空間的配置関係 (spatial configuration)〉を焦点化する捉え方である．対照的に，道具優位の見方とは〈力動的相互作用 (force-dynamic interaction)〉を焦点化する捉え方である．英語では位置優位の見方が無標の場合なのに対し，道具優位の見方は有標の場合である．有標の事例には，無標の事例を超えた特別な事情が働くのだと想定される．以下の議論の中でこの結論を検証し確証する機会が何度かある．

　本題に戻ってまとめておきたい．on skates という語連鎖は優れて慣習的な言い回しである．もとをただせば，英語話者の位置優位の見方にさかのぼる．そして位置優位の見方は，状況参与者間に際立つ空間的位置関係を焦点化した視覚的構図に基づいている．この位置優位の見方こそが英語母語話者の無意識的な慣習的思考パターンを生みだしている．

　さらにいえば，on skates はただ空間的配置関係を表すだけではない．on skates という言い回しだけで，必ず〈スケートに乗って（いる状態で）滑走する活動〉までをも含意する．つまり，skate on skates のように動詞 skate が共起していなくても，スケートで滑走する活動が関与する場面的

状況を呼び起こす．慣習化の意味合いがすぐれて潜在意識的であることがよくわかる．

実例を三つ引く．さきほどの例とは違って，次の例では skate という動詞は生じていないが，スケートに乗って滑っていることに違いはない．動詞に注目したい．come up（やって来る）も shoot past（走り抜ける）も移動を表す．とくに（3）では述語 get raised up（育てられる）と on ice skates との間には直接的な意味関係は何もない．にもかかわらず，on ice skates の連語の力にあずかって，〈アイススケートで氷上を滑る活動〉が必ず含意される．

(1) A boy of about ten came up <u>on roller skates</u>. [COB]
 （10 歳くらいの男の子がローラースケートに乗ってやって来た）

(2) Two kids shot past us <u>on in-line skates</u>. [LAAD]
 （2 人の子供がインラインスケートに乗って勢いよく走り抜けていった）

(3) Their children practically get raised up <u>on ice skates</u>, and the town lives for its weekly hockey game where their team divides up to play against itself. [OSD]
 （彼らの子供たちは事実上，アイススケートで育てられる．町は子供たちが二つのチームに分かれて毎週ホッケーの試合をして楽しむ）

以上の議論を裏づける証拠がある．手元の英英辞典を調べたかぎり，with (roller) skates の例は見つからない．いや，正直にいえば，ただひとつ，次の例が見つかった．ただしこれは，よく吟味してみると，だいぶ趣が異なる．これは正真正銘の道具である．ここには道具の with を用いる明確な動機がある．

(4) She traced a pattern in the ice <u>with her skates</u>.
 （スケートで氷に模様を描いた） ［活］

われわれの常識では，スケートは何よりも滑るための道具である．この

ことは疑いようがない．ところが，この用例はただ滑るという情景を描写しているのではない．ここでは，氷に模様を描くという特別な目的のためにスケートを利用している．この目的のためにスケーターは，用心深くスケートを操作しなければならない．

　裏返していえば，スケートはスケーターの意図した目的を達成するための道具としての役割を担っている．確かにスケートは鋭利な刃物である．〈彫刻家がノミで氷に像を彫る情景〉を思い浮かべてみよう．ノミは氷を彫る道具以外の何物でもない．(4)のスケートもまた，このノミと同じ道具の役割を果たすべき状況にある．であればこそ，on skates よりも with skates がふさわしい所以である．

　もちろん，スケートに乗って滑っているという事実は変わらない．しかしこれは心理的には背景化されている．というのも，それ以上の意図的行為が前景化されているからである．このように，ここにはスケートの道具的役割が前面に押し出される自然な理由があったとみることができる．

　以上の観察をも含め，改めて次のように論点をまとめることができる．機能的観点からいえば，スケートは〈滑走し前進する〉ことこそがその本分である．この典型的な通常の状況では，on skates のように〈位置扱い〉するのが慣習的用法である．それというのも，on skates こそが，①スケートとスケーターとの適正な空間的配置関係を合図するだけでなく，②スケートが道具的機能を十全に発揮するための必要不可欠な前提条件をなすからでもある．

　それに対し，非典型的な状況では，with skates のように，スケートを〈道具扱い〉することもできる．そのときには，スケートの道具的機能を取り立てて強調する特別な場面の理由があると想定される．

　以上の考察を視野に入れてはじめて，いまや規定例文 [6] の調査結果を適正に評価することができる．on skates を選んだのは被験者の3分の2であり，これらの被験者だけが最も標準的な慣習法を身につけており，それも元をただせば，位置と道具の概念的区別をしっかりと身につけている

部類の母語話者であると結論される．

## 13.3. 〈位置優位〉のさらなる証拠

　以上の考察と論点をさらに強化する広範な証拠がある．これによって英語に特有な十分に一般的な経験仮説とすることができる．以下に2種類の証拠を挙げる．ひとつには，on skates と同様，足に器具をつけて活動するどのスポーツについても，同じ慣用法が働いている．スキー，ソリ，スノーボードなどがすぐに思い浮かぶ．どの器具も共通して〈雪上を滑走する（滑降する）〉ことをその本来的な機能とする．次に若干の実例を引く．

(5)　I have never been on a pair of skis in my entire life.　　[OSD]
　　（私は生涯一度もスキーをしたことがありません）

(6)　In winter I like to hike on skis across open fields.　　［活］
　　（冬にはスキーで平原を横断するのが好きだ）

(7)　I was there in the summer and there were some downhill skiers training on grass skis so I asked if I could have a go.　　[OSD]
　　（夏そこにいたとき，グラススキーで滑降の訓練をする人がいて，わたしもやってみてもよいかとたずねた）

(8)　A ride through the forests on a troika—a sleigh pulled by three horses—is a real treat.　　[OSD]
　　（トロイカ——3頭立ての馬が引くソリ——で森を駆け抜けるのは本当に楽しい）

(9)　You can't help but get excited watching these guys fly through the air on a snowboard.　　[OSD]
　　（この連中がスノーボードで空中を飛ぶのを見ると興奮を抑えられない）

　一方，例外的な用例にはやはり特別な動機がある．次のように，with skis を用いた実例がある．吟味してみると，道具扱いには確かに特別な

強調を誘う状況要因がある.

(10) This was a hoot, since the exam was given on an alpine hill that I skied on with my long, skinny, wooden skis. [OSD]

これは明らかに特別な状況である.「高地でスキーの滑降テストを受けた」という.にもかかわらず「いつも使っている細長い薄っぺらな木製のスキーを用いて滑った」というのである. with my long, skinny, wooden skis のように,スキーを〈道具扱い〉した理由が透けて見える.限定修飾表現をみるだけで尋常でない状況が想起される.自分の使い慣れたスキーとはいえ旧式の使い古したものだから,滑降テストには不向きで,相当の苦労と努力を覚悟しなければならない.普通なら,もっとちゃんとしたスキーを用意しただろうに.しかしその結果は,当の本人には「本当に楽しいものだった」という.どうやら,本人の期待どおり,ことは首尾よく運んだのだと想像される.

改めて本題に戻るが,さらに重要なことに,スケートなどのスポーツ器具類だけが〈位置優位〉の証拠なのではない.視野を広げてみると,注目すべきことに,身体全体(あるいは胴体)と下肢(脚部)との間にも同じ見立ての論理が働いている.この見立ての論理を改めて一般化すると次のようになる.

人の身体活動や日常の動作のなかには,身体全体(とくに胴体)と特定の身体部位(とくに下肢部分)が〈空間的な垂直関係〉にあるとき〈身体部位が身体全体を支える〉という効果をもつものが数多くある.このとき身体部位は〈身体全体を支える土台〉と見立てられ,on でコード化される.以下,この一般化を裏づける証拠を見てゆきたい.

まず,卑近な例に on foot がある. on foot は必ず stand on foot さらには go/move/travel on foot(歩いて行く)を含意する.これを一語でいえば, walk to town における移動用法の walk がこれにあたる.

日本語で「立つ」といえば「足で立つ」のだし,「歩く」といえば「足で

## 第 13 章 事例研究 1

歩く」のだが，わざわざ「足で」などと断らない．ただ「一本足で立つ」のように，とくにそれを指定する理由があれば，その限りではない．いずれにせよ，日本語では足は〈道具の見立て〉だが，英語では〈位置の見立て〉である．on foot であって，*with foot でも *by foot でもない．

on foot という連語が定着している．foot は無冠詞単数形で on と緊密に結びつき一体化した形で「徒歩で移動する」という慣習的意味を語彙文法化している．もちろん柔軟性も残していて，stand on one foot（片足で立つ）や hop away on one foot（片足でぴょんぴょん跳んで行く）などと言うこともできる．次に用例を挙げる．

(11) It takes about thirty minutes on foot, or ten by bicycle.
（徒歩で約 30 分，自転車で 10 分かかる） ［活］
(12) The best way to see Yosemite is on foot.
(13) He plans to cross the Himalayas on foot. [ACT]
(14) It's not easy to skate on one foot. [LAAD]
(15) The dog's foot had been hurt, and it couldn't walk on it.
（その犬は足をけがしていたので，足を地につけては歩けなかった） ［活］

とくに (14) は興味深い．「一本足でスケートをするのは容易じゃない」といっているが，ここで「一本足」とは，もちろん，裸足ではない．「スケートをはいた足」のことである．足はスケートのメトニミーである．スケートで滑るとき足こそがスケートをコントロールしている．スケートは足のコントロール下にある．であればこそ，on one skate の代わりに on one foot という言い回しも自然に成り立つ．もちろん on one skate の用例も見つかる．

(16) Double-eight figures skated entirely on one foot. [ODE]
(17) The law arrived quickly and ran down their quarry as he tried to make his getaway on one roller skate. [OSD]

（警察がすぐにやって来て，一本足のローラースケートで逃走しようとした獲物を見つけ出した）

さらにまた，爪先の用例がある．これも on と結びつき，on one's tiptoes, on tiptoes, on tiptoe などと変種がある．このうち on tiptoe が on foot と同じく，究極の簡略形式である．いずれにせよ，つま先で身体全体を支える動作や状態を描写するのに用いられる．

(18) I had to stand on tiptoe to kiss him.

on foot や on tiptoe が行為動詞と結びつくと〈道具〉と解しても意味は通じるが，しかし実際，状態動詞とも結びつく．このとき〈道具〉とは解釈できない．全体としては，やはり〈位置〉の見立てが当てはまる．さらに突き詰めれば，この〈位置〉は厳密にいえば〈動作の様態〉ではなくむしろ〈主語の状態〉——付帯状況——を指し示す（後述）．

このように on foot も on tiptoe も，土台としての位置の見立てであり，道具の見立てではない．〈身体全体が足や爪先の上に載っかった空間的配置〉こそが，足や爪先を〈位置〉と見立てる根拠となる．歩行や爪先立ちなどの動作をみると，足や爪先は道具として機能するにもかかわらず，実際には〈位置の見立て〉が慣習化している．

以上の観察を一般化してまとめると，状況把握の仕方が実体間の力動的相互作用よりはむしろ実体間の視覚的構図を優先する捉え方である．さらにいえば，英語の文法と語法は，モノの機能的役割よりはむしろモノの空間的位置を重視する英語話者の〈知覚の癖〉に由来する．これがもちろん慣習的な無意識的思考の鋳型を生みだす根源である．

さらに補強証拠を挙げたい．次のように，ソリで滑降する活動，犬が後ろ脚で立って歩く動作，カンガルーが後ろ足でジャンプする動作などを思い浮かべてみよう．具体例で吟味してみれば明らかなように，これらもまた，それぞれの動作に特有な身体的配置を要求する．道具と位置のいずれ

の解釈も，理論的には等しく可能だとしても，位置の見立てのほうが自然に慣習化された標準型とみることができる．身体全体に対し身体部位がどのような配置関係にあるか，それこそが動作や状態を構成する根幹部分をなすからである．

(19) The dog was sitting on his hind legs.
（犬はお座りをしていた）

(20) I'd been sitting on my heels for so long my legs had gone dead. [LAAD]
（長時間しゃがみ込んでいたので脚がしびれてしまっていた）

(21) A frog jumps from place to place on its strong back legs.
（蛙は強い後ろ足でぴょんぴょん跳ぶ）

(22) I did a somersault and landed gracefully on my feet. [OSD]
（宙返りをして，足から優美に着地した）

(23) Finally he came down in a somersault and landed on one knee. [OSD]
（とうとう彼は宙返りをして下降し，片方の膝だけで着地した）

(23)を例に説明すると，on one knee は「片方の膝だけを折った状態で，その上に体全体が載っかる格好で」ということである．文法的にいえば，これは動作の様態ではないし，結果的状態でもない．むしろ「付帯状況」である．着地する前から彼は片膝だけを折った状態だったのである．付帯状況とはそのときの彼の状態のことである．

このように英語話者は，身体全体とある種の身体部位との配置関係にすこぶる敏感に反応する．もちろん無意識な慣習として定着している．下肢部位——とくに脚や足，それに足につけるスポーツ器具——は身体全体を支える土台としての見立てになっている．身体部位が身体全体を支える空間的な配置関係こそが英語では有意味な視覚的構図を構成し，それが概念化されて，on の前置詞で表現されているのだと見ることができる．

位置扱いは視覚的イメージ優先を意味する．一方，道具扱いは力動的相互作用を強調する．道具は行為者のコントロール下で動き，行為者のエネルギーを引き受けて対象に働きかける役割を担うからである．

## 13.4. 時間的位置の in に関して

たとえば in the car なら，in は空間的位置を合図するが，in the rain なら，in は時間的位置を合図する．車は物体（もの）だが，雨は事象（こと）である．出来事名詞と共起すれば，in は時間的位置であって空間的位置ではない．

出来事は何よりも時間の中に位置づけられる．出来事は時間の流れに沿って存続し展開する．典型的には，ある時点に始まり，ある時間続き，ある時点で終わる．すなわち，出来事には始発点と終着点がある．これらはもちろん時間軸上の異なる時点を指す．出来事が時間軸上に位置づけられるゆえんである．

時間的位置の in は during に言い替えできる．そして in の場合と同じく，during の場合にも，状況次第で時間的関係から因果関係が推論される．状況次第だから，これは語用論的含意である．

[3] My brother lost his eyes {in 82% (32人) / during 10% (4人) / due to と because of 8% (3人)} the war.

母語話者の反応をみると，圧倒的に in the war である．これに during the war を加えると，40人中36人が時間的位置と解している．in the war の連語の頻度が高いことにもよると推察される．

一方，due to と because of など，もともと原因と解した母語話者が3人いる．実際のところ，in the war が原因と解されても不思議ではない．その事情を簡単にみておきたい．

[3] は語用論的にあいまいであるといえる．①兄が戦時中に（何か病気

で）失明したのかもしれないし，また②兄が戦時中に（銃弾を受けて）失明したのかもしれない．[3] だけの情報では，いずれか一方に決める手立てはない．

　たとえば，My gandfather died in the war. なら，語用論的に，いずれかひとつの解釈だけに絞られる．祖父というからには老齢で，老齢なら従軍することはないという常識が働き，その状況の下では，祖父が亡くなった時点がたまたま戦争と重なっただけのことである．

　②の場合には，さらに時間的位置から原因への語用論的含意（推論）が成り立つ．

　次の例では，during the war の時間表現が含まれるが，主節事態との間に因果関係が自然に喚起される．これはもちろん語用論的含意である．

(24)　The city was burned down during the war.　　　　［活］
(25)　Many innocent citizens were killed during the war.　　［活］

というのも，戦争とはどういうものか，われわれは知っている．残忍非道な人災であって，町を焼き尽くしたり市民を焼き殺したりする．そうした知識が広く共有されていればこそ，たとえ during the war であっても，そこに because of the war の意味合いを重ね合わせて状況を全体として把握する．つまり，状況次第で時間的な包含関係から因果関係への語用論的推論が無理なく成り立つというわけである．

# 第 14 章 事例研究 2
── 経験と行為の catch 構文 ──

## 14.1. 被験者の反応と考察課題

　位置と道具の概念的区別が有意味に働いている事例は他にもある．異なる側面を浮き立たせる事例として，述語動詞 catch を軸とした多様な構文型に注目したい．規定例文 [13] の構文型はその一例で，いわゆる経験構文である．ほかに catch には行為構文がある．それぞれの用例を点検してみると，catch 構文に織り込まれた多様かつ繊細な事象構造（概念構造）と英語話者の「知覚の癖」（命題的思考の鋳型）が浮かび上がってくる．

　着目すべき点は，ひとつの事象参与者が〈位置扱い〉か〈道具扱い〉かで揺れる事例が現に存在することである．問題の中心は，〈位置〉と〈道具〉のいずれが catch の慣習的な構文型に織り込まれているか，その決定要因と根拠を実証的に突き詰めることである．

　まず，規定例文 [13] の意識調査の結果を改めて見ておきたい．文が指し示す状況は，たとえ前置詞抜きでも，無理なく想起される．「塀を飛び越えようとしてクギで手を引っ掻いた」のである．ここで特筆すべきは，被験者全員が on a nail の連語を選択したことである．ここにはひとつの慣習的な知覚イメージが張りついている．

[13]　He caught his hand {on 100%} a nail leaping over a fence.

　ここには二つの事象が含まれている．そのうち「塀を飛び越える」のは意図的行為である．しかしその行為の過程で偶然「クギで手を引っ掻く」という事態が起こったのである．クギは塀から頭が出ていたにちがいない．つまり〈もともとそこにあった〉のである．動いたのは手のほうである．手が動いてクギに当たったのだから，クギは手の接触位置と解される．これは英語話者にとってまったく自然な見立てである．

　[13]の用例の根底には次の構文スキームがある．意味役割構造も含めて表記すると次のようになる（なお LOC は位置前置詞．以下同様）．

　　(1)　　X　　　catch　　X's Y　　LOC　　Z
　　　　　経験者　　　　　　被動者　　　　　接触位置

ここで主語 X は〈経験者〉の役割を担い，目的語 X's Y は〈被動者〉の役割を担う．ここで Y は X の身体部位でなければならない．そして位置前置詞の目的語 Z は〈接触位置〉の役割を担う．何かの拍子に偶然，手（Y）が塀のクギに当たったのだから，手は――直接影響を被った対象という意味で――〈被動者〉という．そしてその所有者（X）は――その偶発的事態に不本意に巻き込まれた当事者という意味で――〈経験者〉と名づけることができる．（なお，この定義はその場限りのものではなく，英語の多岐にわたる構文型から抽出した一般化である．ここでは論旨がそれるので，これ以上の議論に深入りする余裕はないが，詳論は中右（1994, 1998）を参照されたい．）

## 14.2. 経験の catch 構文 3 種

　[13]の類例に次の例がある．catch 構文以外に，いわゆる被害の get を上位動詞に据えた get — caught 構文がある．いずれの主語も偶発的事態

に巻き込まれた〈経験者〉の役割を担う．また「指」や「足」は直接の被害者つまり〈被動者〉である．

 (2) a. I caught my finger in the door.
   b. I got my finger caught in the door.
    （指をドアにはさまれた）        ［活］
   c. A man caught his foot in the lawnmower.  ［COB］

そしてもうひとつ，接触位置は [13] とは違い，in で合図されている．もちろん，接触の様態が違うからである．「私の指」がドアに「はさまれた」のである．もうひとつの例でも，「男の足」が芝刈り機に「巻き込まれた」のである．ここでも，動いていって接触したのは〈被動者の〉「指」であり「足」である．一方，「ドア」と「芝刈り機」は広く〈接触位置〉として捉えられる．

 同じく偶発的事態を記述する catch 構文でも，被動者が主語に立つ事例がある．次の構文スキームとして表示できる．

 (3) X's Y  catch  LOC  Z
    被動者        接触位置

ここで主語 Y は被動者であり，位置前置詞の目的語 Z は Y が接触を起こす地点つまり接触位置である．

 (4) My left pant leg caught on the fence and tore.  ［LAAD］
   （私のズボンの左脚がフェンスに引っかかって破れた）
 (5) Her foot caught in the net.
   （彼女の片足が網に引っかかった）

この構文では経験者の生じる文法的位置はない．しかし主語名詞句内に必ず，経験者が同定できる手がかりがある．すなわち，所有格名詞こそが経験者を合図する．それぞれ所有格代名詞の my と her である．この構

文型は接触事故の当事者（ズボンや片足）だけに焦点を絞り，それだけを切り取って前景化する効果がある．

以上三つの構文型が経験事象構文である．次にまとめて示す．

(6) a.　X　　　　catch　　X's Y　　LOC　Z
　　b.　X　　　　get　　　X's Y　　caught　LOC　Z
　　c.　X's Y　　catch　　　　　　LOC　Z
　　（X は経験者，Y は被動者，Z は接触位置）

どの構文型も偶発的事態を表す．このとき主語は経験者か被動者である．重要なのは Y と Z との相互作用である．Y が動いていって Z と物理的接触を起こす．それゆえ Z は Y の接触地点である．そしてその接触の果てに Y は何らかの被害を被る（たとえば負傷して流血する）かもしれないが，その局面は catch の射程内にはない．個別の場面で決まる語用論的意味側面である．

以上みてきたように，経験構文は偶発的接触の事態を捉えるので，接触位置の項が生じるのは自然だが，道具の項が生じる余地はない．もとより道具は行為事象にはなじむが，経験事象・偶発的事態にはなじまない．道具は行為者のコントロール下にあって行為者の片腕として働くものだからである．そのため，経験事象・偶発的事態を表す [13] の a nail を道具と見立てる話者はいないのである．

## 14.3. 行為の catch 構文 2 種

次に catch の行為構文である．ここで catch は典型的に意図的行為者の〈捕捉行為〉を表す．日本語で「とらえる」「つかむ」「つかまえる」などで表現される．まず，用例を観察してみると，次の二つのタイプが目に留まる．大きな違いはひとつの参与者が〈位置扱い〉か〈道具扱い〉かである．

(7) Snoopy caught a ball in his mouth.
（スヌーピーは口でボールをとらえた）

(8) I chased after her and caught her left arm with my free hand, forcing her to stop.　　　　　　　　　　　　　　[OSD]
（逃げさせまいと彼女を追いかけ，空いているほうの手で彼女の左腕をつかんだ）

問題の項はいずれも行為者の身体部位（口と手）である．〈口でボールをとらえる情景〉と〈手で腕をつかまえる情景〉が目に浮かぶ．日本語で考えるかぎり，どこに有意味な差異があるのかわからない．英語話者はいったい何を拠りどころに〈位置〉と〈道具〉の見立てを切り分けているのだろうか．これが目下の疑問である．

捕捉行為の catch は，いろいろな用例を観察してみると，日本語でただ単に「とらえる」というだけでは，肝心な意味合いを捉え切れないきらいがある．あれこれ英英辞典を調べたなかで最も参考になったのは次に示す ODE の定義である．

(9) intercept and hold (something which has been thrown, propelled, or dropped)

二つの部分状況からなることに着目したい．ひとつは①行為の過程（展開局面）であり，もうひとつは②その結果としての安定状態（最終局面）である．行為の展開局面①は intercept and hold で示される瞬間同時的な連続行為を指す．そして最終局面②は，その自然な成り行きとしての安定状態を指す．

具体的にいえば，catch の行為が向かう対象は，投げられたり，飛んで来たり，落ちてきたりするモノ，つまりは〈動いているモノ〉である．これが背景的条件としてある．

そうした状況下で行為者は，①その動いているモノを「途中でさえぎっ

て（intercept）」「手中に収める／保持する（hold）」という瞬間同時的な連続的行為を遂行する．その捕捉行為をわれわれは日本語で典型的には「手でつかまえる」という．

その自然な帰結として，②そのモノは〈手中に収まって保持された状態〉で落ち着く．この安定状態を伴わないかぎり，hold の概念内容が充足されたとはいえない．以上①と②を合わせた概念内容こそが catch に語彙化された意味であるとみなければならない．

人がモノをつかまえるとき道具は手（腕も含む）である．犬なら口である．日本語で「トンボを捕まえた」といえば，取り立てて道具の指定が必要でない場面で発話するのが自然である．が一方，道具に主たる関心がある場面でなら，「トンボを素手で捕まえた」とか「トンボを網で捕まえた」などと道具を指定するのが自然である．これは談話場面での発話内容の情報価値にかかわる事柄なので，日本語だけでなく英語にも等しくあてはまる．このように，わざわざ道具の項が生じるときは何か特別な理由があると考えなければならない．われわれの基本の立場でいえば，すでに何度も述べたように，道具の項が生じれば，その実体は行為者のコントロール下で道具の役割を担うことになるので，捕捉行為の展開局面①が焦点化され前景化されるのだと考えることができる．

しかし一方，そうした特別な動機がないかぎり，catch の語彙内容に慣習的に組み込まれた選択肢は，道具の項ではなくむしろ，位置（典型的には in）の項である．そして重要なのは，この位置の項が catch の最終局面②を概念化していることである．すなわち，行為者の捕捉行為の結果，捕捉されたモノが行為者の手中に収まった安定状態をも含み込んでいる．このようにみてくると，捕捉行為の catch は結局，行為の展開局面①よりはむしろ，その結果的状態を表す最終局面②にこそ比重を置いた文法構造を備えているのだといえる．

まとめていうと，〈位置扱い〉のほうが英語話者の日常経験を踏まえた自然な心理の慣習的反映である．一方，〈道具扱い〉は何か特別な語用論

的理由があって，暗に対比的な強調の心理が働くのだと推測される．

　意図的行為であれば，行為者とともに道具が生じることもできる．ところが実際，用例を観察してみると，日常もともと道具として扱われる実体であっても，それが常に〈道具扱い〉されるとは限らない，という点にこそ考えるべき問題がある．

　以上が辞書の語義解説から推論した見通しである．次に典型的な用例の観察と状況分析を試みたい．その結果，以上の見通しの妥当性が確認されるはずである．

　まず第一に，道具よりはむしろ位置——それも〈着点位置〉——の項が生じている事実に注目したい．そしてそれには自然な理由がある．大概，捕えられる対象は動いているモノである．なかでも飛んでいるモノ，あるいは倒れかかっているモノが最終的に収まる位置が〈着点位置〉である．

(10)　The spider catches flies in its web.
　　　（クモは自分が張った網でハエを捕る）　　　　　　　　　　　　［活］
(11)　Snoopy caught a ball in his mouth.
　　　（スヌーピーは口でボールをとらえた）
(12)　The owl swooped down and caught a field mouse in its claws.
　　　（フクロウはサーッと舞い降りて，爪で野ネズミを引っつかんだ）　［活］

　(10)で網とは，もちろん，クモがあらかじめ張っておいたクモの巣である．ハエがかかる前から〈すでにそこにある〉．これこそが位置の見立てにふさわしい典型的な事例である．実際，そこへハエが飛んできてひっかかるのだから，クモの巣は間違いなくハエの着地点である．位置は位置でも着地点を指し示すので〈着点位置〉と名づけることができる．

　次の例ではどうか．対照的な点がある．クモの巣は〈すでにそこにある〉といえたが，スヌーピーの口はすでにそこにあるとはいえない．スヌーピーの身体部位だから，スヌーピーが動けば口も一緒に動く．それなら，道具扱いして with his mouth とするのが穏当ではないかという疑問がよ

第 14 章　事例研究 2　　　　　　　　　　　　　　　　　239

ぎる．それにもかかわらず，現に in his mouth とある．やはり〈位置扱い〉である．これは厳然たる英語の事実である．であれば，別の論理の道筋を探らなければならない．

　改めて catch の定義を踏まえて文全体の状況を思い描いてみよう．どうやら〈スヌーピーは①飛んでくるボールを口でとらえ，②とらえたボールをそのまま口にくわえている〉という情景が自然に思い浮かぶ．確かに口は，実際には，①で示すように，捕捉行為の展開局面で〈ボールをとらえる道具〉として働いたに違いないのだが，しかしそれだけではない．その結果，②で示すように〈とらえたボールが口の中に収まった安定状態〉にある．この最終局面の安定状態こそが in his mouth という位置表現の中に投影されているのだと考えられる．別の言いかたをすれば，スヌーピーの口の道具的役割を背景化する一方，ボールが収まる着点位置としての口の役割をこそ前景化しているのだといえる．

　仮に with his mouth であったら，この最終局面の含意は出てこないことに着目したい．これでは，スヌーピーの口は道具扱いされたことになる．道具は行為者のコントロール下で動くものだから，飛んでくるボールを口でとらえるという捕捉行為の展開局面だけを前景化したことになる．しかし実際には，in his mouth である．口でとらえたボールをそのまま口にくわえているという結果的状態をこそ前景化しているのだと考えなければならない．

　フクロウの例も同じ見立てになっている．フクロウの爪はフクロウの身体部位であって，フクロウが飛べば爪も一緒に動くが，みずから動くものではない．であればこそ，逃げる野ネズミが跳び込んでくる〈着点位置〉とみることができる．フクロウの爪は，クモの巣のように，すでにそこにあるものではないが，野ネズミを捉えて離さないで保持しておくべき位置とみるのは自然である．

　さらに次の用例を観察しよう．二つの例は対照的な面がある．

(13) She fell, but he caught her in his arms.  [OSD]
(14) He knelt beside her and caught her hand in both of his.

　(13) では，彼女が倒れたので，彼が両腕に彼女の身体を抱え込んだのである．一方 (14) では，彼女が倒れたかどうかは不明である．いずれであれ，彼は彼女のそばにひざまづいて彼女の手を両手の中に抱え込んだのである．このように，対象が動いているかどうかを問わず，腕や手の中に包み込んだ局面が際立っている．対象を捕まえる過程で手や腕は道具として働いたのは事実だとしても，それよりもむしろ，その結果として，対象が手や腕の中に収まった安定的状態にこそ比重を置いた概念化が起こっている．道具の with は行為の展開局面に関与するが，位置の in は行為の最終局面，すなわち，対象の至りついた着点位置を表しているからである．

　しかし一方，意図的行為の場合でも，実際，着点位置よりはむしろ道具の見立てがふさわしい事例もある．次の例である．どこが違うかを見極めたい．

(15) a. Jenny tried to catch the frisbee with her left hand but dropped it.  [ACT]
　　 b. He throws a ball better with his right hand, even though he is left-handed.

　まず (a) をみると，「ジェニーは左手でフリスビーをつかもうとしたが，落としてしまった」という．ここで「左手」を道具扱いしたのには特別な理由がある．というのも，catch といえば通常「手でつかむ」に決まっているので，道具をわざわざ指定しない．にもかかわらず，それを with her left hand と指定したからには，やはり，そこに何か特別な理由があるのだと考えるのが自然な道理である．現実の状況をみると，ジェニーは普段，右利きなのに，あえて「左手でつかまえようとした」のだと読み取れる．

そして実際，確かな証拠は表現自体の中にある．Quirk et al. (1985: 271) によると，もともと左利きであれば，with the left hand のように定冠詞 the を用いて言うのに対し，もともと右利きであれば，with her left hand のように人称代名詞を用いて言うとある．その裏づけ証拠に，生の資料で見つかった (b) の実例がある．「左利きなのに，右手のほうがボール投げがうまい」と言っている．利き手でない右手のほうには所有代名詞 his が用いられている．このように，定冠詞 the か人称代名詞か，その選択には明確な概念的区別が対応していることになる．

いまや (15a) に戻っていえば，左手を道具扱いして with her left hand と言い表す特別な理由があったことが明らかである．先に予測したとり，やはり普段は右手が利き手なのに，この状況では左手を用いたという対比的強調の動機があったのだとみるのは自然である．その状況はそれなりに努力を要する状況だったのである．努力をするにはしたが，不首尾に終わったという事情をみれば，それだけいっそう道具扱いしたのは理に適っている．というのも，ほかでもなく，道具は常に行為者のコントロール下で動くものだから行為の展開局面にじかに関与したにもかかわらず，最終的には，とらえ損ねるという結果に終わったのだから，それだけいっそう，道具扱いに込められた対比的強調の意味合いが鮮明である．

仮にも位置扱いして in her left hand としたらどうなるか．これでも筋の通る解釈は可能である．たとえば，いったんは一瞬でもフリスビーが左手に収まったとしても，次の瞬間には落としてしまった，という結果を示唆することになるからである．いずれの場合でも，実際はとらえ損ねたのだから，捕捉行為に続く所期の目的は達成されなかったのである．

生の言語資料を漁っていたら，次の例が目に留まった．同じような状況で身体部位が〈位置扱い〉されている用例である．ただ，ここでは，try があるために所期の目的が達成されたかどうかはわからない．

(16)　John laughed giddily and stood up to try and catch the snow-

flakes in his mouth. [OSD]
(ジョンは目がくらむほど笑って立ち上がり、降って来る雪片を口でとらえようとした)

総括．①意図的行為か偶発的事態かを問わず，結局は，〈道具の見立て〉が前面に出れば，行為の展開局面が前景化されていることになる．しかし一方，〈位置の見立て〉が前面に出れば，行為の最終局面つまり結果的状態が前景化されていることになる．

②捕捉行為の catch は典型的に道具前置詞句よりはむしろ位置前置詞句をとる．その意味するところは，捕捉行為の展開局面よりはむしろ，その行為の最終局面つまり捕捉対象の着点位置（結果的状態）に力点を置く概念構造を備えているという結論になる．

次の例は catch の別の用法を例示している．ここで catch は「あてる」「あたる」という日本語があてはまる．(17) の COB の語義解説が示すように，原理的には「故意にあてる」ことも「偶然あたる」こともありうる．その解釈の選択は個別例の場面的状況に依存する．つまり，語用論的にしか決まらない．

(17) If one thing catches another, it hits it accidentally or manages to hit it. [COB]

この意味用法では，次の用例が示すように，〈道具扱い〉の実体が生じうる点に注目したい．

(18) I may have caught him with my elbow but it was just an accident.
(僕のヒジが彼に当たったかもしれないが，それはただの偶然のことだった)

(19) He caught her on the side of her head with his other fist.
(彼は彼女の側頭部に彼の片方のコブシが（たまたま）当たってしまった／コブシを（わざと）ぶっつけた)

実例を吟味してみるとわかるが,「あてる」「あたる」「ぶつける」といった接触動作は瞬間的である．この瞬間的接触行為では，道具の with は許容しても，着点位置の in は許容しないと予想される．というのも，瞬間的接触の局面だけで完結する動作だからである．〈道具〉は一般に動作の展開局面の参与者である．そしてここでヒジもコブシも〈道具の見立て〉なのは理に適っている．そもそも瞬間的動作の展開局面にかかわるしかないからである．実際，瞬間的接触を被った対象がその接触の結果どうなったか，その結果的状態はそもそも，この瞬間的接触の catch の守備範囲にはない．そのため〈位置の見立て〉は許されないのである．

## 14.4. 一般的意味合い

　英語の語彙体系内で捕捉行為の catch は例外的存在ではない．対象が位置変化を被る，いわゆる「使役移動」の動詞を軸に，catch と同じ構文スキームと同じ状況把握のパターンを共有する一群の動詞がある．
　まず第一に，put がある．これは必ず〈着点位置〉の項をとる．X put Y LOC Z の構文型をとる．「X が Y を Z に置く／（の中）に入れる／（の上）に載せる」ほか，日本語では多様な動詞が対応する．X が Y に働きかけ，その結果，Y が移動して行き着いた先が Z である．Z は Y の着点位置となる．Y は Z の位置に収まればそのまま安定状態を保つ．また移動の過程はただ含意されるだけである．その証拠に，どのような経路の表現も付け加えることはできない．Taylor (2003: 40) に次の例がある．

(20)　*Put the book from the floor onto the shelf.
(21)　*Put the bookshelf up the stairs into the study.

「使役移動」動詞の典型例は move である．あらゆる経路の表現をとることができる．その対極に put がある．put は確かに移動を含意するが，着点位置の表現しかとれない．というよりはむしろ，着点位置の表現だけ

を認可する．結局，catch と同様，着点位置を焦点化する動詞である，というのが的確な言いかたである．

　第二に，捕捉行為の動詞には，catch のほかに hold や take などがある．先にみたように認知論的には，道具と着点位置の両方がかかわる行為を表す．〈X が Y を Z で（道具）捉えた結果，Y が Z に（位置）収まっている〉という概念内容を共有する．それだから，X catch/hold/take Y {with/in} Z のように両様の構文型が想定される．しかし本論で検証したように，着点位置の in Z を慣習的標準型とする一方，道具の with Z は特別な状況要因による臨時用法とみる．これが体系的に整合的な理解の仕方である．

　次の例が示すように，take も hold も行為過程よりもむしろ，その結果としての安定状態に比重がかかった構文型になっている．道具の with 句ではなく，位置の in 句が生じていることに注目したい．

(22)　She took her in her arms and tried to comfort her.　　　[COB]

(23)　He held the pistol in his right hand.　　　[COB]

(24)　He takes the glass in his left hand still holding the gun in his right hand.　　　[PHV]

しかし一方，次の例では，道具の項が生じている．先の結論からいえば，特定の道具を指定するからには場面的に特別な要因がかかわっていると考えられる．状況分析してみると，やはり，行為過程に参与する道具の役割を強調する理由が読み取れる．いずれの文でも，事態の早い展開の中で俊敏な動きの下で間髪を入れず力を行使する状況が想像される．力の行使とはすなわち〈行為者が手を用いて相手をしっかりとつかまえる〉ことである．

(25)　Hold on firmly with the left hand as you move through impact.
　　　　　　　　　　　　　　　　　　　　　　　　　　　　　　　[WB]

(衝撃の中を動くとき左手でしっかりとつかまれ)

(26) Then with your right hand hold the child's left wrist.　　　[WB]
(子供の左手首を右手で握れ)

(27) I chased after her and caught her left arm with my free hand, forcing her to stop.　　　[OSD]
(わたしは彼女を追いかけて，空いた手で彼女の左腕をつかんで，逃げさせまいとした)

そして第三の動詞類は，自然な順序として，着点位置（結果的状態）——正確には〈存在位置〉——だけを指定できる状態動詞の類がある．代表格にhave/keep などがある．これらはどれも道具の項をとることはできず，位置の項のみを許容する．前述した第2類の hold はまたこの類でも用いられる．自然な成り行きである．とくに（28）の with/on him は位置表現であることが確認される．

(28) He had some money {in his pocket/with him/on him}.
(29) I keep my car in a public parking lot.

最後に，carry/take/bring など，おもしろい移動行為動詞がある．典型的には X carry/take/bring Y LOC Z (to W) の構文型をとる．ここでLOC Z が位置前置詞句で，行為者 X の身体（部位）Z を指す．「行為者 X が人 Y を連れて行く／来る，モノ Y を運ぶ／持って行く／持ってくる」という趣旨である．

(30) My father always carries much money {with him/in his bag}.
(31) You should take your passport with you when changing money.
(換金するときはパスポートを持参しなければならない)
(32) He would have to bring Judy with him.

本章を締めくくるにあたって，改めて言語使用の慣習的傾向の問題につ

いて触れたい．実際に見つかる生の言語資料は優劣混在し，グレイゾーンがあることは言うまでもない．しかし，すでにみたように，母語話者は位置と道具の使用場面を慣習的に切り分け，そして概念的に区別していることは間違いない．

　この原理的な区別は場面的にぼやけることはあっても，無視することはできない．英語教育とも無縁ではない．一例を引くが，複数の英和辞典には，〈ネズミ捕りでネズミを捕る行為〉は catch a mouse {with / in} a mouse trap とある．つまり，ネズミ捕りは道具と位置のいずれの見立ても可能，という趣旨である．しかし，われわれの立場でいえば，ネズミ捕りはすでにそこに置いてあって，行為者が現場で操るようなモノではない．それゆえ，道具の with よりはむしろ位置の in のほうが英語の自然な慣用法に適う，という結論になる．

　類例がある．象を落とし穴で捕えるのなら，catch an elephant in a pitfall だし，またウサギをククリワナで捕えるのなら，catch a rabbit in a wire になる．落とし穴もククリワナも〈事前にそこにある〉のである．COB には I wondered if it was an animal caught in a trap. の例文がある．

　一般に複数の選択肢があるからといって，どれもが対等の資格で並び立っているわけではない．英文法の根底にある論理を掘り起こしてみると，現実を切り分ける英語話者の無意識的心理の慣習的傾向が見えてくる．どの場合にもどれを使ってもよいというわけにはゆかない．

　実際のデータはただ，のっぺらぼうに雑然とあるだけである．個別に見ているかぎり，文法的にも慣習的にも，その質的差異は見えてこない．われわれの判断基準は混沌の中に秩序を見いだすための――微妙だが確実な――指針となるはずである．

# 第 15 章　事例研究 3
―― hide 構文 ――

## 15.1.　被験者の意識調査の意外な実態

規定例文 [5] が hide 構文で，被験者の意識調査を見ると，母語話者の微妙な直観の揺れを鮮やかに反映している．ここでもやはり，主たる関心は，hide が位置句をとるか，それとも道具句をとるかにあるが，被験者の反応は二分される．調査の結果は正直，わたしの当初の見込みに根本的な修正を迫るものだった．以下，その間の事情を説明し，全体をどう捉えるか，その適正な方途を探る．

改めて規定例文 [5] と意識調査の結果を次に示す．

[5]　She hid her face {with 21: 52.5% / <u>in</u> 15: 37.5% / behind 2: 5% / inside 2: 5%} her handkerchief.

いろいろな前置詞の選択が目に留まるが，hide の自然な慣習的構文型は hide ― LOC である．[5] では位置前置詞 in が期待されるのだが，実際に in を選んだ被験者は 3 分の 1 強（37.5%，15 人）にとどまる．そして半数以上（52.5%，21 人）が非標準的な道具前置詞 with を選んでいる．つまりは，ハンカチを位置よりはむしろ道具と見立てた被験者が過半数を

占めることになる.

ほかに behind her handkerchief も十分に許容されるかもしれない. (1) のように,behind の位置句を含む類例も見つかる.

(1) She hid her red-rimmed eyes behind sunglasses.　　［活］
（目のふちが赤くなったのをサングラスで隠した）

もうひとつ,inside を選んだ被験者がいる.inside her handkerchief の連語は慣習的ではないが,気持ちは通じる.inside は (2) の inside her pillow のように,お金が枕の内部に完全に含み込まれる〈完全包囲〉の空間的位置関係を表すので,inside her handkerchief もまた,このように,彼女の顔を完全に覆い隠した,というイメージを喚起するといえるかもしれない.

(2) She hid her money inside her pillow.

いずれにせよ,in のほかに behind と inside を含めたとしても,ハンカチを位置と見立てたのは合わせて 19 人 (47.5%) にとどまる.一方,ハンカチを道具と見立てて with を用いたのは 21 人 (52.5%) に上り,with のほうがいくぶん優勢である.つまり,母語話者の間で位置と道具が拮抗状態にある.いまや,この相反する反応をまっすぐに受け止めたうえで,全体像をどのように描けばよいか,その方策を突き詰めて考えてみなければならない.

## 15.2. 慣習的に確立した hide の語彙構造と典型例

[5] の状況では,なぜ,ハンカチを〈位置〉よりはむしろ〈道具〉と見立てた母語話者が多いのか——この疑問に答えるために,まず,原点に立ち戻り,hide という動詞の中に語彙化された概念内容を改めて整理しておきたい（すでに第 3 章 8 節で概要は示してある）.COB には,(3) にみる

ように，簡潔にして要を得た記述がある．これをみると，hide は基本的に put と同型の語彙構造をもつことがわかる．hide の語義が現に動詞 put を用いて解説されている．これをまとめて示すと，(4) のようになる．

(3) If you hide something or someone, you put them in a place where they cannot easily be seen or found.

(4) 　　　X　　　　hide　　Y　　　　LOC　　Z
　　　　隠す人　　　　　隠したいモノ　　　隠し場所
　　　　（行為者）　　　（被動者）　　　　（着点位置）

隠す行為は〈隠したいモノを見つかりにくいところに置く〉というものである．この行為には〈物理的移動〉が含まれる．つまり，〈隠したいモノ Y〉が〈隠し場所 Z〉に移動するという〈位置変化〉を伴う．実際の典型例と突き合わせてみると，この記述の妥当性が確かめられる．典型例は現実の物理的移動を忠実に反映し，(4) の語彙記述と完全に符合する．

次が典型的な用例である．どの用例でも共通して，主語の行為者が目的語の実体を位置前置詞句の場所に移動させることによって隠す行為が成功裡に遂行される．とくに位置前置詞句の多様性に注目したい．

(5) She hid her money under the bed.
(6) Marcia hid the pictures in her desk drawer.
(7) She hid a letter between the pages of a book.
(8) They hid themselves behind a tree.
(9) They hid from him among the trees.

(5) では「手持ちの金をベッドの下に隠した」のだし，(6) では「机の引き出しに写真を隠した」のだし，また (7) では「本のページの間に手紙を隠した」のである．とくに最後の2例は，hide の他動詞と自動詞の用法が対比される．いずれの例でも，隠したい対象は〈行為者自身の身体〉である．日本語で言うと，(7) では「身を隠す」というのに対応し，また

(8) では「隠れる」というのに対応する．しかし，どちらも結局は，行為者自身が隠れたのである．

いずれの例でも，目的語の実体は〈位置変化〉を被って，隠したい場所——すなわち〈着点位置〉——に収まって安定状態を保つ．以上のように，典型例に含まれる〈現実の物理的移動〉は hide の語彙記述の内容 (4) と完全に符合する．(4) の語彙記述を〈hide の標準型〉と呼ぶことにする．

## 15.3. しかし規定文 [5] は標準型があてはまらない

いまや問題の規定文 [5] を正当に評価する土壌が整ったようにみえる．改めて [5] を吟味してみると，標準型のあてはまる典型例とは〈「正反対」の物理的移動〉が含まれていることが判明する．

「正反対」の物理的移動とは何か．具体的にいえば，[5] でハンカチは，〈位置扱い〉され位置句の項として実現しているにもかかわらず，現実の場面では〈顔を覆い隠す道具〉として用いられている．実際に動いたのはハンカチであって，顔ではない．これは標準型の語彙構造の予測からは出てこない．標準型の語彙構造に照らし合わせていえば，顔のほうが（手に持った）ハンカチの中に動いて行かなければならない．しかし実際には，標準型とは正反対の物理的移動が対応している．[5] は明らかに標準的用例とは異質の特性を備えているといわなければならない．

それでは [5] は例外的な用例か．そうではなくむしろ，[5] には他にも類例があり，別種の一類を成すのかもしれないという可能性が思い浮かぶ．その可能性を念頭に用例を渉猟してみると，実際，[5] と同種の用例が見つかる．以下に示すように，やはり目的語には〈隠したいモノ〉が来る．そしてよく吟味してみると，隠したいモノはどうやら〈行為者の身体部位〉の部類に属するものに限ると言ってよさそうである．比較の便宜のために [5] と (1) も併せて示す．

## 第 15 章 事例研究 3

[5] She hid her face in her handkerchief.
(10) She hid her face in the crook of her arm.
(1) She hid her red-rimmed eyes behind sunglasses.
(11) She hid {a yawn/a smile} behind her hand.

具体的にみると，隠したいモノは①「顔」「目」（ほかに「口」「髪の毛」など），それに加えて②「口から出るアクビ」「顔の笑み」（ほかに「目から出る涙」など）である．②は①の〈付随的状態〉と言ってよさそうなので，①②を一括して〈行為者の身体部位〉と呼ぶことにする．

第一に注目すべき点は，これら①②の身体部位は〈自ら動くものではない〉という事実である．それ自体〈動かない〉ものであるにもかかわらず，典型例の語彙構造（4）に基づくと，①や②の〈身体部位〉があたかも〈「手」「腕」「サングラス」〉のところに動いていったかのように捉えられることになってしまう．しかし現実の状況では，もともと動かないはずの〈位置扱い〉の「手」や「腕」や「サングラス」のほうが実際，動いたのである．

それだけでない．もうひとつの注目点は，①②の身体部位が〈位置変化〉ではなくむしろ〈状態変化〉を被っているという事実である．たとえば[5]では〈顔がハンカチで覆い隠された〉のだし，(11)では〈アクビや笑みが手で覆い隠された〉のである．要するに身体部位が〈覆い隠された状態〉に変化している．

以上みてきたように，標準型の典型例とは違って，ここでは①「正反対」の物理的移動を含むだけでなく②隠される実体が〈位置変化〉ではなく〈状態変化〉を被ることに注目しなければならない．この部類を仮に〈比喩的移動〉と呼んで区別し，さらに議論を先に推し進めてゆくことにする．

## 15.4. 〈位置〉から〈道具〉への見立ての転換

規定文 [5] について当初の疑問は〈半分以上の被験者が，なぜ，hide — with 構文を用いたか〉というところにあった．この懸案事項にただ〈比喩的移動〉というラベルを貼っておしまいにするわけにはゆかない．これでは何も説明したことにはならない．説明の方途はどうやら英語話者の無意識的心理の中にある．以下でみるように，複数の要因が絡み合った様相が浮かび上がってくる．

まず第一に，顔を隠すのは意図的行為である．たいがいは，人に見られたくないからであり，また何らかの危険が顔に及ぶのを避けたいからであり，また顔が日焼けするのを避けたいからである．そうであれば，第二に，ハンカチはそもそも手に持って用いるモノだから，ただ条件反射的に道具扱いしたのだとしても不思議ではない．自然な成り行きである．

しかしそれだけではない．第三に，決定的な文法要因がある．被験者には〈cover — with の構文型との類推〉が働いたのだと考えられる．おそらく無意識的な類推によって，She covered her face with her handkerchief. の構文が連想され，その結果，cover に hide を重ね合わせ with を選択したのではないか．その経緯をまとめて示すと次のようになる．[5] の不完全文が与えられたとき被験者は (12) との類推によって (13) を導き出したという意味合いである．

[5]　She hid her face (　　　) her handkerchief.
(12)　She covered her face with her handkerchief.
(13)　She hid her face with her handkerchief.

この類推説はもちろん検証を要する．そして実際，英英辞典を調べてみると，この類推が的外れでないことがわかる．次に三つの辞典から語義解説を引用する．

(14) cover: to hide something by putting something else on or over it                                      [ACT]
(cover とはモノを隠すためにそのモノに別のモノを被せること，つまりそれを別のモノで覆うこと)

(15) cover: put something over the top of something in order to hide or protect it.                [LAAD]
(cover とはモノを隠したり保護したりするためにそのモノの上に別のモノを被せること)

(16) If you cover something, you place something else over it in order to protect it, hide it, or close it.                [COB]
(cover とは，あるモノの上に別のモノを被せて，元のモノを保護したり隠したり閉じたりすること)

(17) If you hide your face, you press your face against something or cover your face with something, so that people cannot see it
[COB]
(顔を隠すとは，何かに顔を押し付けたり，何かで顔を覆ったりして，外から見えないようにすること)

ここでとくに注目すべき点は，cover の解説には hide の語が出てくる一方，hide の解説には cover の語が出てくることである．これによって hide と cover が重要な点で適用範囲を共有していることが理解できる．

いちばん明確なのが (14) である．ここでは hide と cover は実質的に同値である．特筆すべきは (17) の例で，「顔を隠す」とは「何かで顔を覆う」ことだと言っている．つまり hide が cover — with と同値になると言っていることになる．しかし一方，(15) (16) をみると，cover は hide よりも適用範囲が広いことがわかる．わかりやすくまとめると，cover の語彙内容は①〈物理的行為〉と②その〈心理的理由（意図，目的）〉の二大成分から成る．すなわち，〈まず何よりも，②隠したり，保護した

り，閉じたりしたいモノがあって，①そのモノの上に別のモノを被せて覆う という行為を実行する〉ことだといえる．

　以上，英英辞典の語義解説に基づいて，hide — LOC が cover — with との類推によって hide — with に至る経緯を探ったことになるが，さらに実例の裏付け証拠を挙げなければならない．そしてその裏付け証拠は次のような実例とその状況分析から得られる．次の例ではもちろん目的語には〈身体部位〉が生じている．〈行為者の顔／口／髪の毛／目〉である．これは標準的用例にはない重要な制約である．

(18)　She covered her face with her hands and ran upstairs.
　cf.　[5]　She hid her face in her handkerchief.
(19)　Why does he continually cover his mouth with his fingers?
(20)　He would hide his hair under a sunhat and Melanie would cover her eyes with sunglasses.
　cf.　(1)　She hid her red-rimmed eyes behind sunglasses.

　まず (18) は，規定文 [5] と同じく，目的語の身体部位が行為者自身の顔であることに注目したい．実際に顔を「覆い隠す」ために用いたのは，手かハンカチか，その違いがあるだけである．このように hide と cover は実質的に同じ状況を描写するのに用いられている．次の (19) では身体部位が行為者の口である．やはり口を指で「覆い隠す」という状況が容易に読み取れる．

　最後に (20) である．これは確かな状況証拠を提供する．hide と cover の文が等位接続詞 and で結ばれた重文の形を整えている．

　「彼はよく日除け帽で髪の毛を覆い隠し，またメラニーはよくサングラスで目を覆い隠したものだ」という．日差しが強い場面で二人の人物が日除けのために同種のふるまいをするのを捉えて hide と cover で描写している．hide と cover が基本的意味を共有する重要な側面があることを如実に物語っている．

第 15 章 事例研究 3

さらにまた，これまで挙げた用例の中で奇しくも二つの例が〈サングラスで目を覆い隠す〉という動作を，一方は cover を用い，もう一方は hide を用いて描写している．それが (20) の後半部と，ここに参照文として掲げた (1) である．改めてこの二つの文を比べてみると，背景となる動機を含め，同じ情景が自然に喚起される．

以上みてきたように，hide と cover に共通した重要な意味用法が実例と状況分析によって十分に確認できたはずである．これによって hide ― LOC から cover ― with との類推によって hide ― with が新たにでき上がってゆく経緯をみたことになる．

そして最後に，実際に hide ― with のフレームを踏まえた用例も見つかる．

(21) She tried to hide her anxiety with a smile.
（微笑を浮かべて不安を隠そうとした）　　　　　　　　　　［活］
(22) He tried to hide his hair loss with a hairpiece or toupee. [OSD]
（ヘアピースつまり入れ毛ではげを隠そうとした）

## 15.5. まとめ

全体をまとめるとどうなるか．結局，hide には二つの構文フレームがあることになる．ひとつを put 型と名づけるとすれば，もうひとつは cover 型である．put 型 hide は目的語の実体が〈位置変化〉するのに対し，cover 型 hide は①目的語の実体が〈行為者の身体部位〉に限られ，②しかもそれが〈状態変化〉することである．このように cover 型は，put 型にはない二つの特異性によって特徴づけられる．

かくして cover 型の hide 構文には，道具扱いの背景的条件がすべて整っている．語彙情報の一部を改めるだけで，位置から道具への転換，すなわち，位置を道具として解釈し直すことも可能となる．それが半数にも

及ぶ母語話者の反応である．

　驚くべき事実であるが，hide は慣習的な基本構造が崩れつつあるといえる．さらにその根っこまで突き詰めると，語彙分化が起こっている，というのが真相である．

　ひとつは従来の hide — LOC のフレームであり，もうひとつは新規の hide — with のフレームである．hide — LOC 構造は，これまでどおり，典型的事例にあてはまり，もとより〈現実の物理的移動〉を忠実に反映する．

　それに対し，hide — with 構造は，さきに〈比喩的移動〉と名づけた事例にあてはまる．従来型の hide — LOC のフレームでは，あたかも〈現実の移動とは正反対の方向に移動が起こる〉かのごとく捉えられてしまう．むしろ，現実の物理的移動を忠実に反映できるように hide — with のフレームが作りだされたのだといえる．

　かくして hide 構文の二極分化によって二つの状況タイプとの相関関係が完璧に捉えられることになる．cover 型 hide の構文で〈位置扱い〉よりは〈道具扱い〉をよしとした半数以上にも及ぶ被験者の反応は，非の打ちどころのない健全な言語感覚の反映である，というふうにわたしは結論づけたい．

# 第 16 章　事例研究 4
　　　── 二つの wipe 構文 ──

## 16.1.　被験者の意識調査の実態と課題

　一般に母語話者間に構文感覚の揺れがあることは不思議ではない．われわれの主眼点は，これまでどおり，個別構文ごとに揺れが何に起因するか，その真の原因を究明することである．最後に wipe 構文について考察するが，これまでとは違った新しい問題が浮上し，wipe 構文の全体像をどう描くかをも見極めなければならない．

　wipe はもともと wipe ─ with と wipe ─ on のフレームがともに慣習的に定着している．改めて調査資料にある wipe の三つの規定文を比べてみよう．母語話者の反応はどう違うか．そしてその違いは何に起因するか．さらに予想に反し，フレームの交替が起こった用例はどのように説明されるか．

[10]　Frieda wiped her mouth {with (93%) / on (5%) / using (3%)} a napkin.

[11]　Frieda wiped her feet {on (85%) / using (8%) / with (5%) / at (3%)} a door mat.

257

[14]　"It's all right," Francesca said, wiping her eyes {with (83%) / on (18%)} the towel hanging from the cupboard door.

　各文例から喚起される場面は，ナプキンで口を拭き，玄関マットで足を拭き，タオルで涙をぬぐう動作である．これは客観的事実である．しかしここにはそれ以上の意味合いがある．いうまでもなく，前置詞の選択に違いがあり，その違いはこうした客観的事実の反映というよりはむしろ，話し手の心理的実在の反映である．話し手が事態をどう捉えているかに違いがある．

　すでに論じたように，[10] でナプキンは手に持って用いるものだから，〈道具の見立て〉は自然だし，また [11] でドアマットは玄関口に置いてあるものだから，〈位置の見立て〉は自然である．

　しかし問題は [14] のタオルである．この状況では典型的に on the towel が期待されるのに，被験者の大半（83%）が with the towel をよしとしたという厳然たる事実がある．これには正直，愕然とさせられるが，だからこそいっそう，その原因を突き止めることが必要不可欠である．察するに，タオルはそもそも手に持って用いるものだから，当然，道具扱いになる，という先入観があって，ほとんど条件反射的に，with を選択したのではないか．

　いかにも平凡な，おもしろくもない見方だが，それ以外に筋の通った説明の仕様がない．母語話者といえども最も単純明快な第一原則に傾いてしまいがちなものだと考えられる．

　ほんとうは，もう少し細部を詰めた事実観察が必要である．[14] の状況には二つの注目すべき側面がある．ひとつは，拭きとられる対象が目から出る涙であること．そしてもうひとつは，その涙を拭きとるタオルが食器棚にぶら下がっているという事実である．

　まず，涙のたまった目はそれ自体，動かないものだから，涙を拭くためには，タオルを手に取って目のところまで持ってゆくほかない．英語母語

話者が，何よりもまず，その情景を思い浮かべたとしても不思議ではない．大半の被験者が実際，そう判断して with the towel の言い方を選択したのだと推測される．

　しかし英語の慣習法からみて，より重要なのは，もうひとつの事実である．タオルはタオルでも，タオルのありようが違う．このタオルは台所に備え付けのタオルである．〈はじめからそこにある〉．すなわち，その場の情景の一断面を構成している．そのタオルを用いたいと思ったら，その人は自分のほうからタオルのところまで動いてゆくほかない．まさしく〈すでにそこにある〉という場面的背景があればこそ，位置の見立てが無理なく成り立つ．そしてその見立ては，on the towel という連語によって自然に喚起される．with the towel という連語ではその役割は果たせない．

　この種の位置の捉え方は広く定着した英語の慣習である．以下でさらに類例を積み重ねて細部を詰めた分析を試みるが，それによって以上の観察の妥当性が確認される．

　改めて [14] にもどっていえば，被験者の大半が with the towel を用いたのは最も標準的な英語の慣習的思考法に反するものと結論される．これは看過できない事実である．すぐに新たな疑問が思い浮かぶ．いまや課題は，この事実をどう解釈し意味づければよいかである．

## 16.2. 位置と道具の分岐点

　まず原点に立ち戻って，英英辞典の語義解説を吟味し，wipe に織り込まれた概念内容を見極めておきたい．COB を見ると，次の三つの解説が目を引く．

(1) If you wipe something, you rub its surface to remove dirt or liquid from it.

(2) If you wipe dirt or liquid from something, you remove it, for

example by using a cloth or your hand.
(3) If you wipe away or wipe off dirt or liquid from something, you remove it, for example by using a cloth or your hand.

　(1) と (2) では目的語の実体の種類が異なる．(1) で目的語 something は〈物体〉でなければならない．その〈物体の表面〉から〈汚れや液体〉を取り除くため，布や手などでその表面をこする，とある．これは日本語では「ものを拭く」という反復動作に比重を置いた言い回しである．

　一方，(2) の wipe の目的語には〈汚れや液体〉がくる．汚れや液体は〈物体の表面に付着した物質〉である．これを以降〈付着物質〉と呼ぶことにする．まとめると (2) の wipe は日本語でいえば「（汚れや水分を）拭き取る」となる．「布や手などで物体（の表面）を拭いて汚れや水分を取り除く」という意味である．「モノを拭く」という反復動作だけでなく，「そのモノの付着物質がなくなる」という結果的状態をも含意する．

　(3) は (2) と実質的に同じである．wipe に away / off が付加された分，付着物質が取り除かれるという結果的状態が鮮明になる．

　もうひとつ，別の英英辞典 ODE から定義を引くと，「〈こする〉という反復動作によって〈物体（の表面）〉がきれいになる，あるいは水分がなくなる」とある．これは結果重視の言い回しである．(2) (3) に共通した捉え方をしている．

(4) clean or dry (something) by rubbing with a cloth, a piece of paper, or one's hand

　動作指向か結果指向かの違いはあるが，基本的な概念構造は同じであるとみたい．そもそも日常生活でものを拭きたくなるのは，そこに何か余分なものが付いていて，それを不快に感じればこそ，取り除いてきれいにしたいと思うからである．

　改めて wipe の概念構造を整理しておきたい．肝心なのは，拭くという

## 第16章 事例研究4

動作はどういう動作かである．通例，①何かあるモノに汚れあるいは水など液体がついていて，②その余分なものを取り除くために，③手，紙，布など，その用途に適うモノを用いて，④それを取り除く行為のことである．

この行為には少なくとも三つの関与者がある．すなわち，①拭く人（行為者），②拭く対象（被動者），そして③拭き用具である．ただし②の対象には汚れや水分など余分な物質が付着している．

ここでの問題は，拭き用具を英語ではどうコード化するかである．道は二つに分かれる．それをそのまま〈道具〉と見立てて with を用いるか，それとも〈位置〉と見立てて on を用いるかである．そしてその分岐点は何か．これが問題の核心である．

主語には拭く人（行為者 X）がくる．一方，目的語には水や汚れのついたモノ（拭く対象つまり被動者 Y）がくる．最後に，〈拭き用具〉がくる．〈拭き用具〉は with か on の前置詞句で表される．with なら〈道具 V〉を合図するのに対し，on なら〈接触位置 W〉を合図する．

まとめると，wipe は次の二つの構文型で用いられる．

(5)　　X　　wipe　　Y　　with　　V
(6)　　X　　wipe　　Y　　on　　W

ここで注意すべきことに，〈道具〉は文法的に義務的な項ではない．場面的に出入り自由である．副詞的修飾語（付加語）である．しかし拭く行為の概念構造を考えると，〈何で何を拭くか〉〈何で何をふき取るか〉といった〈モノとモノの相互作用のあり方〉は無視できない．①述語動詞の項構造を考えるだけでは不十分で，②述語動詞を軸とした構文レベルの項構造を考察しなければならない．②が全体として概念構造を適切に反映するものだからである．

先に (2) (3) でもふれたが，〈付着物質〉が目的語に来る事例がある．このとき wipe away / off が生じたり，また〈その物質の付着した物体〉が from の目的語の項として生じたりする．次の用例を観察したい．

(7) She wiped mud, dirt and tears <u>off</u> her face and snatched the paper. [OSD]

(8) Balen picks up the stone and wipes the sand and dirt <u>from</u> it. [OSD]

(9) He climbed to his feet, wiping <u>off</u> the dirt that was on his face. [OSD]

(10) She felt something damp on her head, wiping <u>away</u> the dirt and the blood. [OSD]

(11) He wiped <u>away</u> the blood with a paper napkin.

さて本題に戻って(5)(6)の構文型で肝心なのは，余分な物質の付着した物体（被動者）が自ら動くかどうかである．①目的語の被動者が動かないものであれば，拭き用具のほうが動かなければならない．正確にいえば，行為者が拭き用具を用いてその物体のところまで動いていかなければならない．それゆえ拭き用具は文字どおり〈道具扱い〉になる．

その一方，②目的語の被動者が動くものなら，拭き用具のほうは動かなくても済むので，〈すでにそこにある〉ものとして〈位置扱い〉される．こんどは被動者のほうが動いていって〈位置扱い〉の拭き用具に表面接触する格好になる．

以上が際立った傾向である．ところが，厄介なことに，③いずれも動かないモノがかかわる事例もあって，これにも自然な説明が求められる．以上の見通しのもとに，以下，具体的な事例に即して，用例を吟味することにしたい．現実の典型的な状況を念頭に置いて言語化との相関関係を考えてみたい．日常生活で実際に拭きたいと思う対象は通例，動くか動かないか，それを見極めた上で状況を分類して提示する．

〈第1類〉水分や汚れを拭きとりたいモノ（目的語）がテーブル，椅子，窓，家具，建具など，さらに車——これらは通例，それぞれにふさわしい一定の場所に置かれている．この類のモノはそれ自体，動かないので，そ

れを拭く人はその位置まで動いていって，拭く作業をしなければならない．このとき拭き用具は文字どおり〈道具扱い〉されるのが自然である．行為者の意図に沿って操られるからである．実際，用例を収集してみると，すべてが見立てどおりであった．

(12) Just wipe off the surface with a damp paper towel.　　[LAAD]

(13) He dried his bicycle seat off with a towel.　　[LAAD]

(14) If condensation collects on the inside of the window, wipe it off with a clean cloth.　　[ACT]
（窓の内側に結露ができたら，きれいな布で拭き取りなさい）

(15) Wipe the table with a damp cloth.　　[活]

(16) She wiped the floor with a mop.　　[活]

(17) Giles removed his glasses and wiped them with his handkerchief.　　[OSD]
（ジャイルズはメガネをはずしてハンカチで拭いた）

(18) It's considered poor manners to wipe your plate with a piece of bread.
（ちぎったパン切れで自分の皿（のソース）を拭き取るのは無作法とされている）　　[活]

〈第2類〉身体部位の中でも，それ自体，動かないものがある．顔，額（の汗），口（の汚れ），鼻（汁），目（の涙）．それを拭くときは通例，手か，そうでなければ手に持って用いるハンカチ，布切れ，ナプキンなど紙布類である．もともと手に持って用いるモノは道具扱いである．

おもしろいのは (23) である．涙を袖で拭くとき，袖は道具扱いされている．袖はシャツや上着の袖である．袖は腕のコントロール下にあって腕を動かせば一緒に動くからである．手や腕で拭くというのと同じイメージが働いている．

(19) I wiped his {burning / feverish} brow with a towel. ［活］
 （私は彼の熱のある額をタオルで拭いた）

(20) He wiped (sweat from) his brow with a handkerchief. ［活］
 （ハンカチで額（の汗）を拭いた（拭きとった））

(21) He wiped the snot away from his nose with his hand. ［OSD］
 （手で鼻水を拭き取った）

(22) He wiped his mouth with the back of his hand. ［活］
 （手の甲で口を拭いた）

(23) She wiped away her tears with her sleeve. ［活］

(24) She gave my face a wipe with her handkerchief.
 （彼女は自分のハンカチで私の顔をさっとぬぐった）

 顔をぬぐうといっても，汗か涙か水滴か，何を拭きとりたいのかはわからない．口を拭くといっても，油か食べカスか，何を拭きとりたいのかはわからない．しかし，それを指定することもできる．たとえば (20) で wipe his brow に代えて wipe sweat from his brow といえる．また逆に (23) では，wipe (away) her tears とあるが，それに代えて wipe (away) the tears from her eyes ともいえる．

 〈第3類〉身体部位の中でも〈手と足〉だけは別格である．何が別格かというと，手と足だけは自在に動くという点で際立っている．手足が汚れているとき，手足は拭く対象である．このとき拭き用具は〈道具扱い〉か〈位置扱い〉かという問題である．

 まずはじめに，〈足や靴〉を拭く場面である．足ひいては足にはいた靴は自在に動くものだから，拭き用具は〈すでにそこにあって動かないモノ〉が来るのが自然である．このとき，その拭き用具は〈位置扱い〉されて on で表示される．次の例が示すように，見込みどおりである．

(25) We wiped our dirty boots on the mat before entering the house.
 （家に入る前に汚れたブーツをマットで拭いた）

(26) Please wipe your shoes on the mat.
(27) Wipe your feet on the door mat before you come in.

次の例は同じく足を拭く行為を記述するが，状況が違う．行為者は自分の足を拭くのではない．キリストの足を拭くのである．

(28) John stood at the foot of the Cross, and wiped the feet of Jesus with his scapular. [OSD]
（ヨハネは（キリストが張りつけにされた）十字架の足元に立って，スカプラリオ（修道士の肩衣）でキリストの足をぬぐった）

ヨハネが自分の身につけている肩衣を手にとってキリストの足をぬぐったのである．キリストの足は〈そこにあって動かない〉．ヨハネは自分の肩衣を道具として用いキリストの足に働きかけるという構図である．これは第1類の類例である．

本筋に戻って (25)(26) をみると，ブーツや靴には足が収まっている．足を動かせばブーツや靴も動く．足が靴やブーツをコントロールしている．もとをただせば，足も行為者のコントロール下にあって動く．〈行為者⇒足⇒靴〉というエネルギー連鎖がある．そして実際，足も靴もマットのところまで動いていってマットに働きかけ接触する．マットは〈接触位置〉の見立てになるので，on で合図される．wipe — on の構文フレームはこの自然な通常の動作を反映している．

(27) には注釈がいるかもしれない．場面によっては，feet は文字どおり〈裸足〉を指すかもしれない．しかし通常，玄関マットは，外から帰って来たときに履物の汚れをぬぐうために用いるものである．この通常の場面では，足が履物の代役を務めていることになる．ほんとうは〈履物を拭く〉のに〈足を拭く〉と言っても違和感がないのは，足が履物をコントロールする関係（隣接関係）で強く結びついているので，一方から他方への連想が瞬時的かつ無意識的に働くからである．

## 16.3. wipe one's hands on が慣用法

　次に〈第4類〉として，〈手を拭く場面〉である．手の汚れや水気を拭き取りたいときはどうなるか．どうやら手の類は足よりもさらに例外的である．何が例外かというと，〈拭き用具〉には必ず何らかの形で手が関与するからである．

　ハンカチで手を拭く動作を思い浮かべてみよう．一方の手にハンカチをもって，もう一方の濡れた手を拭くという構図になるので，手とハンカチは一体化している．まじめな話，このとき，どちらの手が動くだろうか．〈濡れた手〉が動くだろうか，それとも〈ハンカチをもった手〉が動くだろうか．まじめな答えは，たぶん，現実にはどちらの手も動く，ということになると思われる．

　しかし，ここでの関心は，文化的慣習のレベルにある．文化が異なれば身のこなし方も異なる．ちょっとした仕草にも個人差を超えた文化的慣習のニオイを感じることがある．手を拭く動作にも英語文化圏に特有な慣習的手続きといったものが観察されるのではないか，という期待がある．

　文化的慣習のレベルでみると，英語話者がハンカチで手を拭くとき，濡れた手がハンカチとどういうかかわり方をすると捉えているのだろうか．その確かな証拠は何よりもまず実例観察に求めるほかない．調べてみると，どうやら〈濡れたほうの手を動かし，濡れたところをハンカチに押し当てる〉ようにして汚れや水分をぬぐい取るものと見ているようである．少なくとも収集した用例からは，そうした文化的慣習が定着しているように読みとれる．

　用例を二つに分けて観察する．まずはじめに，〈はじめからそこにあって，もとより動かないモノ〉で〈手や手のひら〉を拭く場面である．これは見込みどおり，自然に想起される構文型に収まっている．

(29)　The man wiped his hands on his hips.　　　　[ODE]

第 16 章　事例研究 4　　　　　　　　　267

(30)　He stood up, wiping his hands on his breeches.　　　[OSD]

(31)　He wiped his hands on his apron.　　　[活]

(32)　"OK," I said, wiping my sweating palms on my jeans.
　　　（汗ばんだ手のひらをジーンズでぬぐいながらぼくは「いいよ」と言った）
　　　　　　　　　　　　　　　　　　　　　　　　　　　　　　[活]

(33)　I brushed it aside and wiped my hands on my jeans before unfolding my stuff from my bag.　　　[OSD]

(34)　I wiped my hand on the leg of my denim shorts and reached down to tug my backpack into the hut.　　　[OSD]
　　　（デニムの半ズボンの脚の部分で手をぬぐった．そしてバックパック（リュックサック）に手を伸ばしぐいと小屋に引っ張り込んだ）

(35)　Jim tossed the pits into the bush and wiped his hands on his jeans.　　　[OSD]

　ここで on で合図される位置扱いの実体はどれも，行為者が身につけているモノである．(29) の his hips とは「その男がはいているズボンの腰回りの部分」を指すだろう．〈その腰あたりのズボンの生地〉で手を拭いたのである．後も同じで，エプロンもジーンズも行為者が身につけているモノである．これらは〈事前にその場にあって，もとより動かないモノ〉だから，手（のひら）がそれに働きかけて接触を引き起こすという道筋になる．つまりエプロン，ジーンズなど身につけているモノは〈接触位置〉と見立てるのはまったく自然な成り行きである．

　しかし第二に，次の用例のように，ぼろ切れやタオルで手を拭くときである．ぼろ切れやタオルは普通，手に持って用いるものだから，機能的役割を重視すれば，〈道具扱い〉が自然である．先に第 1 類や第 2 類で見たのと同類のものである．それにもかかわらず，ここでは，予想に反し，決まって〈位置扱い〉である．

(36)　Dick wiped his hands on a greasy rag.　　　[ACT]

(37) She wiped her hands on a dirty towel. ［活］
(38) He was wiping his hands on an oily rag. [COB]

とくに次の例は示唆的である．注目点は something である．

(39) Can we have something to wipe our hands on, please?
（何か手を拭くものをいただけませんか）

ここからは wipe our hands on something の関係が読み取れるので，この something は〈拭き用具〉を指すのは確かだが，その正体は不明である．on something ではなく，むしろ with something でもよかったはずである．それなのに，on something なのは，発話時点でそれが動くか動かないかは不明であるにもかかわらず，発話者はそれとは無関係に on を用いていることになる．つまり〈動くか動かないか〉の判別基準がここではあてはまらないことが判明する．このことは何を意味するか．つまるところ，手を拭く動作は，wipe one's hands on で表現するのが慣習的に定着した標準型であることを意味している．

次の実例はさらに示唆的である．やはり通常は手に持って用いる布切れやタオルである．しかし場面的背景に着目すると，on をよしとする理由が透けて見えてくる．つまり〈すでにそこにある〉という場面的背景こそが有意味に働いていることがわかる．

(40) He wiped his hands on a rag he had tucked in the hip pocket of his jeans. [OSD]
(41) His shoulders relaxed, and he wiped his hands on the towel draped over his shoulder and stumped forward on his peg leg.
[OSD]
(42) He wiped his hands down on a tea towel lying on the table, and tried again. [OSD]
(43) He brushed the dust from his blue waistcoat and wiped his

aviator sunglasses on the hem of his shirt.　　　　　　　　[OSD]
（彼はブラシで青い胴着（ベスト）のほこりを払い，またシャツのヘリで飛行士用ゴーグルを拭いた）

　（40）で問題の布切れは「ジーンズのお尻のポケットに押し込んであった」ものだし，（41）でタオルは「肩にかけてあった」ものだし，また（42）でティータオルは「テーブルの上に置いてあった」ものである．用例にみる後位修飾表現が何よりも雄弁に語っているように，問題の拭き用具はいずれも〈もともとそこにあった〉という側面が視覚的に格段に鮮明である．それゆえに，本来の道具的機能よりはむしろ，こうした場面的背景こそが前面に押し出され，手を拭く動作が起こる場として〈位置の見立て〉が優先されていると推論される．

　さらにおもしろいのが（43）である．ここでは目的語が手そのものではなく，ゴーグルである．このゴーグルはしかし手に所持されているものである．手とゴーグルは道具連鎖をなす．手を拭くのと同じように，手に持ったゴーグルをシャツのところまで持っていってそのシャツのヘリで汚れを拭き取ったのである．手に持っていればこそ，手を動かしてゴーグルを動かしたのである．

　以上みてきたように，どうやら，手を拭くときはやはり例外的である．拭きたいモノが〈手〉であるかぎり，拭き用具は〈動くか動かないか〉を問わず，常に〈位置〉と見立てられる．つまり，典型的には wipe one's hands on の連語フレームが用いられる．実際，wipe one's hands with の用例はどの英英辞典にも見つからない（ただし，生のコーパス資料には散見される）．この傾向は決して恣意的ではないと思われる．何をするにしても，真っ先に〈手が動き，他に働きかける主体〉となってふるまうからである．

　補強証拠がある．英英辞典で hand towel を引いてみると，その定義は英語文化の慣習的な見方を強く示唆している．ここで着目すべき点は on a hand towel の連語が想定されていることである．

(44) a hand towel: a small towel for drying your hands on　　[OALD]

ハンドタオルはもとより手を拭くためのタオルである．日本語の「タオル」と同じように，英語文化圏でも，洗面台のすぐ横にぶら下がっているのが普通のようである．これが典型的に喚起される情景である．こうした場面こそが，ハンドタオルを位置と見立てる背景だと思われる．これはもちろんハンドタオルの機能と抵触するものではない．ハンドタオルに手をあてがって水気を拭き取るのである．典型的な空間的背景こそが位置優位の捉え方につながっているのだと考えられる．

　ところが，例外的用例も見つかる．いずれも動かないモノの場合はどうなるか．人とモノ，そしてモノとモノは，どのようにかかわり合って拭く動作が起こるとみるのだろうか．次の例はテーブルクロスで鼻を拭く場面である．テーブルクロスも鼻も，それ自体では動かない．ここで鼻を拭く人と鼻とテーブルクロスはどのようにかかわり合うだろうか，その情景は容易に想像できる．

(45) I'm sorry he wiped his nose on the tablecloth. He doesn't know any better.
　　　（彼がテーブルクロスで鼻を拭いたりして申し訳ありません．礼儀を知らないもので）　　　　　　　　　　　　　　　　　　　　　　　　　[活]

　人の鼻もテーブルクロスも，それ自体では，動かない．しかし有意味な違いがある．人の鼻は，その人が顔を動かせば，顔と一緒に動く．鼻はその所有者のコントロール下にある．それに対し，テーブルクロスは鼻を拭く動作の起こる前から〈そこにある〉．空間的背景の一部である．

　テーブルクロスは〈もともとそこにある〉モノだから，位置の見立てが優先して，on the table cloth になる．たとえ，実際には，手でテーブルクロスの端を持ち上げて用いるとしてもである．

一方，鼻はそれだけでは動かないとしても，身体を前かがみにして顔をテーブルクロスに近づけることくらいはするだろう．あたかも鼻だけがテーブルクロスのほうに移動してゆくかのように捉えられているが，実際には顔を動かすのだから，鼻も一緒に動くのである．

　これはぶら下がったタオルで涙をぬぐう wipe の用例と同じ知覚イメージが働いている．また，ハンカチでアクビを隠す hide の用例も同じである．まとめると，目（の涙），（口から出る）アクビ，ヒタイ（の汗），鼻（汁・糞）など，どれも顔を動かせば動くが，それだけでは動かない．にもかかわらず〈それ自体動かないモノがあたかも着地点まで自ら動いていくかのように〉捉えられている．いずれも〈現実の物理的移動〉とは正反対な捉え方である．これを〈比喩的移動〉の事例として区別することができる．それほどまでに慣習的な構文の標準型に張り付いた概念構造が揺るがないことを裏づけている．

　以上，細部にわたる観察を続けてきたが，ここで示したかったことをまとめると，①異なる構文型は同一の現実の異なる切りとり方を反映し，②たとえ切り取られた現実が同じ実体から成るとしても，実体間のかかわり合い方に違いを見ている．そして③その参与者間のかかわり方は個別の話し手を超えて同じ言語文化圏で慣習的に確立した概念構造の型を反映している．繰り返すが，「拭く」という行為は典型的に拭く人と拭く対象と拭き用具を必要とするが，それが wipe — with あるいは wipe — on のいずれかの構文型で実現し，それぞれが異なる概念構造を顕在化している．

# 第 17 章　事例研究 5
― もうひとつの wipe 構文 ―

## 17.1.　wipe ― over/across の構文フレーム

よく調べてみると，wipe にはもうひとつ目ぼしい構文フレームがある．

(1)　　 X　　　　 wipe　　　 Y　　　 over/across　　 Z
　　　拭く人　　　　　　　拭き用具　　　　　　　　拭く対象
　　　（行為者）　　　　　（道具）　　　　　　　　（接触位置）

(2)　She wiped her hands over/across her forehead.
　　　（彼女は両手で額を拭いた）

　主語 X には，すでにみた構文と同じく，拭く人（行為者）がくる．しかしそれ以外は異なる．wipe の目的語には拭き用具（道具）がくるのに対し，over/across の目的語 Z には拭く行為の及ぶ対象（接触位置）がくる．その用例に (2) がある．(2) の訳文からも示唆されるように，状態変化するのが動詞の目的語ではなくむしろ，前置詞の目的語であるといわれることがある．これは通説であるが，本当に間違いないか，という疑問が浮かぶ．というのも，位置前置詞の項の実体は〈何の状態変化も被らない実体〉として捉えられるのが普通だからである．改めて問わなければな

らない．仮にもこの通説が本当なら，この構文は例外的である．そして例外的なら，なぜ例外的かを明らかにしなければならない．

　繰り返すが，第一に，目的語は行為者に制御される道具の見立てである．道具だからただ動くだけである．これが大事で，前章でみた wipe — with の構文型の目的語が被動者で，かつ〈状態変化の実体〉であるのとは異質な理由がここにある．

　第二に，特筆すべきことに，位置表現が over あるいは across の前置詞句であること．つまり，この二つの前置詞に限定される．

　第三に，この構文型では，先ほどの (2) の例を用いて示すが，over/across の前置詞句は省略できない．しかし (3) のように wipe — with 構文型では with の前置詞句は省略可能である．

　(2)　She wiped her hands *(over/across her forehead).

　(3)　She wiped her hands (with the towel).

このように (2) で She wiped her hands. とすれば，wipe — with の構文型に該当してしまい，「何かで手を拭いた」という意味にしかならない．つまり，道具の項は生じなくてもよいが，目的語の項は必須で，「彼女の手」は状態変化を被る対象（被動者）としてしか解釈されない．逆にいえば，目下問題の (1) の構文型では目的語の位置に道具が生じるために元の目的語が over/across の項に追いやられた格好になっている．その結果，本来は〈被動者〉のはずが，いったんこの位置前置詞の項になってしまうと，位置前置詞の項の特質——無情の静止物体としての特質——を帯びて，〈被動者扱い〉できない実体をも許容することになると推論される．この見方は実際，以下の多様な例で検証される．

　具体例を観察吟味してみると，以上 3 点がこの構文型の特異性であることがわかる．以下の用例は多様な状況を描写している．

　(4)　She wiped her hand nervously across her face.　　　[WB]

(5) Wipe the pad over the surface until the wood starts to shine.

[LAAD]

(6) She wiped her hands over her body to remove the mosquitos attacking her. [OSD]

(7) Gently wipe the lotion over the eyelids. [ODE]

　(4)では「手で顔を拭く」という．ただ〈手を顔の上で動かした〉だけだろうか．それなら，わざわざ wipe とは言わないだろう．やはり，普通の状況なら，wipe という以上〈額の汗か汚れをぬぐった〉に違いない．

　これを一般的にいえば，wipe—over の構文フレームには，何を拭き取るか，〈付着物質〉を指定する項は用意されていない．というのも，over の位置表現には〈表面を有する物体〉しか生じず，〈その物体の表面を被う物質〉——水，汗，汚れなど——は，その性質上，〈位置扱い〉することはできないからである．

　しかし，これとは対照的に，(5)と(6)をみると，wipe を用いた事情がよくわかる．(5)では「そのパッドでツヤが出てくるまで木材の表面を磨きなさい」という．ここでも wipe はやはり，ただ「こする」だけではない．「こすって余分なモノを取り除く」という〈除去の意味〉が含まれている．「その結果，表面が滑らかになってツヤが出る」と言っているのである．以上の観察からわかるように，ここで目的語の実体パッドは道具の見立てである．これは手に持って用いるものである．手とパッドは道具連鎖をなし，手はパッドを支えるが，パッドは対象とじかに接触する正真正銘の道具である．ここでは実際，位置前置詞 over の項つまり「木材（の表面）」は状態変化の対象つまり〈被動者〉でもある．

　(6)でも，なぜ wipe を用いるのか，その理由がはっきりしている．wipe her hands とあるが，これはもちろん「手を拭いた」のではない．「手で身体の表面を拭き払った」のである．体の回りに蚊が襲ってきたのを追い払うために，体にたかった蚊を手で追い払ったのである．ここでも同じく，

wipe her hands とあっても,「彼女の手」は決して〈被動者〉ではなく，明らかに〈道具〉とみられている．「彼女の手」は何の状態変化も被っていない．〈ただ動き回るだけ〉である．〈道具〉であって〈被動者〉とはいえない．

　と同時にまた，over の項の実体すなわち「彼女の身体」もまた何も実質的変容を被っていない．しかし確かに「蚊にたかられた状態」から「蚊のいない状態」に変わったのである．wipe は物体の表面とかかわる動作なので，その性質上，これを状態変化とみて〈被動者〉の範疇に入れることも十分に筋の通る説明である．しかし目下のところ結論を出すのを控えたい．以下さらに吟味すべき用例が多数あり，対応する状況を分析してみると，〈語用論的に出入り可能な被動者〉の役割を認めることが経験的に自然な結論であるという結果になる．この見通しを念頭に置いて以下，さらに議論を進めたい．

　(7) の用例観察からも，この語用論的被動者の捉えかたを強く支持する証拠が得られる．この用例に特異な点は，wipe がこんどは「モノの表面全体にローションなどを塗る」という意味で，いうなれば〈付加用法〉であり，さきの〈除去用法〉と対照的である．このとき，まぶたは〈ローションの付着していない状態〉から〈ローションの付着した状態〉に変化したことになる．これは間違いなく状態変化である．この wipe の付加用法でも，語用論的な〈二次的被動者〉の役割を付与することは自然である．

　これまでの用例では「モノの表面から余計なモノを取り除く」という〈除去〉の意味だったのに対し，(7) の用例ではむしろ「必要なモノを付け加える」という〈付加〉の意味である．その差は反対方向に拡張した結果である．共通部分は wipe の根幹的意味成分だけである．すなわち，「モノの表面を手指それ自体あるいは手に持ったモノ（紙，布，ヤスリ，ローションなど）で拭いたり，なでたり，こすったりする」反復動作の部分である．その結果，何かが除去されるか，さもなくば付加されるという筋書になる．

しかしこの構文の特異性は,〈位置扱い〉のモノが,事例によっては〈状態変化〉することである．だから,どの事例でも〈状態変化〉するわけではない,という理解が肝心である．つまり臨時の場合にだけこの解釈が起こるのである．「臨時の場合」とは,すでに観察したように,場面的状況の特異性によって決まる．

　全体を整合的にまとめると,次のようになる．すなわち,①〈位置扱い〉のモノは本来〈静止物体〉として,さらには人であっても〈無情の静止物体〉として把握される．この論点は本巻を貫く動かない仮説である．それゆえ,これを踏まえたうえで整合的な解決の道を探らなければならない．②〈状態変化〉を被るような臨時の場合には,〈語用論的被動者〉の役割が上乗せされるとみることである．つまり,文法的には〈接触位置〉と解されるが,それと同時に語用論的には〈被動者〉としても解される．つまりは二重の参与者役割を担うものと解することができる．

　その理由は,通常,動詞の目的語は〈被動者〉の役割を担い,そして通常,〈状態変化〉の実体が生じるのに,ここではただ,行為者のコントロール下で動く〈道具〉の実体が生じているからである．用例を観察すればわかるとおり,この構文で目的語になるのは,〈手〉あるいは〈手に持って用いるモノ〉である．手でなければ,タオル,ヤスリ,ローション,どれも手に持って（あるいは手に付けて）用いるものである．これらは〈道具扱い〉である．〈位置扱い〉のモノに働きかけるだけであって,自ら状態変化するわけではない．

　この構文の中には wipe — with 構文に言い替えても基本的解釈が変わらないものがある．たとえば (6) (7) は次のように言い替えできる．こうすれば,her hands と the lotion は with によって〈道具扱い〉がはっきりするし,また一方,her body と the eyelids は,さきに〈位置〉の上に〈二次的被動者〉だったのが,正真正銘の〈被動者〉として扱われていることになる．これは〈二次的被動者〉と解される位置表現にのみあてはまるのである．

(8) She wiped her body with her hands to remove ...
(9) Gently wipe the eyelids with the lotion.

以上の観察から明らかなように，この構文の特異性は，over / across の項が状態変化する事例と状態変化しない事例があるという点である．わたしの理解するかぎり，これは英語の例外的現象である．つまり英語では一般に，位置の前置詞句は実体や事象を一定の空間に位置づけることを本務とするので，その位置の項が同時に状態変化を被ると解されるとしたら，それは語用論的理由によるものと考えるのが穏当である．これが全体を整合的に捉える方策である．この意味において〈二次的被動者〉と称する所以である．

〈二次的被動者〉の解釈を許す例外的現象はほかにもある．以下に数例を挙げる．shoot at, push against など前置詞の項の実体が，and 以下を見ると，影響を被ったかどうかがわかる．(10) でシマリスは地面に落ちて〈位置変化〉を被っている．(12) でも「私」は群衆に押されてあとずさりしている．ただ (11) ではどうなったか，わからないままである．

(10) Nut shot the gun at a chipmunk that was sitting on a rock nearby and the chipmunk fell to the ground. [OSD]
（ナットは近くの岩に座っていたシマリスを狙って銃を撃った．するとシマリスは地面に落ちた）

(11) Seiya shot at her but the bullets were absorbed by her shield and sent back at her. [OSD]
（セイヤは彼女を狙って銃を撃ったが，銃弾は彼女の盾に衝撃を吸収されセイヤめがけて跳ね返ってきた）

(12) The crowd pushed against me and I moved back. ［活］

## 17.2. 類例に rub がある

　以上の考察を全面的に裏づける独立した証拠がある．rub の用例を整理してみると，wipe の用例と全面的に重なるところがある．

　wipe は意味成分に①表面接触行為＋②その影響（つまり状態変化）を含むのに対し，rub はもともと表面接触行為だけを表すのが，さらに拡張して wipe と同種の付加用法をも獲得している．付加用法では，目的語ではなく位置句の実体が状態変化を被り〈被動者〉として解釈される．繰り返すが，これは語用論的な要因によるもので，〈二次的被動者〉の役割とみることができる．

　整理して例示すると，最初のグループは，位置句の実体に何の変化も生じない事例である．ただ，目をこすったり，髪の毛をなでたり，また自分の顔を相手の鼻にこすりつけたりしているだけである．これらはある種の感情（当惑，愛情，感謝など）を表現しているとしても，対象の状態変化を引き起こしているとはいえない．

(13) He rubbed his hand <u>over</u> his eyes wearily and thought for a moment before replying. [OSD]
（彼はだるそうに手で目をこすって，一瞬考えてから答えた）

(14) He reached out to rub his hand <u>across</u> the curly hair she kept cropped short. [OSD]
（彼は手を伸ばして，彼女の短く刈り込んだくせ毛をなでた）

(15) I kissed him and he rubbed his face <u>all over</u> my nose, purring constantly, as if to say "Thank you." [WB]
（私は彼に接吻した．すると彼は自分の顔を私の鼻にこすりつけて，さも「ありがとう」と言いたげに絶えず小さな声を出していた）

　対照的に，次の実例では目的語には〈手に付けた物質〉が来て，それを位置句の実体の表面に付着させるという図式になる．つまり，位置句の実

第 17 章　事例研究 5　　　　　　　　　　　　　　　279

体は影響を受けて状態変化を被るという結果になる．

(16)　She took out her suncream and rubbed some on her nose.
　　　（彼女は日焼け止めクリームを取り出して鼻に塗った）

(17)　He rubbed polish onto the surface of a table.　　　　　［活］
　　　（テーブルの表面につやだしをこすりつけた）

(18)　Rub a little bacitracin over your washed hands as a barrier cream.　　　　　　　　　　　　　　　　　　　　　　　　［OSD］
　　　（バシトラシン（抗生物質）を荒れ止めクリームとして洗った手の全面に少し塗った）

次の例は rub — over でも rub — on/onto でもなく，rub — into を含む．ローションを皮膚の表面に塗るだけではなく，むしろ「皮膚の内部にすり込む」といったニューアンスが伝わってくる．

(19)　She rubbed some lotion into the skin.　　　　　　　　　［OTE］

以上要するに，①（13）から（15）は rub — over のフレームで，ただ身体部位同士の接触行為を表す．〈なでたりこすったり〉しただけだから，位置の実体に何の変化も生じていない．しかし一方，②（16）以下はローションなどを身体部位に〈塗ったり塗り込んだり〉しているので，状態変化が生じる．とくに（19）では into の力によって「すり込む」というニューアンスが顕著に感じられる．

このように rub は over/across だけでなく on/onto/into などとも結合するが，前置詞の違いを超えて同じひとつの構文型に属する．wipe のように over/across と結合するときのみ他と区別される特異な構文型を形づくるわけではない．とはいえ，rub の構文でも，wipe と同じく，位置前置詞句の実体が状態変化する事例もしない事例もあり，それを分ける要因が場面的状況をめぐる百科事典的知識にある，ということが確認されたといえる．

試しに，wipe とは違い，正真正銘の〈状態変化動詞〉が over/across の前置詞句をとる場合があれば，その用例観察は最適の判断材料になる．幸いにも，break — across の用例が見つかる．

(20) John broke a stick across his knee.
（ジョンは棒をひざに当てて折った）　　　　　　　　　　　　　［活］
(21) Shall I break some champagne across your bow?　　［WB］
（(船の命名式で) シャンパンのビンを船首に当てて割りましょうか）

ここで状態変化するのは，やはり，目的語の実体である．(20) では「棒」が折れるのだし，(21) では「シャンパン（のビン）」が割れるのである．しかし一方，across の項の実体は位置扱いである．だから，「船首」はもちろん，生身の「彼のひざ」も，傷を負うことも痛みを覚えることもない無情の物体とみられている．つまり，位置扱いの物体は有情無情を問わず，何ら影響を受けないものとみられているのである．状態変化を被る対象つまり〈被動者〉ではない．

以上の観察から，wipe — across/over は break — across とは明白な違いがあることがわかる．やはり，wipe — across/over は特異な意味論的性質を有するのだといえる．

## 17.3. 接触動詞 strike と scratch の場合

もうひとつ，こんどは接触動詞の strike の場合を考えてみよう．調べてみると，次のような二つのモノの相互作用が自然のようだ．

(22) He struck the ball with her racket.
(23) She struck her knee against the desk.
（ひざを机に打ち当てた）

英和辞典の中には次のように言い替え関係があるとするものがある．し

第 17 章 事例研究 5　　　　　　　　　　　　　　　281

(24) a.　He struck the table with his fist.
　　 b.　＝He struck his fist (up) on the table.

　何よりもまず，目的語が入れ替わったのだから，被害の対象（被動者）も入れ替わったことになる．(24a)で影響を受けたのはテーブルなのに対し，(24b)ではコブシである．さらにまた，(24a)では，コブシで故意にテーブルをたたいたのだが，(24b)では，故意か偶然か，どちらの場面も想像に難くない．故意なら，何かの腹いせに，自分のコブシをテーブルに打ちつけたのだし，また偶然なら，何かの拍子に，コブシがテーブルに当たったのである．このように対応する場面が違うのだから，いずれの場面でも，(24a)の意味で(24b)を用いるのは奇異に感じられる．
　実は(24b)のコブシは〈道具扱い〉も可能である．行為者の身体部位が目的語に来るとき，原理的に〈被動者〉か〈道具〉かである．状態変化を被るか，単に〈位置扱い〉の実体に働きかけるだけかが判別基準ではないかと思われる．shoot a gun at, wipe my hands over/across, push his shoulder against などの目的語の実体は〈道具扱い〉である．
　ただ，(24b)のように，コブシが目的語にくると，不自然で落ち着きが悪くなる．というのも，人のコブシには通例，何か強い意志が込められていて，そのエネルギーが外部に向かうからである．だからこそ，(24a)のように，コブシは道具扱いするのが自然である．この(24b)のコブシもまた道具とみなせるので，そのときは(24a)(24b)は同義となる．
　(24b)では，目的語がコブシではなく，手や頭や足だったら，自然な場面が容易に想像できる．たとえば次の(25)(26)である．

(25)　　She struck her head against the shelf.
(26)　　I struck my foot on a stone.

「彼女は自分の頭を棚にぶつけてしまった」のだし，また「私は足を石

にぶつけてしまった」のである．このように偶発的な出来事とみるのが通常の自然な解釈である．棚や石はもともと背景的環境の一部である．はじめからそこにあって，行為者が何かのはずみでバランスを崩し，頭や足をぶつけてしまった，というシナリオが自然な成り行きである．いうまでもなく，こうした事象構造は語彙文法構造だけでは決まらない．各語彙項目に組み込まれた経験的知識と場面的知識が不可欠である．

　肝心な点は，主語と目的語が所有者とその身体部位の関係にあることである．このとき普通，経験構文わけても被害構文になる．目的語の身体部位は道具ではなく被動者である．それゆえ X strike Y with Z. と X strike Z on/against Y. の二つの構文型は原理的に言い替え関係にはない．

　scratch も同じ構文フレームで用いられる．scratch ― on か scratch ― with である．次の三つの文例がある．

(27)　I scratched my face on the thorns.
　　　（トゲで顔に引っ掻き傷をつくった）
(28)　He scratched a match on the sole of his shoe.
　　　（靴の底でマッチをシュッとすった）　　　　　　　　　　　［活］
(29)　The child scratched the table top with her toy.　　　　　　［活］
　　　（子供がおもちゃでテーブルの表面をひっかいた）

　(27) と (28) は同じ文法構造を備えているが，事象構造は全く異質である．つまり構文型は異なる．(27) は経験構文なのに対し，(28) は行為構文である．主語は (27) では経験者，(28) では行為者である．しかし目的語は，(27) でも (28) でも，状態変化を被る実体つまり被動者である．最後に on の前置詞句は，(27) でも (28) でも，接触位置である．

　(27) は偶発的事故である．自傷行為でないかぎり，自分の身体にわざと傷をつけたりなどしない．ブッシュの中を歩いていて顔にトゲが当った情景が思い浮かぶ．このとき目的語の「顔」は被動者である．だから，主語の「私」は行為者ではない．負傷した顔の所有者，つまり経験者である．

一方，(28) の例は先の I wiped my hands on my jeans. と同じ事象構造を備えている．私は自分の手を①動かして②ジーンズになすりつけて③手をきれいにしたのである．ここで手はもちろん〈道具〉ではなく〈被動者〉である．手は自らジーンズに働きかけてはいるが，働きかけたからといって〈道具〉であるわけではない．自ら進んで状態変化を引き起こしている——つまり自分の手をきれいにしている．やはり手は〈被動者〉であるという結果になる．これは特異な例である．ほかにも I wiped my feet/shoes on the doormat. がある．同じ類に属する．

この例とまったく同じタイプのシナリオが (28) にも思い描かれる．彼は火をつけるためにマッチを靴底に当てて強くこすりつけたのだから，マッチは彼の手に中にある．エネルギーは〈彼⇒自分の手⇒マッチ⇒靴底〉の順に伝わる．これが scratch — on の構文型に顕現される．ここでマッチは〈道具〉ではない．道具はそれ自体，決して状態変化を被らない．ただ対象に働きかけてはいるが，それは自らが状態変化を被るためである．ここでは，もちろん，マッチそのものが状態変化する，つまり着火状態になる．マッチは先ほどの wipe my hands on の手と同じく，状態変化を被る〈被動者〉と把握される．

(28) でマッチが道具でないことは，次の (30) のように道具扱いして with a match で言い替えてみるとはっきりする．

(30) He scratched the sole of his shoe with a match.

その結果は，意図した (28) とは異なる，それ自体不自然な状況を喚起する．これでは，だいいち，①マッチが着火状態にはならないし，むしろ②靴底が被動者と目され，ひっかき傷を負う対象になってしまう．これは (28) の状況とは正反対である．(28) で状態変化するのは，靴底ではなくマッチだから，マッチが被動者である一方，靴底はマッチが動いていって接触し働きかける位置——つまり接触位置——である．

最後に (29) も意図的行為を表しているが，事象構造は (28) と異なる．

子供がオモチャを手に持ってテーブルの上部表面を引っ掻いたのだから，オモチャは道具である．エネルギーは〈子供（行為者）⇒子供の手（道具1）⇒オモチャ（道具 2）⇒テーブル（被動者）〉の順に伝わり，その概念構造が scratch ― with の構文型に反映される．

(28) と (29) はどちらも意図的行為を表すが，二つの実体の間にどのような相互作用が働くかによって表現の仕方が分かれる．

第一の判定基準は被動者最優先の原則である．状態変化する実体が被動者で，目的語になる．

第二の判別基準は，その被動者が①行為者のコントロール下で動くか②動かないかである．この違いがもうひとつの実体の役割を決める．①なら，もうひとつの実体は〈道具扱い〉になるが，②なら〈位置扱い〉になる．このように被動者が動くか動かないかで，もうひとつの実体に対するかかわり合いかたが違ってくる．

被勤者が行為者のコントロール下で動くとき，その被動者自体が動いていって，もうひとつの実体に働きかける．この実体は動かなくてよいので，〈接触位置〉と見立てられ，on で合図される．一方，被動者が動かないとき，もうひとつの実体は行為者のコントロール下で動き被動者に働きかけなければならないので，〈道具〉と見立てられ，with で合図される．

次に母語話者＝言語学者 Lee (2001: 92) の証言を引用したい．これは経験的証拠に属する．論旨は，〈非状態変化動詞〉のなかでも「動能構文 (conative construction)」の可能性に差が出てくる，というものである．具体的にみると，scratch at や rub at ではおかしくないが，wipe at や mop at では疑問符が付くという．

(31) a. The dogs scratched at the door.

b. Jo rubbed at the counter.

(32) a. ?Jo wiped at the counter.

b. ?The cleaner mopped at the floor.

## 第 17 章 事例研究 5

　Lee (2001: 92) によると,「非状態変化動詞」が動能構文に自然に生じるかどうかで差があるという．動能構文では〈at の項の実体がほとんど影響を受けない〉ことを含意する．たとえば (31a) をみると，犬がひっかく行為をしたが，ドアは依然として無傷のままだった (The dog's scratching left the door unscathed.) ことが示唆される．さらにまた，(31b) と (32a) を比べてみると，等しくカウンターを拭くのだとしても，rub と wipe の過程の間には微妙な違いがある．これを典型的な事例を基に日本語で言い分けようとすれば，rub は〈こする動作〉を指すのに対し，wipe は〈拭き取る動作〉を指す．

　wipe a surface つまり「モノの表面を拭く」からには，簡単に取り除ける汚れを取り除いたり，何か――ワックスのような――簡単なものを用いて簡単につや出しができるからである．wipe a surface すれば必ず〈意図された結果 (the intended effect)〉が伴う，という．敷衍していえば，wipe とは「うわべをさっと拭くだけで余分なものが拭き取れる」のだし，「うわべを軽くこするだけでつや出しができる」のである．そうした状況をこそ，英語話者は経験的に有意味なものとして切り分け，wipe 構文で言い表そうとしているのだといえる．

　一方，rub とは「もっと頑固な汚れを取り除こうとする意図が込められた，もっと活発な活動」のことだという．そうであれば，実際に rub の過程が行使されたとしても，結果が伴わない――つまり〈所期の目的 (the desired end)〉が達成されない――ということも起こりうる．結局，所期の目的が達成しにくい rub の過程こそが動能構文の特質に符合し，rub at の語連結にも矛盾が生じない，というわけである．

　これこそが①二つの構文間の微妙な意味の差を例示するだけでなく，②見た目には統語論的な現象にみえる事例において，〈経験的知識 (experiential knowledge)〉が関与することを実証している，という．

# 参 考 文 献

Bolinger, Dwight (1977) *Meaning and Form*, Longman, London.［中右実（訳）『意味と形』こびあん書房，1981］
Borkin, Ann (1984) *Problems in Form and Function*, Ablex, Norwood, NJ.
Chafe, Wallace L. (1970) *Meaning and the Structure of Language*, University of Chicago Press, Chicago.［青木晴夫（訳）『意味と言語構造』大修館書店，1974］
Dixon, R. M. W. (2005) *A Semantic Approach to English Grammar*, Second Edition, Oxford University Press, Oxford.
Evans, Vyvyan (2010) "From the Spatial to the Non-Spatial: The 'State' Lexical Concepts of *In*, *On* and *At*," *Language, Cognition, and Space: The State of the Art and New Directions*, ed. by Vyvyan Evans and Paul Chilton, 215-248, Equinox, London.
Fillmore, Charles J. (1968) "The Case for Case," *Universals in Linguistic Theory*, ed. by Emmon Bach and Robert T. Harms, 1-88, Holt, Rinehart and Winston, New York.
Fillmore, Charles J. (1977) "The Case for Case Reopened," *Grammatical Relations, Syntax and Semantics* 8, ed. by Peter Cole and Jerrold M. Sadock, 59-81, Academic Press, New York.
Fillmore, Charles J. (2003) *Form and Meaning in Language: Papers on Sematic Roles*, CSLI Publications, Stanford.
Frawley, William (1992) *Linguistic Semantics*, Lawrence Erlbaum, Hillsdale, NJ.
Goldberg, Adele E. (1995) *Constructions: A Construction Grammar Approach to Argument Structure*, University of Chicago Press, Chicago.［河上誓作ほか（訳）『構文文法論――英語構文への認知的アプローチ』研究社出版，2001］
Herskovits, Annette (1985) "Semantics and Pragmatics of Locative Expressions," *Cognitive Science* 9(3), 341-378.
Herskovits, Annette (1986) *Language and Spatial Cognition: An Interdisciplinary Study of the Prepositions in English*, Cambridge University Press, Cambridge.［堂下修司・西田豊明・山田篤（訳）『空間認知と言語理解』オーム社，1991］
Herskovits, Annette (1988) "Spatial Expressions and the Plasticity of Meaning,"

*Topics in Cognitive Linguistics*, ed. by Brygida Rudzka-Ostyn, 271-297, John Benjamins, Amsterdam.

Huddleston, Rodney and Geoffrey K. Pullum (2002) *The Cambridge Grammar of the English Language*, Cambridge University Press, Cambridge. [邦訳が「英文法大事典」シリーズ (全11巻) として開拓社より刊行中]

Jackendoff, Ray (1983) *Semantics and Cognition*, MIT Press, Cambridge, MA.

Jackendoff, Ray (1990) *Semantic Structures*, MIT Press, Cambridge, MA.

Jackendoff, Ray (1997) *The Architecture of the Language Faculty*, MIT Press, Cambridge, MA.

Jackendoff, Ray (2002) *Foundations of Language: Brain, Meaning, Grammar, Evolution*, Oxford University Press, Oxford. [郡司隆男 (訳)『言語の基盤——脳・意味・文法・進化——』岩波書店, 2006]

Jackendoff, Ray and Barbara Landau (1991) "Spatial Language and Spatial Cognition," *Bridges between Psychology and Linguistics: A Swarthmore Festschrift for Lila Gleitman*, ed. by Donna Jo Napoli and Judy Anne Kegl, 145-169, Lawrence Erlbaum, Hillsdale, NJ.

Jackendoff, Ray and Barbara Landau (1992) "Spatial Language and Spatial Cognition," *Languages of the Mind: Essays on Mental Representation*, by Ray Jackendoff, 99-124, MIT Press, Cambridge, MA.

Lakoff, George (1987) *Women, Fire, and Dangerous Things: What Categories Reveal about the Mind*, University of Chicago Press, Chicago. [池上嘉彦ほか (訳)『認知意味論——言語から見た人間の心——』紀伊國屋書店, 1993]

Lakoff, George and Mark Johnson (1980) *Metaphors We Live By*, University of Chicago Press, Chicago. [渡部昇一ほか (訳)『レトリックと人生』大修館書店, 1986]

Landau, Barbara and Ray Jackendoff (1993) "'What' and 'Where' in Spatial Language and Spatial Cognition," *Behavioral and Brain Sciences* 16(2), 217-265.

Langacker, Ronald W. (1984) "Active Zones," *Proceedings of the Tenth Annual Meeting of the Berkeley Linguistics Society*, 172-188.

Langacker, Ronald W. (1987) *Foundations of Cognitive Grammar, Volume I: Theoretical Prerequisites*, Stanford University Press, Stanford.

Langacker, Ronald W. (1990) *Concept, Image, and Symbol: The Cognitive Basis of Grammar*, Mouton de Gruyter, Berlin.

Langacker, Ronald W. (1991) *Foundations of Cognitive Grammar, Volume II: Descriptive Application*, Stanford University Press, Stanford.

Langacker, Ronald W. (1999) *Grammar and Conceptualization*, Mouton de Gruyter, Berlin.

Langacker, Ronald W. (2009) *Investigations in Cognitive Grammar*, Mouton de Gruyter, Berlin.

Lee, David (2001) *Cognitive Linguistics: An Introduction*, Oxford University Press, Oxford.［宮浦国江（訳）『実例で学ぶ認知言語学』大修館書店，2006］

Levin, Beth (1993) *English Verb Classes and Alternations: A Preliminary Investigation*, University of Chicago Press, Chicago.

Levin, Beth and Malka Rappaport Hovav (1991) "Wiping the Slate Clean: A Lexical Semantic Exploration," *Cognition* 41 (1-3), 123-151.

Nakau, Minoru (1973) *Sentential Complementation in Japanese*（『日本語補文構造論——変形文法的解体と再生』），Kaitakusha, Tokyo.

中右　実（1975）「言語学のなかの美学」『英語青年』第120巻第10号，492-493.

中右　実（1978a）「英語における不定名詞句と非制限的関係詞節」『文藝言語研究 言語篇』2巻，27-67，筑波大学文芸・言語学系.

中右　実（1978b）「定冠詞は制限的関係詞の関数である」『言語文化研究レポート』，63-83，筑波大学言語文化研究会.

中右　実（1980）『重要構文70』日本英語教育協会，東京.

中右　実（1991a）「中間態と自発態」（特集　寺村秀夫追悼）『日本語学』第10巻2号，52-64.

中右　実（1991b）「経験のHAVE」『現代英語学の歩み』，安井稔博士古稀記念論文集編集委員会（編），333-342，開拓社，東京.

中右　実（1994a）『認知意味論の原理』大修館書店，東京.

中右　実（1994b）「場所の『に』と『で』——日英語空間の認知地図——」『英語青年』第140巻第2号，80-82.

中右　実（1995a）「『に』と『で』の棲み分け——日英語の空間認識の型（1）——」『英語青年』第140巻第10号，520-522.

中右　実（1995b）「『に』への認知転換」——日英語の空間認識の型（2）——」『英語青年』第140巻第11号，574-576.

中右　実（1995c）「『で』の階層的多義——日英語の空間認識の型（3）——」『英語青年』第140巻第12号，630-632.

中右　実（1995d）「論証の仕方を身につける」（特集　言語学のトレーニング）『月刊言語』第24巻第5号，52-59.

中右　実（1995e）「場所扱いか道具扱いか——前置詞の意味用法——」（発見の英文法 連載1）『高校英語展望』8号，10-12，小学館・向学図書，東京.

中右　実（1995f）「自動詞＋前置詞は他動詞か」（発見の英文法 連載2）『高校英語展望』9号，20-22，小学館・向学図書，東京.

中右　実（1995g）「『活用大辞典』を読む」『英語青年』第141巻第8号，401-402.

中右　実（1996a）「〈道具〉はいつ主語になれるか」（発見の英文法 連載3）『高校

英語展望』10 号，13-15，小学館・向学図書，東京．

中右　実（1996b）「再帰代名詞の不思議」（発見の英文法 連載 4）『高校英語展望』11 号，10-12，小学館・向学図書，東京．

中右　実（1997a）「〈道具〉扱いか〈場所〉扱いか──日英語にみる知覚の癖と構文型──」『「こころ」から「ことば」へ「ことば」から「こころ」へ』（笠間選書 175：梅光女学院大学公開講座論集第 40 集），佐藤泰正（編），5-23，笠間書院，東京．

中右　実（1997b）「EAT AT は EAT とどう違うのか」（発見の英文法 連載 5）『高校英語展望』12 号，13-15，小学館・向学図書，東京．

中右　実（1997c）「Mary hit John on the head. の構文」（発見の英文法 連載 6）『高校英語展望』13 号，8-10，小学館・向学図書，東京．

中右　実（1998a）「空間と存在の構図」『日英語比較選書第 5 巻　構文と事象構造』，中右実（編），1-106, 205-209，研究社出版，東京．

中右　実（1998b）「I did the book. =『私はその本をした』?」（発見の英文法 連載 7）『高校英語展望』14 号，10-12，小学館・向学図書，東京．

中右　実（1998c）「『数の一致』はどのように決まるか」（発見の英文法 連載 8）『高校英語展望』15 号，10-12，小学館・向学図書，東京．

中右　実（1998d）「日英語比較研究の成果から」（特集 英文法を見直す視点）『英語教育』第 46 巻第 13 号，11-13．

中右　実（1999a）「絶対複数名詞 trousers の不思議」（発見の英文法 連載 9）『高校英語展望』16 号，10-12，小学館・向学図書，東京．

中右　実（1999b）「何が可算名詞と質量名詞を分けるか」（発見の英文法 連載 10）『高校英語展望』17 号，13-15，小学館・向学図書，東京．

中右　実（2000a）「秤の変遷：scales から scale への道」（発見の英文法 連載 11）『高校英語展望』18 号，10-12，小学館・向学図書，東京．

中右　実（2000b）「なぜ in a car なのに on a bus なのか」（発見の英文法 連載 12）『高校英語展望』19 号，10-12，小学館・向学図書，東京．

中右　実（2001）「なぜ at night というのに at day とはいわないか」（発見の英文法 連載 13）『高校英語展望』20 号，10-12，小学館・向学図書，東京．

中右　実（2003a）「英語の『動能』構文」『市河賞 36 年の軌跡』，語学教育研究所（編），150-158，開拓社，東京．

中右　実（2003b）「破格構文と文法化」（リレー連載 構文研究の理論と実践 9）『英語青年』第 149 巻第 9 号，563-565．

中右　実（2004）「言語と認知と文化のインターフェイス──なぜ in a car なのに on a bus なのか──」（特集 誌上最終講義）『英語青年』第 150 巻第 6 号，348-352．

中右　実（2012）「日英語を等間隔で見る」（『日本語学』の 30 年）『日本語学』（臨時増刊号）第 31 巻第 14 号，138．

Quirk, Randolph, Sidney Greenbaum, Geoffrey Leech and Jan Svartvik (1985) *A Comprehensive Grammar of the English Language*, Longman, London.

Schlesinger, Izchak M. (1989) "Instruments as Agents: On the Nature of Semantic Relations," *Journal of Linguistics* 25, 189–210.

Schlesinger, Izchak M. (1995) *Cognitive Space and Linguistic Case: Semantic and Syntactic Categories in English*, Cambridge University Press, Cambridge.

杉本　崇（2008）『日本人英語学習者の前置詞使用の特徴〜格助詞「で」をどのような前置詞に置き換えるか〜』修士論文，麗澤大学大学院英語教育研究科．

Swan, Michael (2016) *Practical English Usage*, Forth Edition, Oxford University Press, Oxford.［吉田正治（訳）『オックスフォード実例現代英語用法辞典　第4版』研究社，2018］

Taylor, John R. (2002) *Cognitive Grammar*, Oxford University Press, Oxford.

Taylor, John R. (2003) *Linguistic Categorization*, Third Edition, Oxford University Press, Oxford.［辻幸夫・鍋島弘治朗・篠原俊吾・菅井三実（訳）『認知言語学のための14章〈第3版〉』紀伊國屋書店，2008］

Taylor, John R. (2003) "Meaning and Context," *Motivation in Language: Studies in Honor of Günter Radden*, ed. by Hubert Cuyckens et al., 27–48, John Benjamins, Amsterdam.

Taylor, John R. (2012) *The Mental Corpus: How Language Is Represented in the Mind*, Oxford University Press, Oxford.［西村義樹ほか（編訳）『メンタル・コーパス――母語話者の頭の中には何があるのか――』くろしお出版，2017］

Tyler, Andrea and Vyvyan Evans (2003) *The Semantics of English Prepositions: Spatial Scenes, Embodied Meaning and Cognition*, Cambridge University Press, Cambridge.［国広哲弥・木村哲也（訳）『英語前置詞の意味論』研究社，2005］

Wierzbicka, Anna (1988) *The Semantics of Grammar*, John Benjamins, Amsterdam.

Wierzbicka, Anna (1991) *Cross-Cultural Pragmatics: The Semantics of Human Interaction*, Mouton de Gruyter, Berlin.

Wierzbicka, Anna (1993) "Why Do We Say IN April, ON Thursday, AT 10 O'clock? In Search of an Explanation," *Studies in Language* 17, 437–454.

Wierzbicka, Anna (1996) *Semantics: Primes and Universals*, Oxford University Press, Oxford.

## 辞書の略号

ACT = *Longman Language Activator*, Second Edition, Pearson Education (2002)
AELD = *NTC'S American English Learner's Dictionary: The Essential Vocabulary of American Language and Culture*, NTC (1998)
CIDE = *Cambridge International Dictionary of English*, Cambridge University Press (1995)
COB = *Collins COBUILD Advanced Dictionary of English*, Sixth Edition, HarperCollins (2009)
GRAM = *Collins COBUILD Intermediate English Grammar*, Second Edition, HarperCollins (2004)
IDM = *Collins COBUILD Dictionary of Idioms*, Second Edition, HarperCollins (2002)
活 = 『新編 英和活用大辞典』研究社 (1995)
LAAD = *Longman Advanced American Dictionary*, Longman (2000)
NOAD = *The New Oxford American Dictionary*, Second Edition, Oxford University Press (2005)
OALD = *Oxford Advanced Learner's Dictionary*, Seventh Edition, Oxford University Press (2005)
ODE = *Oxford Dictionary of English*, Second Edition, Oxford University Press (2005)
OSD = *Oxford Sentence Dictionary*, Oxford University Press (2008)
OTE = *Oxford Thesaurus of English*, Second Edition, Oxford University Press (2006)
PHV = *Collins COBUILD Dictionary of Phrasal Verbs*, Second Edition, HarperCollins (2002)
USAGE = *Collins COBUILD English Usage for Learners*, Second Edition, HarperCollins (2004)
WB = *5-Million-Wordbank from the Bank of English*, HarperCollins (2001)

## 索　引

1. 日本語は五十音順で並べ，英語（で始まるもの）はアルファベット順で最後に一括している．
2. 数字はページ数を示す．

### [あ行]

位置　v-vi, 6, 9, 29, 31-32, 35, 43, 45, 54
位置の見立て　vii, 7, 45, 49, 52, 211, 219, 222, 227-228, 238, 242, 258-259, 269-270
位置優位　vi-vii, 38, 222, 225-226, 270
移動局面　94-98, 100
意図的行為　12, 36, 219-220, 224, 233, 238, 240, 242, 252, 284
意味構造　10-11, 38
動くか動かないか　35, 262, 268-271, 284
英英辞典　20-22, 50, 63, 91, 104-107, 155, 179-181, 190-192, 197-198, 213-214, 216, 220, 223, 236-237, 252-253, 259-260, 269-270
大写しの視点　vii, 76-77

### [か行]

概念構造　3, 9-10, 38, 65-66, 271
格助詞「で」　6, 25-26, 29, 31, 39-40, 42-45, 202
獲得目標　142-143
楽器　57-58, 62
活性領域　36-37

慣習的に定着　vii, 20, 66, 101, 186, 203, 213, 257, 268
軌道運行　171-172, 174, 176, 181, 189, 192, 195
義務項　134
義務的な項　261
客観的状況　3, 11
空間的位置　6, 27, 40, 71-72, 82, 86, 183, 228, 230
空間的配置　73, 189, 192-194, 221-224, 228
偶発的事態　30, 36, 233-234, 242
経験構文　232, 235, 282
経験事象　232, 235
経験者　233-235, 282-283
結果的状態　7, 13, 94, 237, 239, 242, 245, 260
原因　27-30, 208, 231
行為連鎖　14-15, 18, 124
攻撃目標　140, 143
構文　3-4, 7, 9-12, 22, 26, 40, 62, 65, 66, 99-100, 131, 134, 203, 215, 261, 271, 282
構文意識　vii, 67
構文感覚　257
構文の項　9, 11
固定位置　35, 45, 47, 50, 52, 59-61, 218
語用論的被動者　275-276

## [さ行]

最終局面　13, 94, 127, 236-238, 240, 242
時間的位置　27, 29, 40, 43, 182-183, 208, 230-231
時間的前後関係　28
時間的包囲関係　28-29
自然な発話　20, 26
始発局面　13-14, 94
述語動詞とその項構造　3, 9
述語動詞の項構造　22, 261
述語動詞を軸とした構文　3, 207, 261
状況把握　v-vi, 3-4, 9-12, 25, 32, 44-45, 111, 118, 228, 243
身体部位　35, 44, 53, 59, 62, 226, 229, 233, 236, 238-239, 241, 250-251, 254-255, 263-264, 279, 281-282
正反対　250-251, 256, 271
接触面　36-37, 47-48, 190

## [た行]

達成局面　94-98, 100
知覚の癖　33, 39, 48, 62, 66, 228, 232
着点位置　64, 66, 82-83, 86-88, 90-91, 93-94, 98-101, 238-240, 242-245, 249-250
直接知覚情報　77, 84
通信媒体　54-56
展開局面　13, 94, 121, 123, 125, 127, 132, 195, 236-237, 239-243
転換　176, 183, 185, 206-207, 220, 252, 255
点接触　73
点の見立て　71-73, 84-87
同位空間　70, 75
道具　v-vi, 6, 9, 31-32, 34-35, 43-44

道具主語　vii, 119
道具の見立て　vii, 7, 52, 206, 210-211, 215, 217, 219, 221-222, 227-228, 240, 242-243, 258, 273-274
道具優位　vi, 222
道具連鎖　14, 16-17, 19, 124-127, 269, 274
到達目標　140, 142-143
遠く離れた視点　vii, 76-77

## [な行]

生の発話資料　20
「に」　6
二次的被動者　276-278
日英語往来　v, 5-6

## [は行]

非標準型　vii, 205-207
比喩的移動　65, 85, 89, 251, 256, 271
標準型　vii, 20, 52, 190, 205-207, 220-221, 229, 244, 250-251, 268, 271
標的　138-141
表面空間　145
表面接触　47, 60-62, 74, 90, 146, 217, 262, 278
付加語　3, 9, 22, 261
包囲空間　70, 75, 83, 90, 102, 107, 117, 195
母語との往来　v, 5

## [ま行]

見立ての論理　v-vi, 7, 32, 34, 36, 45-46, 166, 195, 206, 221, 226
メトニミー　175-176, 183, 185, 227
面接触　73

## [や行]

容器　36-37, 41, 47-48, 73, 75, 90, 111, 190, 196

## [ら行]

隣接空間　70, 75, 83, 108

## [英語]

at night vs. *at day　155-156
catch　232
converge at vs. converge on　89-90
get in a car vs. get on a bus　166
hide　62, 65, 247
in the street vs. on the street　104
know vs. know of　145-146
knock vs. knock on　146
listen to vs. listen for　144
on Christmas vs. at Christmas　164-165
search vs. 探す　140-142
snatch vs. snatch at　137-138
throw — at vs. throw — to　139-140
tool vs. instrument　213-215
using vs. with　210-212
wipe　257, 261, 272

**著者紹介**

中右　実　(なかう　みのる)

　1941 (昭和 16) 年，神戸に生まれる．大阪外国語大学外国語学部英語学科卒業．東北大学大学院文学研究科 (英語学専攻) 博士課程中退．MIT 言語学科博士課程修了．Ph.D. (1971)．筑波大学名誉教授．
　主要著訳編書: *Sentential Complementation in Japanese* (開拓社，1973)，D. ボリンジャー『意味と形』(訳，こびあん書房，1981)，『認知意味論の原理』(大修館書店，1994)，『日英語比較選書』(全 10 巻編著，研究社出版，1997-1998)．

## 英文法の心理 (The Psychology of English Grammar)

| | |
|---|---|
| 著作者 | 中右　実 |
| 発行者 | 武村哲司 |
| 印刷所 | 日之出印刷株式会社 |

2018 年 12 月 7 日　第 1 版第 1 刷発行

発行所　株式会社　開拓社

〒113-0023　東京都文京区向丘 1-5-2
電話　(03) 5842-8900 (代表)
振替　00160-8-39587
http://www.kaitakusha.co.jp

© 2018 Minoru Nakau　　　　ISBN978-4-7589-2265-4　C3082

**JCOPY** ＜出版者著作権管理機構　委託出版物＞
本書の無断複製は，著作権法上での例外を除き禁じられています．複製される場合は，そのつど事前に，出版者著作権管理機構 (電話 03-3513-6969, FAX 03-3513-6979, e-mail: info@jcopy.or.jp) の許諾を得てください．